Jesus in Nazareth

Erich Gräßer · August Strobel · Robert C. Tannehill
Walther Eltester

Jesus in Nazareth

Walter de Gruyter · Berlin · New York
1972

Beiheft zur Zeitschrift für die neutestamentliche Wissenschaft
und die Kunde der älteren Kirche
Herausgegeben von Walther Eltester
Beiheft 40

Printed in Germany
Satz und Druck: Walter de Gruyter & Co., Berlin 30
ISBN 3 11 004004 2

Inhaltsverzeichnis

Vorwort des Herausgebers

Die in diesem Beiheft vereinigten Aufsätze haben ihre Gemeinsamkeit im Thema, Jesu Auftreten in seiner Vaterstadt Nazareth. Sie sind nicht vorher miteinander abgesprochen worden. Infolgedessen werden nicht alle synoptischen Texte und die vergleichbaren Äußerungen im Johannesevangelium monographisch behandelt. Nur die Berichte bei Markus und Lukas werden ausführlich untersucht, Matthäus und Johannes kommen nur vergleichsweise zur Geltung. Auch sind die Standpunkte und Ziele der Verfasser unterschiedlich. Hier ist besonders der Beitrag von A. Strobel zu erwähnen. Er prüft den lukanischen Bericht auf seinen möglichen historischen Quellenwert hinsichtlich der Aktualität des im Jesaja-Zitat Lc 4 18 angesagten Gnadenjahrs für die Chronologie des Auftretens Jesu. Dagegen geht es E. Gräßer rein redaktionsgeschichtlich um die literarischen und theologischen Motive im Bericht des Markus. Dasselbe gilt für die beiden wieder Lukas gewidmeten Aufsätze von R. C. Tannehill und dem Herausgeber.

Dieser ist in der wenig angenehmen Lage, sich für die Verspätung im Erscheinen des Bandes bei den Mitarbeitern und beim Verlag entschuldigen zu müssen. Sein Aufsatz war in sehr viel bescheidenerem Umfang fast abgeschlossen, als er im Jahr 1969 mehrfach erkrankte. Unglücklicherweise hatte die notgedrungene Muße des Krankenlagers zur Folge, daß er seine Ausführungen überdenken konnte und die Notwendigkeit erkannte, sie auf eine breitere Grundlage zu stellen. Die dadurch erzwungene ausgreifende Beschäftigung mit der heutigen Literatur über Lukas und die lukanischen Theologie führte ihn sehr in die Weite und zu ihn selbst überraschenden Erkenntnissen, aus denen auch seine Auffassung der Nazarethgeschichte Nutzen gezogen hat. Er kann nur hoffen, den angerichteten Schaden einigermaßen durch den größeren Beziehungsreichtum seines Aufsatzes ausgeglichen zu haben.

Tübingen, den 12. Oktober 1971 W. Eltester

Jesus in Nazareth (Mc 6 1–6a)

Bemerkungen zur Redaktion und Theologie des Markus*

Von Erich Gräßer

(5812 Herbede/Ruhr, Wittener Str. 20)

I

Die in Mc 6 1-6a berichtete Geschichte ist anschaulich erzählt. Sie endet unerbaulich. Durch beides macht sie den »Eindruck unerfindbarer Geschichtlichkeit«[1]. Das hatte (und hat noch immer) zur Folge, daß in der Forschungsgeschichte der Blick der Exegeten allzu zäh an der historischen Perspektive klebte. Mit Mc 6 1-6a wähnte man sich »auf dem Boden bester Überlieferung« zu befinden[2], weil eine Reihe konkreter Einzelzüge in der Tat dazu angetan ist, Vertrauen in die historische Glaubwürdigkeit zu wecken: v. 3 »sind Personalien angegeben, die nur aus alter galiläischer Überlieferung stammen können«[3]. V. 5a und 6a zeichnen Züge solcher Menschlichkeit in das Bild Jesu, die in allem das Zeichen der Echtheit tragen[4]. Aber was ist

---

* Erweiterte Fassung eines Vortrages, gehalten auf der Tagung der S.N.T.S. in Exeter am 29. 8. 1968. Eine englische Fassung erscheint gleichzeitig in NTS. — Mit diesem Beitrag grüße ich die Herren O. Bauernfeind und W. Eltester in Tübingen, die in diesem Jahre ihren 80. bzw. 70. Geburtstag begangen haben und gedenke dabei dankbar der Zeit, da ich bei ihnen Neues Testament studiert habe.

[1] H. J. Holtzmann, Die Synoptiker (Hand-Commentar z. NT, Bd. I), 1889, S. 162.

[2] K. L. Schmidt, Der Rahmen der Geschichte Jesu, 1919 (= Nachdruck 1964), S.155; V. Taylor, The Gospel according to St. Mark, [6]1963, S. 298.

[3] K. L. Schmidt, a. a. O. S. 154. Daß diese Personalien als Erfindung nicht im Interesse der Gemeinde gelegen haben können, stützt Schmidt mit dem Hinweis darauf, daß von den Verwandten Jesu später einige, besonders Jakobus, eine bedeutsame Rolle gespielt haben, S. 155. Vgl. auch M. Dibelius, Die Formgeschichte des Evangeliums, [3]1959, S. 107. Andererseits verweist E. Wendling, Die Entstehung des Marcus-Evgl.'s, 1908, S. 53, Anm. 1 auf die »parallele Einschaltung 3 6-19«, in der erst der Evangelist die Namen der zwölf Apostel nachgetragen habe: »Derartige Nachlieferungen sind bei Epigonen nichts Ungewöhnliches.« Entsprechend fragt R. Bultmann, Gesch. d. syn. Trad., [3]1957, Ergh., [2]1962, S. 9, ob nicht »dieses Material der Phantasie beliebig zur Verfügung« gestanden habe. Aber Personalakten, zudem mit Berufsbezeichnung, erfindet man nicht so leicht.

[4] K. L. Schmidt, a. a. O. S. 156. Vgl. auch die Liste der »genuinen Tradition« bei V. Taylor, Mk, S. 298. Ferner W. Grundmann, Das Evgl. nach Mk (ThHNT II), [3]1968, S. 119f.; Ed. Schweizer, Das Evgl. nach Mk (NTD 1), [11]1967, S. 69. K. L. Schmidt sah auch in der Jüngerbegleitung v. 1 eine Einzelheit, die »vielleicht für

damit wirklich für die Geschichtlichkeit unserer Perikope gewonnen? Herkunft und Beruf Jesu, die Namen seiner Mutter und vierer Brüder, die Tatsache, daß er Schwestern hatte und daß er einmal einen erfolglosen Besuch in seiner Heimatstadt gemacht hatte. Das ist nicht wenig, gewiß. Aber doch wiederum nicht soviel, daß Lukas daraus nicht hätte eine ganz andere Szene gestalten können (4 16-30). Denn tatsächlich bleibt der wirkliche Geschehensablauf weithin im Dunkeln, so daß Phantasie oder schriftstellerische Regie die Einzelheiten frei gestalten konnten. Wir erfahren z. B. nicht, was Jesus in Nazareth gepredigt hat (so daß Lukas das getrost ergänzen konnte), wie sich der Besuch im einzelnen gestaltete, ob Jesus seine Verwandten wiedergesehen hat, wie sie ihn aufgenommen haben, ob sie überhaupt noch am Ort wohnten[5]. Kurzum: Durch die Kargheit in der Porträtierung trägt unsere Szene weit eher die Merkmale eines Paradigmas denn die eines historischen Berichtes[6].

Nun hatte freilich schon W. Wrede gewarnt, »Anschaulichkeit nicht zu rasch und zu sorglos als Kennzeichen der Geschichtlichkeit zu betrachten«[7]; denn erst »der ganze Charakter der Schrift« (hier also Markus) entscheide darüber, wie diese Anschaulichkeit »geartet« sei (ebd.). Damit war das Tor zu einer methodischen Betrachtungsweise der Evangelien geöffnet, durch das über die Formgeschichte erst die redaktionsgeschichtliche Forschung unserer Tage konsequent hindurchzuschreiten sich anschickt. Sachlich bedeutet das die Zurückstellung der historischen Perspektive zugunsten der methodisch vorrangigen literarischen[8]. Der Zugriff der Exegeten zielt jetzt primär auf die Erfassung der literarischen und theologischen Motive des Evangelisten, die ihn das Berichtete so und nicht anders und im

---

wirkliche treue Überlieferung spricht«, da Jesus offenbar nicht immer von seinen Jüngern begleitet war, 1 35f. 2 1 (so auch V. Taylor, Mk, S. 138). Doch ist dieser Tatbestand redaktionsgeschichtlich leichter zu erklären (s. u.), was übrigens auch schon K. L. Schmidt vermutete (ebd.).

[5] Wie sich das geschichtliche Verhältnis Jesu zu seiner Heimat gestaltet hat, bleibt ein Rätsel (vgl. E. Preuschen, Das Wort vom verachteten Propheten, ZNW 17 [1916], S. 35). Auch W. Bauer stellt nur Vermutungen an (Jesus der Galiläer, in: Festgabe für A. Jülicher, 1927, S. 16ff. = Aufsätze und kleine Schriften, hrsg. v. G. Strecker, 1967, S. 91ff. 106). Woher D. Flusser weiß, daß »Jesus mit Recht geahnt« hat, »daß die Seinen an ihn nicht glauben würden«, bleibt sein Geheimnis (Jesus in Selbstzeugnissen und Bilddokumenten, 1968, S. 23).

[6] Mit M. Dibelius gegen V. Taylor.

[7] Das Messiasgeheimnis in den Evangelien, [2]1913 (= [3]1963), S. 143; vgl. auch S. Schulz, Die Stunde der Botschaft, 1967, S. 13.

[8] Vgl. dazu die schönen Aufsätze von R. Pesch, Levi-Matthäus (Mc 2, 14/Mt 9, 9; 10, 3), ZNW 59 (1968), S. 40ff., bes. S. 41f.; Ein Tag vollmächtigen Wirkens Jesu in Kapharnaum (Mk 1, 21—34. 35—39), in: Bibel u. Leben 9 (1968), S. 114—128. 177—195. 261—277.

Aufriß seines Werkes an dieser und keiner anderen Stelle erzählen ließen. Hinter diese Aufgabe tritt die historische Fragestellung als ein zweiter Schritt zurück[9]. Kurzum: die methodische Vorrangigkeit einer Scheidung der Redaktion von der Tradition war geboten[10].

Nun ist spätestens seit J. Wellhausen unsere Perikope ein ausgezeichnetes Exerzierfeld dieser Methode — ich erinnere nur an die

---

[9] Vgl. dazu die grundsätzlichen methodischen Erwägungen bei J. Schreiber, Theologie des Vertrauens. Eine redaktionsgeschichtliche Untersuchung des Markusevangeliums, 1967, S. 11ff., mit denen er sich auf W. Wrede stützt. Allerdings sehe ich bei Schreiber die Gefahr, daß eine gute Methode überzogen und damit um ihre heuristische Ergiebigkeit gebracht wird. Dies ist z. B. dann der Fall, wenn durch allzu subjektive Kombination und Wertung weit auseinanderliegender Textstellen eine »markinische Theologie« eruiert wird, die dann zum Auslegungskanon jeder einzelnen Tradition wird. Ich greife als beliebiges Beispiel 5 21-43 heraus, einen Text, den Schreiber wie andere Texte trotz seiner magischen Berichterstattung von einem »nicht an der bloßen Formulierung hängenden tiefen Glaubensverständnis des Markus her begreifen« will. Und zwar so: »Nur Markus berichtet, daß die kranke Frau Jesu *Kleid* berührt und dadurch gesund wird (5 27f.). Da sie dies in der Haltung des unbedingten Vertrauens tut, erfährt sie im Unterschied zu den Jüngern (vgl. 5 31) die Macht Jesu (5 29f.) bzw. die Macht des Glaubens (5 34): Die unscheinbare Kleidung des Erniedrigten, die beim Opfertod Jesu durchs Los verteilt wird (15 24), wirkt an der Frau kraft ihres Glaubens wie die vom himmlischen Glanz strahlende des Erhöhten (9 2f.); die Frau sieht im Erniedrigten den Erhöhten, den Gottessohn, und vertraut ihm und ist deshalb *gerettet* (5 28. 34). Und das geschieht ihr nicht von ungefähr. Denn nur nach Markus gehört sie zu dem Jesus *nachfolgenden* Volk (5 24. 27), und nur Markus berichtet, daß sie Jesus folgt, weil sie τὰ περὶ τοῦ Ἰησοῦ gehört hat (5 27)« (S. 239). Keines dieser Argumente sticht, jeder einzelne Zug kann auch anders erklärt werden. Ganz abgesehen davon, daß die Kombination der Motive (9 2f. 15 24 5 27f.) auch nicht durch ein methodisches Kriterium abgesichert ist. Die Schlußfolgerung, daß die Frau »im Erniedrigten den Erhöhten« sieht, ist darum ganz willkürlich. Und daß sie gerettet wird, weil sie Jesus »nachfolgt«, stimmt darum nicht, weil das ἀκολουθεῖν des Volkes in 5 24 unspezifischen Sinn hat und dieser nachfolgende Haufe der Frau in v. 27 nur als Gelegenheit dient, unbemerkt an Jesus heranzukommen. Wenn es schließlich heißt: »Die Frau folgt Jesus nach wie Bartimäus (5 24. 27 10 52)«, so ist das falsch: Bartimäus folgt erst nach der Heilung Jesus nach. — Die redaktionsgeschichtliche Methode ist m. E. aber auch dann überzogen, wenn fast alles im höheren Glanze der Redaktionsgeschichte aufgeht. Und schließlich stellt sich die Frage, ob Schreiber im Vollzug seiner Methode nicht die Bedeutung der *Vorgeschichte* des Textes zu stark nivelliert. Dagegen bleibt zu bedenken, was Ed. Schweizer, Mk (NTD 1), S. 10 ausführt: Nicht das Bekenntnis des Markus steht zur Entscheidung an, sondern das darin begegnende Wort des lebendigen Christus.

[10] Vgl. W. Schneemelcher, Evangelien, in: Hennecke—Schneemelcher, Ntl. Apokryphen I [3]1959, S. 46; H. Conzelmann, Historie und Theologie in den synoptischen Passionsberichten, in: F. Viering (Hrsg.), Zur Bedeutung des Todes Jesu, 1967, S. 37ff.; H. Zimmermann, Neutestamentliche Methodenlehre, 1967, S. 214ff.

Arbeiten von E. Wendling[11], E. Preuschen[12], R. Bultmann[13], R. H. Lightfoot[14], W. L. Knox[15] und aus der neuesten Zeit T. A. Burkill[16] und E. Haenchen[17]. Letzterer vor allem müht sich in konsequenter Anwendung der redaktionsgeschichtlichen Methode, die Probleme des Textes auf der literarischen Ebene so weit zu lösen, daß die Rückfragen nach den historischen Zusammenhängen sekundär werden. Freilich, die Ergebnisse der genannten Forscher sind samt und sonders umstritten, sowohl in traditionsgeschichtlicher und redaktionsgeschichtlicher, als auch in historischer Hinsicht. Das ist ein Grund, warum sich eine erneute Beschäftigung mit Mc 6 1-6a lohnt.

Ein anderer Grund ist dieser: In den zahlreichen Veröffentlichungen der neueren Zeit, die dem theologischen Entwurf des Markus gelten, herrscht ein befremdliches Schweigen über diese in vielfacher Hinsicht interessante Perikope. R. H. Lightfoot vor allem hat dargetan, daß die Synoptiker selbst dieser Geschichte eine besondere Bedeutung beimessen[18]. Wrede aber hat sie z. B. überhaupt nicht erwähnt, was ihm übrigens E. Wendling (S. 53) sofort ankreidete: auf das Schweigegebot 5 43 folge doch allsogleich wieder das Bekanntwerden der Wundertaten in 6 2, also die von Wrede entdeckte Theorie! Auch die neueste Untersuchung von Joh. Schreiber wird mit einer einzigen Anmerkung von wenig Zeilen mit unserem Text fertig[19], was um so unverständlicher ist, als Schreiber gerade über das Glaubensverständnis in »das Zentrum der markinischen Theologie« vorzustoßen versucht. Daß sie die theologische Stringenz des Textes nicht erkannt hätten, darf man keinem der Autoren unterstellen. Es ist nicht denkbar, daß man eine Perikope, die bei Mc singulär ist[20], die

11 Die Entstehung des Marcus-Evangeliums, 1908, S. 52ff.

12 Das Wort vom verachteten Propheten, ZNW 17 (1916), S. 33—48.

13 Gesch. d. syn. Trad., S. 30f.

14 History and Interpretation in the Gospels, 1935, S. 182ff.

15 The Sources of the Synoptic Gospels, I 1953, S. 47ff.

16 Mysterious Revelation. An Examination of the Philosophy of St. Mark's Gospel, 1963, S. 58. 137ff. 201, Anm. 24. 253.

17 Historie und Verkündigung bei Markus und bei Lukas, in: Die Bibel und wir. Ges. Aufs. II 1968, S. 156—181.

18 History, S. 182ff.; vgl. T. A. Burkill, Mysterious, S. 128, Anm. 47.

19 A. a. O. S. 239, Anm. 24 (vgl. noch die kurzen Hinweise auf unseren Text S. 87, 146, 159, 205). — Nicht behandelt wird unser Text von W. Marxsen, Der Evangelist Markus. Studien zur Redaktionsgeschichte des Evangeliums, ²1959. Auch S. Schulz, a. Anm. 7 a. O. erwähnt ihn nur gelegentlich. Allein J. M. Robinson, Das Geschichtsverständnis des Mk.-Evangeliums. Abh. z. Theol. d. A. u. NT 30, 1956 und T. A. Burkill gehen näher auf ihn ein.

20 In den markinischen Summarien gibt es Abschnitte (vgl. 6 53-56 1 32-34 3 7-12), in denen der Erfolg Jesu nicht interpretiert und gewertet wird, weil nur das Bekanntwerden Jesu durch sein öffentliches Heilen herausgestrichen werden soll (vgl. U. Luz,

in einem Atemzug so pointiert von Jesu Macht und Ohnmacht und dazu thematisch von der ἀπιστία redet, als von Markus bloß mitgeschleppte Tradition oder gar als belangloses redaktionelles Füllsel unbeachtet ließe[21]. Wenn Markus der streng nach christologischen Motiven komponierende Theologe war, als dem ihm heute weithin Lob gezollt wird — sollte er diesen Baustein nicht gewogen und in einer für ihn charakteristischen Weise behauen haben, ehe er ihn seinem Gebäude einfügte? Gerade wenn der Charakter der markinischen Theologie als *theologia crucis* gekennzeichnet wird — liegt nicht der Schatten des Kreuzes schon sehr deutlich über unserer Perikope[22]? Aber die Probe aufs Exempel wird nirgendwo gemacht[23]. Die vor-

---

Das Geheimnismotiv und die markinische Christologie, ZNW 56 [1965], S. 12f.). Aber daß ein öffentlicher Mißerfolg Jesu durch einen weltweit gültigen Erfahrungssatz (In seiner Vaterstadt ist kein Prophet populär, und kein Arzt macht Kuren bei seinen Verwandten, v. 4) »erklärt« wird; daß der Unglaube hingenommen und nicht getadelt oder widerlegt wird; daß kein Streitgespräch stattfindet; daß Jesus kampflos die Walstatt räumt — das alles sind auf den ersten Blick befremdliche Züge im markinischen Christusbild. — Ebenso singulär ist allenfalls bei Markus noch das Motiv der Unwissenheit Jesu 13 32. Jedoch hält Ph. Vielhauer es nicht für markinisch wegen des absolut gebrauchten ὁ υἱός, das einmalig im Mk-Evangelium ist und nicht dessen Auffassung von Gottessohnschaft wiedergibt (Erwägungen zur Christologie des Markusevangeliums, in: Aufs. z. NT, 1965, S. 203).

21 Einige Untersuchungen betonen die Bedeutung von Mc 6 1-6a nur als ein kompositorisches Element für die markinische Darstellung des Übergangs des Evangeliums von den Juden zu den Heiden (vgl. z. B. M. Karnetzki, Die galiläische Redaktion im Markusevangelium, ZNW 52 [1961], S. 238ff., bes. S. 254f.; F. Hahn, Das Verständnis der Mission im NT, 1963, S. 102, Anm. 1). Diese Einsicht soll nicht bestritten werden (s. u.). Nur meine ich, daß 6 1-6a im Sinne des Markus nicht nur Kompositionselement ist, sondern auch eine selbständige theologische Aussage macht.

22 Vgl. Lightfoot, History, S. 182ff. — Bei aller Problematik der Stoffgliederung des Mk-Evangeliums hat A. Farrer diesen Aspekt doch klar gesehen und fordert m. R. auf, die galiläische Wirksamkeit Jesu in den Kapiteln 1—6 zu lesen »as a foreshadowing of events at Jerusalem. The crisis in the synagogue is the crisis in the temple . . . The 'countrymen' who reject Jesus are not the Nazarenes but the Jews« (A Study in St. Mark, 1951, S. 147).

23 Wenn es richtig ist, was die Formgeschichte zeigte, nämlich »daß jedes einzelne Traditionsstück für sich christologischen Sinn hat« (H. Conzelmann, Grundriß der Theologie des NT, 1967, S. 160), so muß auffallen, daß die Kommentare zu 6 1-6a sich um diese Sinnfrage nicht weiter kümmern, und zwar weder im Blick auf die Markus möglicherweise vorgegebene Tradition, noch im Blick auf die markinische Darstellung. Dabei böte die christologische Titulatur unserer Perikope (προφήτης) dazu hinreichend Veranlassung! Zur Traditionsgeschichte des Titels vgl. F. Hahn, Christologische Hoheitstitel (FRLANT 83), 1963, S. 351ff., bes. S. 394f. Zur Sache auch O. Cullmann, Die Christologie des NT, 1957 ([3]1963), S. 30; G. Friedrich, ThW VI, S. 842ff.

gelegten Entwürfe einer markinischen Christologie gehen an unserem Text vorbei, als bilde er nicht einen Prüfstein auf ihre Richtigkeit. Das mag Zufall sein, hat sich aber gegenüber der folgenden kritischen Einsicht zu verantworten: In die meisten der mir zugänglichen Markusdarstellungen läßt sich unser Text nur mit Mühe und dann nicht eindeutig integrieren. Er wirkt in jedem dieser Gefüge und immer wieder auf andere Weise störend[24]. Das bedarf der Erklärung. Entweder wir haben den Evangelisten in seiner theologischen Absicht immer noch nicht ganz verstanden[25], und nur darum sehen wir hier einen Hiatus in seiner Konstruktion, der für ihn selber gar nicht existierte; oder aber Markus hat diesen Hiatus passieren lassen, weil ihm die Episode für seinen Aufriß, vielleicht auch in ihrem historischen Informationswert, zu wichtig war, um sie ganz zu verschweigen, aber nicht wichtig genug, um ihretwegen seine christologische Zielsetzung zu ändern bzw. umgekehrt die Episode dieser Zielsetzung genau anzupassen. Wir meinen, daß letzteres zutrifft. Und gerade in der Kollision des Redaktionsinteresses mit den »festen Daten der Tradition« (H. Riesenfeld) zeichnet sich der theologische Wille des Markus um so klarer ab[26].

II

Am ehesten besteht Einmütigkeit unter den Forschern im Urteil über den literarischen Charakter unserer Erzählung: Mc 6 1-6a ist keine spannungslose Einheit. Dieses Urteil trifft zu, obwohl bei

---

[24] Der Nachweis kann nicht explizit, nur implizit geführt werden. Beispielhaft sei jedoch auf folgendes hingewiesen: Wenn W. Grundmann in Anlehnung an J. M. Robinson in den mk Exorzismen, Debatten und der Lehre Jesu eine »Angriffsschlacht gegen das Böse« von kosmischen Ausmaßen sieht — in welchem Sinne ist Mc 6 1-6a Teil dieses Kampfes? Wenn andererseits die Christologie des Markus nach dem gnostischen Bild des *salvator salvandus* gestaltet ist (J. Schreiber, passim und ders.: Die Christologie des Markusevangeliums, ZThK 58 [1961], S. 154ff.), wie paßt Mc 6 1-6a da hinein? Am ehesten noch hat Mc 6 1-6a einen Platz in der Theologie des Markus, wie sie von Ed. Schweizer, Die theol. Leistung des Markus, in: EvTh 24 (1964), S. 337ff. und in NTD 1, 1967, entfaltet wurde.

[25] Das Eingeständnis, daß ähnlich überzeugende Ergebnisse, wie sie H. Conzelmann für das Lukasbuch vorgelegt hat (Die Mitte der Zeit, 1954, [5]1964), für Mc noch immer fehlen, findet sich sowohl bei Vielhauer, Aufs. z. NT, S. 199, als auch bei W. G. Kümmel, Einleitung in das NT, [14]1965, S. 46ff., bei letzterem sogar mit einer gewissen Skepsis verbunden (»Eine eindeutige Erklärung der christologischen Zielsetzung des Evangelisten ergibt sich demnach aus dem Text nicht«, S. 51).

[26] Es ist längst erkannt, daß Markus seine christologische Konzeption zwar möglichst konsequent, aber nicht ohne Gewaltsamkeit gegenüber seinem Stoff durchführt. Vgl. G. Bornkamm, Evangelien, synoptische, RGG[3] II 761; H. Riesenfeld, Tradition und Redaktion im Markusevangelium, in: Ntl. Studien für R. Bultmann, [2]1957, S. 164; H. Conzelmann, Gegenwart und Zukunft in der syn. Trad., ZThK 54 (1957), S. 294.

unbefangener Lektüre der Sinn des Erzählten sich problemlos darzubieten scheint[27]. Es geht sehr natürlich und menschlich begreiflich zu: Der berühmte Sohn der Heimat gibt in der Synagoge eine Probe seiner außergewöhnlichen Weisheit und stößt damit auf die massive Skepsis seiner Landsleute. Verständlich! Denn weltweit gilt jener Erfahrungssatz von v. 4, daß kein Prophet in seiner Vaterstadt populär ist, und daß kein Arzt Kuren macht bei seinen Bekannten[28], das heißt — wie H. J. Holtzmann sarkastisch bemerkt —, »daß ein Prophet da nichts gilt, wo Abderitenwitz die Eierschalen seines Genius begutachtet«[29]. Die Ablehnung Jesu geschieht also ganz in Einhaltung der weltlichen Spielregeln: Man läßt nicht leicht jemand als etwas Besonderes gelten, den man von Kindheit an kennt[30]. Dennoch — oder gerade deswegen! — ist eine so natürliche Geschichte im εὐαγγέλιον Ἰησοῦ Χριστοῦ (Mc 1 1) nicht ohne weiteres zu erwarten. Sie fällt auf. Denn in Nazareth sollte doch wohl nicht »kleinstädtisches Philistertum«[31] in Szene gesetzt werden!

Damit beginnt die Einsicht, daß unsere Geschichte trotz ihrer extremen simplicity (Lightfoot) einige unübersehbare Risse und

---

[27] R. H. Lightfoot, History, mag dasselbe Empfinden haben, wenn er feststellt: »The six verses devoted to the story of rejection are characterized at first sight by extreme simplicity« (S. 185).

[28] Dies der Sinn in dem parallelen Wort Pap. Oxyrh. 1 6: Λέγει Ἰς· οὐκ ἔστιν δεκτὸς προφήτης ἐν τῇ πριδι αὐτ(ο)ῦ, οὐδὲ ἰατρὸς ποιεῖ Θεραπείας εἰς τοὺς γεινώσκοντας αὐτό (E. Klostermann, Apocrypha II, Evangelien, [3]1919, S. 19). Vgl. auch das Agraphon 51 (Grenfell and Hunt I. p. 9. lin. 33—35:) οὐδὲ ἰατρὸς ποιεῖ θεραπείας εἰς τοὺς γινώσκοντας αὐτόν (zitiert nach A. Resch, Agrapha. Außerkanonische Schriftfragmente, [2]1906 [= [2]1967], S. 69). Eine weitere Parallele bietet jetzt das Thomasevangelium, Logion 31 (P. Labib, pl. 87, 5—7): »Jesus hat gesagt: Es gibt keinen Propheten, der aufgenommen wird in seinem Dorf; nicht pflegt ein Arzt zu heilen die, die ihn kennen« (zitiert nach J. Jeremias, Oxyrhynchos-Papyros 1, in: Hennecke-Schneemelcher, Ntl. Apokryphen, Bd. I, [3]1959, S. 69). Strack-Billerbeck zitiert zu Mt 13 57 nur unsicheres jüdisches Vergleichsmaterial, dagegen J. J. Wettstein (Nov. Test. Gr. I, 1752, S. 409) passendes aus der griechischen, hellenistischen und römischen Literatur. Vgl. auch E. Preuschen, Das Wort vom verachteten Propheten, ZNW 17 (1916), S. 33ff., der als nächste Parallele Sulpicius bei Cicero, Ep. ad fam. IV 5 zitiert: neque imitare malos medicos, qui in alienis morbis profitentur se tenere medicinae scientiam, ipsi se curare non possunt. — Weiteres bei W. Bauer, Wörterbuch z. NT, [5]1958, Sp. 1263. R. Bultmann, Gesch. d. syn. Trad., S. 30, Anm. 2 bringt noch ein arabisches Sprichwort: »In seiner Heimat hat der Pfeifer keine Freunde (seiner Kunst)«.

[29] H. J. Holtzmann, Synoptiker, S. 161.

[30] »Wenn die Psychologie richtig sieht,« meint D. Flusser, »ist dies leicht verständlich« (Jesus, S. 23). Die Frage ist nur, ob die Psychologie für den Charakter unserer Erzählung überhaupt die rechte Sehweise hat!

[31] Davon spricht J. Weiß, Die Schriften des NT, Bd. I, [2]1907, S. 124.

Sprünge hat, ja, daß die »Einheit des Vorganges wie des Berichtes ... künstlich« ist[32].

Daß v. 1 die Begleitung der »Jünger« ausdrücklich erwähnt wird, dann aber im folgenden keinerlei Berücksichtigung findet, mag man hinnehmen (wenngleich es für die redaktionsgeschichtliche Erklärung besonders aufschlußreich ist!, s. u.). Ebenso, daß in v. 2 die Zuhörer der Synagogenpredigt Jesu οἱ πολλοί[33] heißen. Immerhin konnte sich an diese Titulierung eine Diskussion darüber anspinnen, ob denn eine unterschiedliche Reaktion die Zuhörerschaft in eine Majorität und eine Minorität gespalten habe[34]. Doch mag man mit Klostermann z. St. bei »den Vielen« entgegen dem klass. Gebrauch nicht an die Mehrzahl denken, sondern an »die bekannte Menge«, und man kommt auch über diese Schwierigkeit hinweg[35]. Aber am Ende von v. 2 geht das nicht mehr. Hier werden Machttaten Jesu vorausgesetzt (αἱ δυνάμεις τοιαῦται διὰ τῶν χειρῶν αὐτοῦ γινόμεναι), während am Anfang von v. 2 nur vom Lehren (διδάσκειν) die Rede ist[36]. Man hilft sich gelegentlich mit der Auskunft, anderwärts geschehene Krafttaten Jesu seien den Leuten von Nazareth gerüchteweise zu Ohren gekommen[37]. Das ist solange eine unbefriedigende Auskunft, als man nach einem lückenlosen Geschehensablauf und nicht nach der redaktionellen Arbeit des Markus fragt (s. u.).

Dasselbe gilt m. E. von dem Nebeneinander des ἐξεπλήσσοντο (v. 2) und des ἐσκανδαλίζοντο (v. 3). »Das ist nicht dasselbe«, so hat schon J. Wellhausen kritisiert. »Und man begreift nicht, wie sie sich aus der Bewunderung in den Ärger hinein reden können, ohne daß

---

32 E. Lohmeyer, Das Ev. nach Mk (Meyer 1, 2), [14]1957, S. 110. Vgl. auch E. Preuschen, ZNW 17 (1916), S. 41, der von einem »innerlich unmöglichen Bericht« spricht.

33 οἱ πολλοί bei Mk häufiger (6 2 9 26; vgl. 12 37) als bei Mt (Bl.-Debr. § 245, 1). Die Seitenreferenten Mt und Lc ändern sowohl Mc 6 2 (Mt 13 54 Lc 4 22) als auch 9 26 und 12 37. Unsere Stelle ist textkritisch unsicher und teilt diese Unsicherheit mit 9 26 (τοὺς πολλούς) und 12 37 (ὁ πολὺς ὄχλος). Das spricht dafür, daß die Weglassung des Artikels an den genannten Stellen durch einige Hss eine sekundäre Erleichterung ist.

34 Vgl. J. Wellhausen, Das Evangelium Marci, [2]1909, S. 43; E. Klostermann, Das Ev. d. Mk (HNT 3), [4]1950, S. 55 mit B. Weiß, Das Ev. d. Mk und Lk (Meyer 1, 2), [9]1901, S. 89; Bl.-Debr., Grammatik d. ntl. Griech., [9]1954, § 245; H. J. Holtzmann, Syn., S. 161; W. L. Knox, The Sources of the Synoptic Gospels, I, 1953, S. 49, Anm. 2. Für V. Taylor, Mk, S. 299 zeigt οἱ πολλοί an, »that there was an undercurrent of dissatisfaction which in the end prevailed«.

35 Vgl. E. Hirsch, Frühgeschichte des Evangeliums I, 1941, S. 44; J. Jeremias, ThW VI 541, 15ff.

36 Vgl. M. Goguel, Le rejet de Jésus à Nazareth, ZNW 12 (1911), S. 321ff.; Ed. Schweizer, Mk, S. 69.

37 J. Wellhausen, Das Evangelium Marci, [2]1909, S. 43; W. Grundmann, Mk, S. 120. Lightfoot, History, S. 185.

ein Zwischenfall eintritt« (S. 42). Selbst wenn man mit ἐκπλήσσω ein »unangenehmes Staunen«[38] bzw. ein »Befremden«[39] ausgedrückt sein läßt: »aber Verachtung (ἄτιμος) und Unglaube (6) kann daraus nicht erwachsen«[40]. Hier bleibt ein Bruch, den weder die psychologische Auskunft vom Widerstreit zweier Eindrücke bei den Zuhörern heilen kann[41], noch eine harmonisierende Exegese, die ἐξεπλήσσοντο und ἐσκανδαλίζοντο gleicherweise als Ablehnung Jesu versteht[42]. Ἐκπλήσσω drückt immer ein Moment der Überwältigung, der Ekstase, der Betäubung vor Schrecken aus[43]. In Nazareth findet der vollmächtige Lehrer, was er erwarten kann: überwältigte Hörer. Ἐξεπλήσσοντο dürfte tatsächlich ein »Ausruf ehrlicher Bewunderung sein«[44]. M. a. W.: In der Reaktion der Hörer v. 2 spiegelt sich ein

---

[38] Klostermann, S. 55. Von einem »erschreckenden *Staunen*« spricht R. Pesch (Ein Tag ... in Kapharnaum, siehe oben Anm. 8), läßt aber keinen Zweifel daran, daß es zur Topik antiker Wunderberichte gehört (S. 119ff.) und also nicht Unmut, sondern Anerkennung ausdrückt (S. 122). [39] E. Hirsch, Frühgeschichte, S. 43.

[40] E. Hirsch, a. a. O. Er wagt schon hier einen Rückschluß auf den ursprünglichen Sinn der Geschichte: die Bewohner Nazareths haben Jesus »weder Weisheit noch Wunder« zugetraut, »weil sie das Aufstehen eines Mannes prophetischen Geistes aus seiner Familie für ausgeschlossen halten« (S. 43f.).

[41] So E. Haenchen, Der Weg Jesu, 1966, S. 214; J. Schmid, Das Ev. nach Mk (RNT 2), [3]1954, S. 115f.

[42] So H. J. Holtzmann, Syn., S. 161. U. Luz, Das Geheimnismotiv und die markinische Christologie, ZNW 56 (1965), S. 24 behauptet, für Markus sei »das Staunen ein Ausdruck des Unglaubens, der zwar das Geschehen des Wunders wahrnimmt, aber nicht versteht, weil er verhärtet ist.« Selbst wenn es zutreffen sollte, daß Markus in einer redaktionellen Bemerkung 6 52 erklärt, was er unter ἐξίστασθαι 6 51 versteht (S. 24, Anm. 73), so zeigt doch der einzige von Luz, Anm. 70, angegebene Beleg für ἐκπλήσσεσθαι 7 37 (καὶ ὑπερπερισσῶς ἐξεπλήσσοντο λέγοντες· καλῶς πάντα πεποίηκεν, καὶ τοὺς κωφοὺς ποιεῖ ἀκούειν καὶ ἀλάλους λαλεῖν), daß man hier nicht generalisieren kann.

[43] Vgl. die Belege bei W. Bauer, Wb. z. NT, [5]1958, Sp. 484. »Damit ist zugleich die auch in der antiken Wundergeschichte übliche Beglaubigung durch die Zuschauer gegeben« (G. Bertram, ThW III, S. 6).

[44] R. Bultmann, Gesch. d. syn. Trad., S. 31. So schon J. Weiß, Schriften, S. 124 (der aber dann auch einen Umschlag der Stimmung annimmt); V. Taylor, Mk, S. 299. Lightfoot, History, S. 186f. M. Dibelius, Formgeschichte, S. 107; T. A. Burkill, Mysterious Revelation. An Examination of the Philosophy of St. Mark's Gospel, 1963, S. 138, Anm. 48. — E. Schweizer, NTD 1 z. St. geht auf diese Frage nicht ein, während J. Schniewind, Das Ev. nach Mk, Mk, [6]1962, S. 91 von einer »zwiefachen Haltung« spricht, die ganz dem Sprichwort v. 4 entspreche. Eine zu moderne Erklärung! Grundmann, Mk, S. 120 zeigt — wenn er recht hat — eine weitere Spannung in v. 2 auf. Er findet: »Die erste Frage redet von Jesus verächtlich als ‚von dem da' und geht von dem auffallenden Abstand aus, der nach dem Urteil der Nazarener zwischen seiner geringen Herkunft und dem besteht, was sie von ihm zu hören bekommen.« Jedoch dürfte das τούτῳ damit überinterpretiert sein.

erfolgreicher und vollmächtiger Auftritt Jesu in Nazareth[45], in v. 3 unbeeindruckte Skepsis, ja Vernünftelei, der Jesu Auftritt nicht zum Verwundern gereicht, sondern zum Skandal[46].

Das Sprichwort in v. 4 erklärt diesen Skandal nur mit einer gewissen Gewaltsamkeit: Einmal ist nach v. 2 Jesus in Nazareth nicht als Prophet aufgetreten, sondern als berühmter Weisheitslehrer und Thaumaturg. Zudem ist die Verdreifachung der Ortsbestimmung (πατρίς, συγγενεῖς, οἰκία) »eine Häufung, die ganz gewiß nicht original ist und die Wirkung keineswegs verbessert: denn die Familie ist es ja in dieser Erzählung nicht, die Schwierigkeiten macht, sie wird von dieser Schuld gerade durch ihre Erwähnung im Munde der übrigen Nazarener 6 3 entlastet«[47]. Kurz: Der Redaktor bezieht das Sprichwort durch Erweiterung (s. u.) auf die Situation. Aber die Situation (v. 2) und die Deutung (v. 4) stimmen nicht zusammen.

V. 4 steht aber auch in einer gewissen Spannung zu v. 6a: Wenn die Erfahrung in Nazareth nur die Regel bestätigt, so braucht sich Jesus nicht zu »wundern«. Und mit ἀπιστία ist zudem die Regeleinhaltung der Leute von Nazareth reichlich dramatisch umschrieben.

Einen Widerspruch erkennt man ferner zwischen v. 2 und v. 5: dort erscheint Jesus im Echo der Zuhörer als Gottesmann von übernatürlicher Mächtigkeit; hier als der Zimmermann von stark limitierter Wirkungsmöglichkeit. Schließlich widerspricht der zweite Satz von 6 5 dem ersten[48]: das οὐκ ἐδύνατο ἐκεῖ ποιῆσαι οὐδεμίαν δύναμιν wird durch das εἰ μὴ ὀλίγοις ἀρρώστοις ἐπιθεὶς τὰς χεῖρας ἐθεράπευσεν wieder halb zurückgenommen[49].

---

[45] So richtig E. Wendling, Entstehung, S. 53.

[46] W. L. Knox, Sources, S. 47ff. hat diese Spannung klar erkannt und folgert daraus, daß Markus hier mit einer »isolierten Traditionseinheit« befaßt ist, die ursprünglich nur von einem Mißerfolg Jesu berichtete. Markus oder ein Späterer habe den Ausgleich mit dem konventionell erfolgreichen Auftreten Jesu durch Änderung eines ursprünglichen ἔλεγον (v. 2b) in ein ἐξεπλήσσοντο λέγοντες erreicht (S. 49). — Letzteres ist darum kein überzeugendes Argument, weil der ganze Vers 2 markinische Bildung und gerade das ἐξεπλήσσοντο darin besonders stilgerecht ist (s. u.). Dagegen die Annahme eines ursprünglich erfolglosen Auftretens Jesu in Nazareth halte ich nicht für so unwahrscheinlich wie R. Bultmann, Gesch. d. syn. Trad., Ergh., S. 9. Bultmann S. 31 hält es nämlich für möglich, v. 3 ähnlich wie v. 2 als Ausdruck ehrlicher Bewunderung zu verstehen — bis auf den überraschenden »Zusatz«: καὶ ἐσκανδαλίζοντο ἐν αὐτῷ. Nur ist schwer begreiflich, daß ein Erfolg Jesu in der Überlieferung bewußt zu einem Mißerfolg umgestaltet wird, der — wie v. 5b, Mt und Lc zeigen — dann mühsam wieder zu einem »Erfolg« zurückgestaltet wird.

[47] E. Wendling, Entstehung, S. 55. Dieselbe Unstimmigkeit bemerkte auch E. Hirsch, Frühgeschichte, S. 44, erklärte sie freilich anders. — Mt 13 57 hat übrigens die »Verwandten« herausgenommen, Lc 4 24 auch noch das »Haus«.

[48] Auch das schon von Wellhausen, Mc, S. 43 bemerkt.

[49] Statt vieler vgl. nur R. Bultmann, Gesch. d. syn. Trad., S. 31.

III

Kann die Geschichte der synoptischen Tradition diese Risse und Nähte unserer Erzählung erklären? Läßt sich aus der Gestalt der Perikope und aus dem synoptischen Vergleich noch erkennen, 1. wie die Tradition sich gebildet hat? 2. aus welchen Elementen sie zusammengesetzt ist? und 3. wie sie im Gang der Überlieferung abgewandelt wurde?

1. Einigermaßen befriedigend kann allein die dritte Frage beantwortet werden. Gleichgültig, ob und wie man die Frage einer vormarkinischen (schriftlichen oder nur mündlichen?) Tradition beantworten kann, ob sie von einem ursprünglich erfolgreichen (so z. B. R. Bultmann) oder erfolglosen Auftritt Jesu in Nazareth berichtete (so z. B. W. L. Knox): die vorliegende Textgestalt bei Markus und ihre Parallelen bei Matthäus (13 53-58), Lukas (4 16-30) und Johannes (6 41-46) zeigen deutlich, daß jeder der Evangelisten diesen Stoff im Sinne seiner Theologie und schriftstellerischen Gesamtkonzeption verarbeitet hat. Dies für die Seitenreferenten des Markus nachzuweisen, ist nicht unsere Aufgabe[50]. Der Hinweis auf diese Tatsache dient uns nur zu der Feststellung, daß die (historische) Überlieferung vom Besuch und der Verwerfung Jesu in Nazareth lange Zeit (bis auf Markus?) nur mündlich umlief und keine festgeprägte literarische Form fand, die es den Evangelisten schwergemacht hätte, sie ihren Zwecken dienstbar zu machen. Freilich muß man einschränken: Das Gerippe der Markus-Erzählung — Bewunderung, Ärgernis, Wort vom verachteten Propheten — hat sich bei Matthäus und Lukas durchgehalten, will sagen: Die Markus-Form bildet den Ausgangspunkt für die Seitenreferenten[51].

---

[50] Für Matthäus und Lukas vgl. E. Haenchen, Ges. Aufs. II, S. 158ff.; für Lukas L. Brun, Der Besuch Jesu in Nazareth nach Lukas, in: Serta Rudbergiana (Symbolae Osloenses Fasc. Supplet. IV; Oslo 1931), S. 7—17; B. Violet, Zum rechten Verständnis der Nazarethperikope Lc 4 16-30, ZNW 37 (1938), S. 251—271; A. Finkel, Jesus' Sermon at Nazareth (Lc 4 16-30), in: Abraham unser Vater. Festschr. f. O. Michel, 1963, S. 106—115; H. Conzelmann, Mitte der Zeit, ³1960, S. 25ff.; H. Schürmann, Traditionsgeschichtliche Untersuchungen zu den syn. Evangelien, 1968, S. 39ff.; für Matthäus F. van Segbroeck, Jésus rejeté par sa patrie (Mt 13 54-58), in: Biblica 49 (1968), S. 167ff.

[51] Vgl. M. Dibelius, Formgeschichte, S. 107; R. Bultmann, Gesch. d. syn. Trad., S. 31; E. Haenchen, Ges. Aufs. II, 1968, S. 161ff., bes. S. 169. Anders F. Hahn, Hoheitstitel, S. 394ff., der für Lc 4 22b-24 »eine ähnliche Tradition wie Mc 6 1-5« voraussetzt — eine unbegründete Annahme, wie Haenchen zeigt. Unentschieden läßt die Frage H. Conzelmann, Mitte der Zeit, ³1960, S. 29f., Anm. 2. — Daß Mc 6 1-6 zusammen mit Mc 1 29-38 8 22-26 einen galiläischen Überlieferungszusammenhang »aus sehr früher Zeit« darstellen könnte, welcher Jesus als Wundertäter feiert (so R. Pesch, Ein Tag . . . in Kapharnaum, s. Anm. 8, S. 273), ist eine interessante

2. Die zweite Frage nach den Bausteinen unserer Erzählung wird in der Forschung unterschiedlich beantwortet. Sie rechnet jedoch in einem weitreichenden Konsensus damit, daß die folgenden Elemente in ihr zusammengewachsen sind[52]: 1. ein Wort der Volksweisheit in v. 4a[53]; 2. eine wohl zuverlässige historische Notiz in v. 3a. b, die 3. mit einer wohl historischen Ablehnung Jesu in Nazareth v. 5a zusammenhängen dürfte.

Diese von Hause aus »nicht zusammenstimmende(n) Bruchstücke aus verschiedener Überlieferung«[54] faßt Markus durch ein für ihn typisches redaktionelles Schema (vgl. 1 21ff. 3 1ff.) zu einer erzählerischen Einheit zusammen: Jesus kommt in Begleitung seiner Jünger an den Ort der Handlung (v. 1) und fängt am Sabbat in der Synagoge an zu lehren (v. 2a). Auf die Verwunderung der Hörer (v. 2b. c. 3) antwortet Jesus »mit einem bedeutsamen Wort und ist am Ende der Unverstandene«[55], v. 6a[56].

3. Die letzte Frage, wie die Tradition sich gebildet hat, brachte nur eine Fülle von Vermutungen hervor, aber keine sicheren Ergebnisse. K. L. Schmidt findet zwei Berichte ineinandergearbeitet (Bericht 1: v. 2a. 3a. b. 4; Bericht 2: v. 2b. 3c. 5. 6a), die schon in der »ältesten Überlieferung« im Sinne einer endgültigen Auseinandersetzung Jesu mit Nazareth addiert worden seien, während die ursprüngliche Doppelung des Berichtes möglicherweise mehrfache Nazarethbesuche andeute[57]. Für Bultmann liegt ein »Musterbeispiel« dafür vor, »wie aus einem freien Logion (v. 4) eine ideale Szene komponiert ist«[58]. Und zwar rechnet er damit, daß schon vor Markus die Gemeinde aufgrund ihrer Missionserfahrungen das Bedürfnis empfand, die zweite Hälfte des Doppelspruches, wie ihn Papyrus Oxyrh. 1 6 überliefert, in Erzählung umzusetzen[59]. M. Dibelius war ursprünglich ebenfalls

Vermutung, aber nicht hinreichend begründbar, auch wenn Jesu Wirksamkeit in galiläischen Synagogen ein unbezweifelbares Element der Überlieferung ist (so richtig W. Schrage, ThW VII, S. 830).

52 Zum folgenden vgl. E. Lohmeyer, Das Ev. nach Mk (Meyer I, 2), [14]1957, S. 110f.

53 Vgl. oben, Anm. 28.

54 E. Lohmeyer, Mk, S. 110.

55 E. Lohmeyer, Mk, S. 110. 112.

56 Ob v. 6b den Abschluß unserer Perikope oder die Einleitung zur folgenden Jüngeraussendung (6 7-13) bildet, ist umstritten. Auf jeden Fall ist der Vers eine redaktionelle Übergangsbildung, und es wird richtig sein, ihn mit der Mehrzahl der Exegeten und den modernen Textausgaben zum folgenden zu ziehen.

57 K. L. Schmidt, Rahmen, S. 156.

58 Gesch. d. syn. Trad., S. 30. Ähnlich zählt S. Schulz, Botschaft, S. 31 Mc 6 1-6 zu den allerdings »von Mk geschaffenen Jesusszenen«, die dieser gewinnt, indem er vereinzelt überkommene Jesusworte »apophthegmatisiert« (ebd.).

59 Diese Vermutung sprach erstmals E. Wendling, Entstehung, S. 53f. aus. Vgl. auch E. Preuschen, ZNW 17 (1916), S. 33—48.

dieser Auffassung, hat sie aber später geändert[60]: Mc habe ein urdprünglich mit einem Spruch Jesu (etwa in der Form wie P. Ox. 1 6) sschließendes Paradigma am Ende mit v. 5f. umgebildet, »vielleicht um den Übergang zu der nun folgenden Aussendung der Jünger anzubahnen«[61]. Diese Hypothese nennt wiederum V. Taylor ein »Musterbeispiel of subjective criticism«[62]. Inzwischen hat sich nun auch E. Haenchen der These Bultmanns angenommen und ihr einen weiteren Stoß versetzt durch den Nachweis, daß die Doppelgliedrigkeit des Spruches in Papyrus Oxyrh. 1 6 nicht ursprünglich ist: Das griechische Logion aus Oxyrhynchos sei nur die griechische Fassung des Spruches 31 des apokryphen Thomasevangeliums (s. oben S. 7, Anm. 28). Und das Thomasevangelium habe auch sonst die Eigenart, Einzelsprüche durch Hinzufügung von Parallelen zu erweitern. »Daß Thomas in Spruch 31 einen Doppelspruch überliefert, spricht also nicht für dessen Ursprünglichkeit, von der Bultmann ausgeht, und damit gegen das Herausspinnen der Geschichte aus diesem Doppelspruch«[63].

Nun, diese Annahme war noch nie besonders wahrscheinlich, schon darum nicht, weil man sich nicht gut vorstellen kann, daß die Gemeinde aus einem Sprichwort ein Versagen Jesu herausholt, das Markus dadurch, daß er es auf die Leute von Nazareth schiebt, ja nur mühsam verdeckt[64].

Wir verzichten auf ein Referat weiterer Hypothesen zur Frage nach Gestalt und Umfang einer vormarkinischen Tradition. Sie ist ohne eine redaktionsgeschichtliche Analyse ohnehin nicht zu beantworten. Und so hoffen wir, daß sich am Ende unseres nächsten Abschnittes die Vermutung von E. Haenchen als die wahrscheinlichste bestätigen wird: Dem Erzähler Markus war nur das eine bekannt, »daß Jesus in seiner Heimatstadt ohne Erfolg gepredigt hat. Alles andere sind Versuche der christlichen Tradition, sich mit dieser schwer begreiflichen Tatsache auseinanderzusetzen«[65].

IV

Der markinische Versuch ist es, dem im folgenden allein unsere Aufmerksamkeit gilt. D. h., uns interessieren die Motive, das Ausmaß und die Intention seiner redaktionellen Arbeit. Dabei wird sich zeigen, daß die oben genannten Probleme, also die Tatsache, daß

---

[60] Vgl. die 1. Aufl. seiner Formgeschichte S. 78 mit der 2., S. 106f.

[61] Formgeschichte, 2. Aufl., S. 107. [62] V. Taylor, Mk, S. 298.

[63] E. Haenchen, Ges. Aufs. II, S. 160, Anm. 10. Vgl. auch W. Schrage, Das Verhältnis des Thomas-Evangeliums zur syn. Tradition und zu den koptischen Bibelübersetzungen, 1964, S. 75ff.

[64] Vgl. E. Haenchen, a. a. O., S. 160.

[65] Der Weg Jesu, S. 220. So auch E. Schweizer, Mk, S. 69. Siehe auch oben Anm. 51.

unsere Erzählung historischen und literarischen Ansprüchen nicht recht genügen will, zwar nicht einfach aus der Welt geschafft werden, aber doch insofern aus dem Feuer moderner Kritik geraten, als sich die Ungereimtheiten nicht als »Nachlässigkeit« erweisen, sondern als die Folge einer von Markus bewußt vorgenommenen Eingrenzung der Erzählelemente auf bestimmte Aussagefunktionen, die im Interesse seiner zuhöchst reflektierten und theologisch motivierten Kompositionstechnik stehen.

Markus beginnt die Erzählung mit einer zuständlichen Schilderung (v. 1f.), die für seine redaktionellen Überleitungen ganz typisch ist[66]. Natürlich ist sie hier so wenig wie sonst historisch, geographisch oder chronologisch derart zu hinterfragen, als böte sie einen geschlossenen Geschehensablauf[67]. Sie führt lediglich in höchst einfacher Verknüpfung unserer Erzählung mit der voranstehenden (5 21-43) den Schauplatz der neuen Handlung ein.

Zum Einzelnen: καὶ ἐξῆλθεν ἐκεῖθεν stellt die Sache so dar, als verließe Jesus jetzt das Haus des Jairus, in dem er dessen Tochter erweckt hat (5 38ff.). Dennoch ist das literarische Fiktion: ἐξέρχεσθαι ist redaktionell häufig bei Markus[68], das nur 4mal vorkommende unbestimmte ἐκεῖθεν durchweg[69]. Der chronologische Anschluß nach rückwärts ergibt sich demnach zufällig. In der Tradition dürfte er nicht verankert gewesen sein, was Mt und Lc bestätigen[70].

---

[66] Die auffälligste Parallele ist Mc 1 21. 22. 27, die seinerzeit schon E. Wendling, Entstehung, S. 52 als Synopse zu 6 1-2 gedruckt hat. Doch vgl. auch 2 13 7 24 9 30 10 1 u. ö. Vgl. dazu R. Bultmann, Gesch. d. syn. Trad., S. 363ff., S. Schulz, Botschaft, S. 26ff.; J. Schreiber, Theologie, S. 83ff. R. Pesch (a. Anm. 8 a. O., S. 116ff.) hat mich nicht überzeugt, daß Mc 1 21 traditionell sei.

[67] So noch G. Wohlenberg, Das Ev. nach Markus (Kom. z. NT, hrsg. v. Th. Zahn, Bd. 2), 1. 21910, S. 169. Daß seine Vorstellung der Ereignisse (Jesus marschiert die etwa 30 km vom Seeufer 5 21 bis Nazareth [6 1] in einem Tagesmarsch und kommt am Freitagabend [Beginn des Sabbat, v. 2] dort an; zur Geographie vgl. G. Dalman, Orte und Wege Jesu, 41967, S. 115ff.) diesmal in der Wirklichkeit unterzubringen ist, ändert doch nichts daran, daß sie reine Konstruktion ist. Vgl. K. L. Schmidt, Rahmen, S. 153.

[68] 1 28. 29. 35. 38 2 13 3 6 6 12. 34. 54 7 31 8 11. 27 9 30 11 11f. Die übrigen 23 Stellen wird man mit U. Luz, Geheimnismotiv, ZNW 56 (1965), S. 15, Anm. 24 als traditionell ansehen dürfen. Vgl. auch R. Bultmann, Gesch. d. syn. Trad., S. 364; S. Schulz, Botschaft, S. 26f.

[69] 7 24 9 30 10 1. In 6 10f. erscheint es innerhalb von Worten Jesu. Für K. L. Schmidt, Rahmen, S. 153 spricht dieser magere statistische Befund (Mt bringt es immerhin 12mal) dafür, »daß das Wort schon in der Vorlage des Evangelisten war«. Jedoch ist die Vokabelstatistik — wenn ihr nicht andere Gründe zur Hilfe kommen — allein kein Argument. Vgl. dazu U. Luz, ZNW 56 (1965), S. 11, Anm. 8.

[70] Bei Mt schließt die Verwerfung in Nazareth das große Gleichniskapitel 13, Lc läßt sie auf die Versuchung Jesu folgen. Beide stilisieren die Überlieferung entsprechend

Καὶ ἔρχεται εἰς τὴν πατρίδα αὐτοῦ führtden neuen Platz der Handlung ein. Bei πατρίς weiß der Leser, daß die »Vaterstadt« Jesu, also Nazareth, gemeint ist (1 9. 24)[71]. Lc (4 16) hat die korrekte Bezeichnung Ναζαρά gesetzt. Bultmann vermutet daß unsere Zielangabe schon von der Mc vorliegenden Tradition geboten war[72]. Mir ist wahrscheinlicher, daß auch sie eine redaktionelle Bildung des Evangelisten ist, die er unter sprachlicher Angleichung an das Sprichwort 6 4 geschaffen hat[73].

Es bedarf nicht erst des Hinweises auf die Jüngerbegleitung, um die Annahme eines privaten »Familienbesuches« auszuschließen[74]. Die Frage, was Jesus in Nazareth will, stellt sich gar nicht. Auch ohne jegliche Motivangabe versteht der Leser, daß das ἔρχεται um der Botschaft willen geschieht[75], also Erfüllung jenes ἔρχεται ὁ ἰσχυρότερός μου ist, das Johannes der Täufer angesagt hatte (1 7). Das allein ist wichtig! Bei einer heilsgeschichtlichen Visite aber erwartet man kein biographisches Kolorit. Außerdem hat Markus die Stellung Jesu zu seiner Familie schon 3 21. 31ff. dargelegt — ebenfalls »heilsgeschichtlich«!

Καὶ ἀκολουθοῦσιν αὐτῷ οἱ μαθηταὶ αὐτοῦ. Das war nicht immer so (vgl. 1 35f. 2 1). Daß es hier und anderswo (3 7) ausdrücklich erwähnt wird[76], soll man nicht als Indiz »für wirkliche, treue Überlieferung« nehmen[77]. Denn einmal ist der in Begleitung seiner (zwölf) Jünger lehrende und heilende Jesus eine z. Zt. des Markus feststehende

---

um. Zu Mt vgl. Th. Zahn, Das Ev. nach Mt, [4]1922, S. 501f.; für Lc s. H. Conzelmann, Mitte, S. 25ff. Siehe auch oben Anm. 50.

[71] Siehe die inschriftliche Bezeugung bei Bauer, Wb, Sp. 1262f. Im NT noch Lc 2 3 D Act 18 25 D. 27 D Joh 4 44. Vgl. Schaeder, ThW IV 879; Ed. Lohse, Art. Nazareth, RGG [3]IV, Sp. 1388. G. Dalman, Orte und Wege Jesu, S. 61ff.

[72] Gesch. d. syn. Trad., S. 364. So auch W. Marxsen, Evangelist Markus, S. 42 mit Verweis auf v. 4.

[73] Vgl. S. Schulz, Botschaft, S. 27. Dann erledigt sich die Annahme von Th. Zahn, Mt, S. 502, Anm. 67, πατρίδα αὐτοῦ in Mc 6 1 habe an 1 9 bei weitem nicht die sichere Grundlage wie Mt 13 54 an 2 23; Mc habe also aus Mt übernommen. — S. E. Johnson, A Commentary on the Gospel according to St. Mark (BNTC 2), 1960, S. 112 sieht in der Namenswahl πατρίς für Nazareth bereits die Paradoxie von Joh 1 11 angezeigt: »Er kam in sein Eigentum, und die Seinen nahmen ihn nicht auf.« Eine zu scharfsinnige Exegese.

[74] J. Wellhausen, Mc, S. 42; E. Klostermann, Mk, S. 55; V. Taylor, Mk, S. 299.

[75] M.-J. Lagrange, Évangile selon St. Marc, 1966, S. 147.

[76] U. Luz, ZNW 56 (1965), S. 12, Anm. 9, hat nachgezählt, daß ἀκολουθεῖν bei Mk 19 mal vorkommt (Mt 25 mal, Lc 17 mal). Von diesen Stellen hält er 3 7 6 1 10 52 und »wahrscheinlich« auch 2 15 10 32 für redaktionell. E. Trocmé, La formation de l'Évangile selon Marc, 1963, S. 128 hält die Jüngerbegleitung für redaktionell in 1 21a 2 15-16 3 20 4 34 5 31. 37 6 1 8 34 11 11. 15a. 19. 27 12 43.

[77] Gegen K. L. Schmidt, Rahmen, S. 153.

Anschauung der Gemeinde (vgl. 1 21. 38f. 2 15. 16 4 1f. 33f. 10 1b 12 14 u. ö.)[78]. Zum andern: Gerade daß der Zug in manche Einzelgeschichten der Tradition noch nicht eingedrungen ist (1 40ff. 2 1ff. 3 1ff. 7 24ff.), zeigt den späten Schematismus der Vorstellung[79]. Ob das Dabeisein der Jünger erwähnt wird oder nicht, entscheidet von Fall zu Fall nicht die historische Überlieferungstreue, sondern der theologische Aussagewille des Evangelisten, wie das Verfahren der Seitenreferenten deutlich zeigt: Mt hat die Jüngerbegleitung gestrichen. Denn 13 53 ist eine der stereotypen Abschlußformeln für mt Redeabschnitte (vgl. 7 28 11 1 19 1 26 1), die als wesentliches Moment des Lebens Jesu die Verkündigung unterstreichen[80]. In dieser Funktion als Verkündiger kommt er auch in seine Vaterstadt (13 54: ἐδίδασκεν αὐτοὺς ἐν τῇ συναγωγῇ αὐτῶν). Da es Mt um Jesus und seine Verkündigung geht, läßt er die sonst in dieser Hinsicht Jesus ganz gleichgeschalteten Jünger weg[81]. — Bei Lukas ist das Fehlen der Jünger konsequent: Zur Zeit seiner Antrittspredigt agiert Jesus noch allein. Seine ersten Jünger gewinnt er erst 5 1-11[82]. Markus läßt in 6 2 die Jünger Zeugen des Geschehens sein, damit die Gemeinde ihre Missionserfahrungen (6 7-13) recht einschätzen lernt: Der Jünger ist nicht über den Meister![83] Achtet man darüber hinaus auf die parallele Komposition von 6 1-13 und 3 7-35[84], so gewinnt die ausdrückliche Betonung der Jünger-

---

[78] Vgl. R. Bultmann, Gesch. d. syn. Trad., S. 368. — Im Anschluß an M. Hengel (Nachfolge u. Charisma. Eine exegetisch-religionsgeschichtliche Studie zu Mt 8 21f. u. Jesu Ruf in die Nachfolge, BZNW 34, 1968, S. 65) urteilt R. Pesch (s. Anm. 8) ganz anders über Mc 1 21a. 29. 36: bei Simon und seinen Gefährten handele es sich noch nicht um »Nachfolge der Jünger im Stile von Mc 1 16-20«, sondern um Begleiter seines Vertrauens. Darin spiegele sich »historische Wirklichkeit« (S. 268f.). Eine erwägenswerte Vermutung.

[79] Vgl. R. Bultmann, Gesch. d. syn. Trad., S. 368.

[80] Vgl. G. Strecker, Der Weg der Gerechtigkeit (FRLANT 82), 1962, S. 130.

[81] So schon K. L. Schmidt, Rahmen, S. 154. Zur Parallelisierung Jesus — Jünger bei Mt vgl. G. Strecker, Gerechtigkeit, S. 191ff., bes. S. 194ff.

[82] Vgl. dazu E. Haenchen, Ges. Aufs. II, S. 161f. 169ff.

[83] Vgl. S. Schulz, Botschaft, S. 72; siehe auch unten S. 34.

[84] Vgl. E. Lohmeyer, Mk, S. 109; S. E. Johnson, Gospel according to St. Mark, S. 112. E. Schweizer, Mk, S. 69. In 3 6 steht als Schluß des 2. Teils 1 14-3 6 die Verwerfung Jesu durch die Pharisäer. Nach einem Summarium, das die »weltweite Wirkung Jesu« (Ed. Schweizer, Mk, S. 43) darstellt (3 7-12), folgt die Berufung der Zwölf (3 13-19), auf die die Verwerfung Jesu durch die Seinen folgt, 3 20f. Ebenso steht am Ende des 3. Teils (3 7—6 6a) die Verwerfung Jesu, jetzt durch seine Mitbürger. Und es folgt zu Anfang des 4. Teils (6 6b—8 26) die Aussendung der Jünger in die Mission (6 7-13), eingeleitet wieder durch ein diesmal sehr knappes Summarium in 6 6b. Hier herrscht fraglos ein theologisch-sachliches Ordnungsprinzip (Lohmeyer): Die Verwerfungen Jesu markieren die Etappen des sich zunehmend verhärtenden Widerstandes der Welt. Die Wichtigkeit dieser Etappen wird durch das Dabeisein der

begleitung in 3 7 und 6 1 noch in anderer Hinsicht Bedeutung: Auf die Berufung der Zwölf (3 13-19) folgt in 3 21. 31-35 die Distanzierung von den Angehörigen. Auf die Verwerfung Jesu in seiner Vaterstadt 6 1-6a folgt in 6 6b-13 die Aussendung der Zwölf. Man erkennt: Wo die »Freunde« Jesu (οἱ παρ' αὐτοῦ) von ihm abrücken, da treten ihm die Jünger als seine ständigen Begleiter nahe. Nächste werden zu Fernsten, Fernste zu Nächsten[85].

V. 2: καὶ γενομένου σαββάτου ἤρξατο διδάσκειν ἐν τῇ συναγωγῇ. Ohne weiteres ist klar: Der Fundort des ἤρξατο διδάσκειν hier und im übrigen Mc-Ev (4 1 6 34) weist diesen Zug als »geläufige markinische Einleitungswendung« aus[86]. Hinzu kommt der inzwischen von Ed. Schweizer gesicherte Nachweis, daß das vorzugsweise am Beginn neuer Traditionsstücke[87] stehende διδάσκειν nicht nur fast durchweg redaktionell ist, sondern im Sinne des Mc auch »das für Jesus typische Handeln« aussagt[88]. Schließlich sitzt die »Synagoge« als Predigtort Jesu in diesem redaktionellen Material des Markus ebenso fest (1 29. 39 3 1)[89] wie die Zeitangabe, daß es Sabbat war (1 21; vgl. 16 1). »Im Sinne der heutigen Geschichtsschreibung« sind diese Orts- und Zeitangaben natürlich nicht auszuwerten[90], m. E. aber auch nicht im Sinne einer theologischen Polemik gegen das Judenchristentum[91]. Dafür sind

---

Jünger hervorgehoben. Sie sind durch ihr ἀκολουθεῖν und ihr ἀποστέλλεσθαι (6 7) selber die Akteure, die dieses Geschehen in Gang halten. Am Ende des 4. Teils (6 6b—8 26) sind sie dann selbst »verhärtet«, haben sie immer noch »keine Einsicht« (8 17). — Zur Komposition des Mc-Ev. vgl. jetzt R. Pesch, Naherwartungen, 1968, S. 58f.

[85] Vgl. E. Trocmé, La formation, S. 107. Wieso J. Schreiber, Theologie, S. 205 aus der Komposition schließen kann, Jesus wende sich »fort von Nazareth und den Jüngern, hin zur Mission und zum Volk«, verstehe ich nicht.

[86] U. Luz, ZNW 56 (1965), S. 22.

[87] Stellennachweis bei U. Luz, ZNW 56 (1965), S. 21, Anm. 60. Vgl. auch E. Trocmé, S. 151.

[88] Ed. Schweizer, Anmerkungen zur Theol. des Mk, Neotestamentica, 1963, S. 95; R. Pesch (s. Anm. 8), S. 126f. Doch vgl. vor ihnen schon J. M. Robinson, Geschichtsverständnis, S. 67ff.

[89] S. Schulz, Botschaft, S. 27: »markinische Szenerie«; R. Pesch, »Eine neue Lehre aus Macht.« Eine Studie zu Mc 1 21-28, in: Evangelienforschung, hrsg. v. J. B. Bauer, Graz 1968, S. 248. Anders Bultmann, Gesch. d. syn. Trad., S. 367. Wichtig ist die Variation bei Mt (13 54), der von »ihrer Synagoge« spricht. Hier liegt Polemik vor, von der bei Mc nichts zu spüren ist. Siehe auch Anm. 91.

[90] J. Schreiber, Theologie, S. 87.

[91] Gegen J. Schreiber, Theologie, S. 87ff., der in der markinischen Darstellung »eine massive Abwertung der jüdischen Sabbatfrömmigkeit« findet (S. 87). Der Sabbat sei für Markus = Nacht, eine Gleichung, die Schreiber vor allem aus 15 42 herausliest: »Der Tag vor dem Sabbat ist der ‚Abend' des Sabbats; der Sabbat selbst ist dann die darauffolgende ‚Nacht'. Am ‚Abend' geschieht die Kreuzigung, die dazu führt, daß Jesus in der ‚Nacht' des Sabbats als Toter in ein Felsengrab ge-

sie zu beiläufig von Mc angeführt. Es müßten z. B. in Mc 6 1-6a inhaltliche Kriterien dafür hinzukommen, daß die Leute von

sperrt wird« (S. 88). Ich muß gestehen: Wenn das die Aussageabsicht des Markus war, so kann ich seine Darstellung nur noch als Kryptogramm bezeichnen. Denn diesen geheimen Hintersinn entdeckt man ja nicht so ohne weiteres. Dasselbe gilt für folgende Kombination (S. 88): Schreiber fragt, worin denn die »Nacht« für Markus besteht, und er antwortet: Darin, »daß die Juden ihre eigene Überlieferung an die Stelle des göttlichen Willens setzen (vgl. 7 8f.). In dieser Nacht sieht Markus den eigentlichen Grund für Jesu Kreuzigung: Die Juden trachten Jesus nach dem Leben, weil er im Gegensatz zu ihren Bestrebungen Gottes Willen erfüllt (3 1-6 11 15-18 12 1-12). Mit der Grabesruhe Jesu am *Sabbat* scheint diese satanische Nacht endgültig gesiegt zu haben. Aber so wie auf die Finsternis 15 33 der Todesschrei Jesu 15 37 als sein Gerichts- und Siegesschrei folgt, genauso folgt auf die nächtliche Sabbatruhe Jesu im Grabe der Sonnenaufgang des Ostermorgens (15 42 16 1f.). Mit anderen Worten: Der Gekreuzigte und Auferstandene macht der Nacht des Sabbats, dieser widergöttlichen Gesetzlichkeit des Judentums, ein Ende. Indem er die lebensfeindliche Starre der Tora (vgl. 3 1-6) im Gehorsam gegen Gottes Willen bis zum Tode am Kreuz ertrug, ging er den Weg in die Freiheit nach Galiläa (16 7): Das *Grab* in *Jerusalem*, in das man ihn während des *Sabbats* legte, ist *leer* (16 6)!« Zu diesem methodischen Verfahren gilt der oben in Anm. 9 gemachte kritische Einwand entsprechend, und ich fürchte, W. Grundmanns Besorgnis ist nicht von der Hand zu weisen, daß sich hier »die Gefahr einer hypothetisch kombinierenden und Beziehungen geheimer Art eruierenden Redaktionsgeschichte« zeigt, »die Einzelheiten mit theologischen Gewichten behängt, die sie nicht tragen können« (Mk, S. 334). Vgl. auch die herbe Kritik bei R. Pesch (s. Anm. 8), Ein Tag in Kapharnaum, S. 193, Anm. 48, wo die Gleichung Sabbat = Nacht ein »Unsinn« genannt wird. Auf unsere Stelle kommt Schreiber im Zusammenhang einer Bestandsaufnahme der Sabbat-Stellen im Mk-Ev. zu sprechen, die offenbar schon als bloße Feststellung Beweischarakter tragen: »Am Sabbat besucht er seine Vaterstadt und findet keinen Glauben (6 1-6; vgl. 3 20-22. 31-35: Polemik gegen Judenchristentum).« Es folgt ein Verweis auf seinen Aufsatz in ZThK 58 (1961), S. 177. Nun ist es schon mal nicht korrekt, daß Jesus am Sabbat seine Vaterstadt besucht. An welchem Tag er dorthin kommt, ist überhaupt nicht gesagt (v. 1), sondern lediglich, an welchem Tag er seine Synagogenpredigt hielt: am Sabbat. Und daß die ἀπιστία, die sich dann eben am Sabbat ereignet, diesen in dem obengenannten Sinn abwertet, ist Überinterpretation, die auch durch das Verfahren der Seitenreferenten (Mt 13 54 läßt den Sabbat weg, Lc 4 16 macht daraus eine Gewohnheit Jesu) keine Stützung erfährt (S. 145f. 152f.). Dagegen wäre es methodisch verständlich gewesen, wenn Schreiber mit Lightfoot, History, S. 187f. der Frage nachgegangen wäre, ob nicht in der antithetischen Parallelität des ersten Auftretens Jesu in der Synagoge (von Kapernaum 1 21-27) mit der Machtbestätigung durch den Dämonischen und des letzten Auftretens in der Synagoge (von Nazareth), wo »the tendency is all the other way« (S. 187), nämlich »to belittle the significance of Jesus« (S. 188), eine theologische Kompositionsabsicht erkennbar wird: Was die Dämonischen erkennen, bleibt den Seinen ein Rätsel; sie bringen ihn auf den Weg nach Jerusalem (das Ende der galiläischen Wirksamkeit rückt in Sicht!) und verschulden seinen Tod. — Zu der wenig wahrscheinlichen Annahme schließlich, Markus treibe mit dem allem

Nazareth als Mitglieder des Synagogenverbandes von Jesus preisgegeben werden. Aber davon vermag ich im Text nichts zu entdecken.

Durchaus dem Stil der redaktionellen Überleitung (wie der Summarien![92]) entspricht es auch, daß über den Inhalt der Predigt Jesu nichts mitgeteilt wird. Alle an diese Fehlanzeige geknüpften historischen Schlußfolgerungen sind abwegig, also etwa: Markus könne davon nichts sagen, weil ihm offenbar davon nichts überliefert worden sei[93]. Für Markus ist das keine Frage des Könnens oder Nichtkönnens, sondern der schriftstellerischen Regie. Denn einmal zeigen die analogen Fälle 1 21f. 2 13 und 6 34, daß Markus einen grundsätzlich anderen Plan verfolgt, als die »Lehre« Jesu mitzuteilen[94]. Zum anderen bedarf es im Interesse unserer Erzählung der inhaltlichen Wiedergabe der Predigt Jesu nicht. Denn der Leser des Evangeliums kennt sie ohnehin (1 14f. 2 16f.; c. 4!). Er weiß, daß Jesus vom »Geheimnis des Reiches Gottes« gepredigt hat (4 11), und zwar nicht wie die Schriftgelehrten, sondern wie einer, der Vollmacht hat (1 22), und daß es eine »neue Lehre« war (1 27). Aber welchen Eindruck hat diese »neue Lehre« gemacht? Darauf legt der Verf. im folgenden allein alles Gewicht.

Καὶ οἱ πολλοὶ ἀκούοντες ἐξεπλήσσοντο. Von dem zweideutigen Ausdruck οἱ πολλοί war bereits die Rede (s. oben S. 8). Er erklärt sich am leichtesten als redaktionelle Bildung und gehört zur Topik der Schilderung von Jesu Berühmtheit: er ist kein Winkelprediger (1 28f.), sondern der überwältigende Redner und Thaumaturg, dem alle Welt zuläuft (1 32f. 2 2. 13 3 9. 20 4 1 5 21. 24 6 31. 55f. 8 1)[95]. Entsprechend ist es auch der Redaktor, der die Hörer außer sich geraten läßt

---

Polemik gegen das Judenchristentum, verweise ich einfach auf Ed. Schweizer, ZNW 56 (1965), S. 3, Anm. 17. Mir selbst will darüber hinaus scheinen, daß in den Streitgesprächen, dem Heilen und Lehren Jesu am Sabbat, also dem Durchbrechen jenes Bannes, den das mosaische Gesetz und seine rabbinische Interpretation über den Willen Gottes geworfen haben, Markus weniger seinen Widerspruch gegen ein konservatives Judenchristentum, als vielmehr »ein großartiges Verständnis für den wirklichen, geschichtlichen Jesus« erweist, »so daß seine Historie und christliche Dogmatik sich tatsächlich an dieser Stelle gegenseitig stützen und interpretieren« (E. Käsemann, Der Ruf der Freiheit, 1968, S. 80).

92 Vgl. dazu S. Schulz, Botschaft, S. 29ff.; R. Pesch, Ein Tag ... in Kapharnaum (s. Anm. 8), S. 186ff., der in den Summarien freilich »nicht erst Schöpfungen der Evangelisten, sondern der ältesten Tradition« sieht (S. 191).

93 So E. Haenchen, Der Weg Jesu, S. 216. 219.

94 Darauf verwies schon M. Dibelius, Formgeschichte, S. 238. Vgl. S. Schulz, Die Bedeutung des Markus für die Theologiegeschichte des Urchristentums, in: Studia Evangelica 2 (TU 87), 1964, S. 135ff. Jetzt auch R. Pesch, a. Anm. 8 u. 89 a. O.

95 Vgl. R. Bultmann, Gesch. d. syn. Trad., S. 367f.

(ἐξεπλήσσοντο)[96]. Das gehört zusammen mit der erstaunten Frage nach der Identität des Wundertäters zum topischen Chorschluß der Wundergeschichte[97]. Markus also ist es, der die Wirkung der Predigt Jesu in Nazareth nach dem Modell der hellenistischen Epiphaniegeschichte stilgerecht wiedergibt[98]. Das zeigen besonders die folgenden Fragen, in denen Markus das Volksurteil in einer Reihenfolge anführt, die wir schon aus 1 27 kennen: 1. allgemein, 2. Lehre, 3. Taten. Ihren Schematismus hat bereits E. Wendling klar erkannt: »Diese Disposition paßt vorzüglich für Kapernaum (1 21ff.), wo nach der Predigt die Austreibung des Dämons erfolgt. Dagegen paßt sie gar nicht für Nazareth, wo Jesus nur predigt«[99]. Markus redigiert also nach seiner theologischen Vorstellung, nicht nach dem wirklichen Geschehensablauf. Das zeigt die Analyse der Fragen im einzelnen noch genauer.

Die erste hat sehr allgemeinen Charakter: πόθεν τούτῳ ταῦτα; Sie erinnert in dieser Form und in diesem Zusammenhang an andere Stellen des Mc-Evangeliums, wo sie ganz ähnlich auftaucht: 1 27: καὶ ἐθαμβήθησαν ἅπαντες, ὥστε συζητεῖν αὐτοὺς λέγοντας· τί ἐστιν τοῦτο; διδαχὴ καινὴ κατ' ἐξουσίαν. 2 7: τί οὗτος οὕτως λαλεῖ; 4 41: τίς ἄρα οὗτός ἐστιν; Markus wiederholt also diese Frage mehrmals[100] als eine typische Reaktion der Hörer auf das Epiphaniewunder. Als solche und in ihrer Art stilgerecht ist sie auch in 6 2c gemeint. Dabei mag das in den Parallelfragen nicht vorkommende πόθεν bereits im Vorblick auf v. 3 formuliert sein: Wer Zimmermann ist und natürlicher Sohn einer bekannten Familie, dann aber als Soter auftritt, der muß sich eine solche Frage wohl gefallen lassen[101]. Markus schafft so eine redaktionelle Klammer zwischen dem in der Nazareth-Tradition festgehaltenen »historischen« Eindruck der Landsleute Jesu (er ist der »Zimmermann«) und dem sonst allgemeinen Eindruck von der

---

96 ἐξεπλήσσοντο redaktionell bei Mc 1 22 7 37 11 18; vgl. 10 26 Act 13 12. Siehe R. Pesch, Ein Tag ... in Kapharnaum (s. Anm. 8), S. 117f.; ders., »Eine neue Lehre aus Macht« (s. Anm. 89), S. 249.

97 R. Bultmann, Gesch. d. syn. Trad., S. 241. 371; H. D. Betz, Lukian von Samosata und das NT, 1961, S. 159ff.; G. Schille, Die Seesturmerzählung Markus 4 35-41 als Beispiel ntl. Aktualisierung, ZNW 56 (1965), S. 31, der das gattungsgeschichtlich noch erhärtet. Siehe auch R. Pesch (s. vorige Anm.), S. 119ff. 256ff.

98 E. Peterson, Εἷς Θεός, 1926, S. 193—195. J. Weinreich, Antike Heilungswunder, 1909, S. 195ff.; M. Dibelius, Formgeschichte, S. 91ff.

99 E. Wendling, Entstehung, S. 53.

100 Vgl. E. Wendling, Entstehung, S. 53.

101 Vgl. Lagrange, S. 148: »... puisqu'il n'a pas fréquenté les écoles rabbiniques ...« Mt hat diese Bedeutung des πόθεν dadurch verdeutlicht, daß er das πόθεν τούτῳ ἡ σοφία αὕτη κτλ. 13 54 nach dem Standesregister 13 55 noch einmal wiederholt, und zwar mit οὖν angeschlossen (v. 56: πόθεν οὖν τούτῳ ταῦτα πάντα). Anders E. Gräßer, Bibelarbeit über Mc 6 1-6a, in: Bibelarbeiten gehalten auf der rheinischen Landessynode 1968 in Bad Godesberg, S. 42f.

»Lehre« Jesu (er ist der θεῖος ἀνήρ), den Markus gemäß der c. 5 verarbeiteten Wundertradition in 6 2 stilgemäß reproduziert hat. Das zeigen vor allem die beiden nächsten Fragen: τίς ἡ σοφία ἡ δοθεῖσα τούτῳ; καὶ αἱ δυνάμεις τοιαῦται διὰ τῶν χειρῶν αὐτοῦ γινόμεναι[102]. Nach der »Weisheit«[103] Jesu zu fragen, haben die Zuhörer unmittelbar Veranlassung: eine Probe seiner διδαχή haben sie ja gerade vernommen. Nicht aber haben sie Veranlassung, nach den δυνάμεις τοιαῦται zu fragen, denn das emphatische Demonstrativ τοιαῦται hat keine unmittelbare Beziehung. Man soll dieser »Nachlässigkeit« des Evangelisten nicht dadurch aufzuhelfen versuchen, daß man das Gerücht der Taten Jesu stillschweigend vorausgesetzt sein läßt, oder gar ein »Stimmengewirr« in der Synagoge porträtiert findet: der eine redet dies, der andere das[104]. Es genügt der Hinweis, daß Markus nicht die Ereignisse in der Synagoge protokolliert, sondern daß er im Sinne des Lesers übergreifend komponiert: Der Leser soll urteilen, daß eben kein anderer, als der mit Wort und Tat so machtvoll operierende Jesus von c. 5 auch in Nazareth präsent war — und dennoch nichts ausrichtete! Dem Leser also gilt der mit τοιαῦται gegebene Verweis auf die zuletzt erzählten Taten Jesu, der zugegebenermaßen etwas gewaltsam ist und eben darum von Lukas geglättet wird (4 23)[105]. Und dem Leser wird schließlich auch durch den redaktionellen Zusatz in 5b bedeutet, daß diese δύναμις doch nicht ganz wirkungslos in Nazareth geblieben ist: an einigen Gebrechlichen hat sie sich dennoch wirksam erwiesen (dem διὰ τῶν χειρῶν αὐτοῦ von v. 2c entspricht das ἐπιθεὶς τὰς χεῖρας von v. 5b).

Neben der Form verrät schließlich auch der Inhalt der Fragen die Hand des Redaktors. Sie legen einen Schleier des Geheimnisses um die Person Jesu[106] — und nehmen doch die Antwort bereits vor-

---

102 Das Nebeneinander von σοφία und δύναμις qualifiziert Hi 12 13 Gott, Is 11 2 den Messias (vgl. I Cor 1 24; dazu U. Wilckens, ThW VII 514f.). Zum *messianischen König* als Leitbild der mk Christologie vgl. Ph. Vielhauer, Aufs., S. 199ff.

103 Σοφία ist kein mk Sprachgebrauch, ja, wird abgesehen von Lc 2 40. 52 überhaupt nicht von Jesus ausgesagt. E. Wendling, Entstehung, S. 56 fand darum, daß I Cor 1 24 auf Mc eingewirkt habe (ebenso bei dem Skandalon v. 3: I Cor 8 13 II Cor 11 29), was unbeweisbar ist. Auch U. Wilckens, ThW VII 515, 12ff. rückt unsere Stelle in den Kontext der paulinischen Charismen (I Cor 12 8 Col 1 28 3 16 II Cor 12 12 6 7; vgl. Mt 7 22 Act 6 8) und spricht von »der gegenwärtigen kirchlichen Erfahrung« unseres Evangelisten. — Wie dem auch sei: Der Ursprungsboden der kausalen Zusammengehörigkeit von πνεῦμα — διδαχή — δύναμις ist sicher der hellen.-jüdische Raum mit seiner Vorstellung vom θεῖος ἀνήρ.

104 So z. B. Grundmann, Mk, S. 120.

105 Mt muß das Demonstrativ in 13 54 natürlich ebenfalls streichen, weil er mit seiner Nazarethperikope allein das Beispiel der Lehre Jesu (c. 13) abschließt.

106 Daß darin die Geheimnistheorie zum Zuge kommt, s. unten! Übrigens hat R. Pesch in einer sorgfältigen Analyse von Mc 1 21-34 (s. Anm. 8 u. 89) gezeigt, wie auch

weg. Schon das adjektivische τίς vor σοφία nimmt möglicherweise das πόθεν wieder auf (»woher kommend?«)[107], fixiert aber mit dem δοθεῖσα die διδαχή Jesu auf jeden Fall als jene διδαχὴ κατ' ἐξουσίαν von 1 27, also als eine Weisheitsrede, die als Gabe Gottes bevollmächtigte Rede ist[108] und darin wirkungsvoll mit jeder menschlichen Be-gabung (v. 3) kontrastiert. Und wieder bleibt allein für die »historischen« Zuhörer die Frage in der Schwebe. Für die Leser seines Evangeliums, für die allein Markus den Stoff redigiert, ist sie entschieden: Das πόθεν τούτῳ ταῦτα und τίς ἡ σοφία κτλ. ist in der Taufgeschichte 1 9-11 beantwortet. Hier empfängt Jesus die Gabe des πνεῦμα (v. 10: τὸ πνεῦμα ... καταβαίνον εἰς αὐτόν!), die ihn hinfort regiert (1 12!)[109]. Die Taufe Jesu also ist nach Markus das Datum, von dem ab man sagen kann: Weisheit (= διδαχή) und Machttaten sind ihm »gegeben«[110]. Aber dieses Geschehen bleibt verborgen: nur Jesus allein nimmt es wahr (1 10: »er sah«)[111]. Die Bewohner Nazareths fragen also nach etwas, was sie nicht wissen können — und was sie nicht wissen sollen[112]! Und doch lüften sie das Geheimnis (die Weisheit, die ihm gegeben ist!) — für den Leser! Er soll einmal mehr begreifen, daß Jesus der von Gott bevollmächtigte Lehrer ist. Und er soll wissen: Die Zuhörer in Nazareth haben dasselbe »Evangelium« gehört wie er, der Leser, mit »Spruchgut« (Weisheit) und Wundergeschichten (Machttaten), und dazu noch aus Jesu Munde[113]! Aber sie haben es unbegreiflicherweise doch nicht angenommen. Warum nicht? Weil für die ursprünglichen Hörer, die ἔξω, gilt: »Sie sehen mit sehenden Augen und erkennen doch nicht; sie hören mit hörenden Ohren und verstehen doch nicht« (4 12)[114].

V. 3 ist oft auf seine historische Ergiebigkeit hin befragt und ausgewertet worden[115]. Im einzelnen können diese Ergebnisse für

---

dort in ganz analoger Weise (τί ἐστιν τοῦτο; 1 27) dem Leser des Evangeliums das Geheimnis Jesu enthüllt wird. [107] Bl.-Debr. § 298, 2.

[108] R. Pesch, »Eine neue Lehre aus Macht« (s. Anm. 89), passim. Vgl. Act 6 3. 10, wo das Nebeneinander von πνεῦμα und σοφία ebenfalls die Weisheitsrede als von Gott eingegeben vorstellt (U. Wilckens, ThW VII 515, 7f.). Denselben religionsgeschichtlichen Sachzusammenhang hat man für Mc 6 2 zugrunde zu legen.

[109] Vgl. S. Schulz, Botschaft, S. 46. 54f. 73f.

[110] Johannes (6 42) beantwortet das πόθεν gemäß seiner Präexistenzchristologie mit der Auskunft vom Abstieg Jesu aus dem Himmel. Daß Markus so nicht antwortet, ist ein weiteres Indiz dafür, daß er die Präexistenzvorstellung nicht kennt (mit Vielhauer, Ed. Schweizer, S. Schulz gegen J. Schreiber).

[111] Vgl. dazu Ph. Vielhauer, Aufs., S. 212: auch die Stimme vernimmt Jesus allein.

[112] Vgl. dazu jetzt den Abschnitt »Das Inkognito des Gottmenschen« bei S. Schulz, Botschaft, S. 46ff. [113] Vgl. E. Haenchen, Der Weg Jesu, S. 214.

[114] Vgl. S. Schulz, Botschaft, S. 63.

[115] Neben den Kommentaren vgl. J. Blinzler, Die Brüder und Schwestern Jesu, SBS 21, 1967.

unsere Fragestellung auf sich beruhen. Nur auf die dogmatischen Probleme, die durch die unterschiedliche Textüberlieferung in Mc 6 3 par gestellt werden, ist kurz einzugehen.

Die Mc-Handschriften bieten folgende Lesarten[116]:

a) ὁ τέκτων, ὁ υἱὸς τῆς Μαρίας (sämtliche Unzial- und viele Minuskel-Hss),

b) ὁ τοῦ τέκτονος υἱός (so meistens) oder τ. τ. ὁ υἱός (𝔓[45] 13 124 346; vgl. Mt 13 55),

c) ὁ τοῦ τέκτονος υἱὸς καὶ τῆς Μαρίας (einige Minuskel-Hss, die meisten it-, einige vg- und 3 bo-Hss sowie in arm.).

Hinzu kommt noch die Lc- und Joh-Lesart:

d) υἱὸς Ἰωσήφ (Lc 4 22 Joh 6 42; vgl. Lc 3 23).

Die letzte Lesart wäre die natürlichste. Ein Mann wird in der Regel nach seinem Vater benannt, nach der Mutter nur, wenn diese verwitwet oder das Kind unehelich ist. Ob die Mc-Lesart a) den Tod Josephs voraussetzt; ob sie eine »dogmatische Korrektur« im Sinne der Jungfrauengeburt ist[117] und man also b) 𝔓[45] bzw. Mt 13 55 als die ursprüngliche Lesart anzunehmen hat; oder ob die Lesart c) eine apologetische Abwandlung der Lesart a) ist (jemand hätte Anstoß daran genommen, daß Jesus selber als niedriger Handwerker erscheint und hätte diesen Anstoß gemildert, indem er schrieb: Jesus war nur der Sohn eines Zimmermanns), darüber wird viel und mit unterschiedlichen Ergebnissen diskutiert (siehe bei J. Blinzler). Für eine redaktionsgeschichtliche Analyse muß klar sein: Markus kann nicht der Urheber einer Lesart sein, die in v. 3 die Menschlichkeit Jesu in Richtung auf ein übernatürliches Wesen anzuheben versucht (also die »dogmatischen Korrekturen«: Jesus ist vaterlos und berufslos, also göttlicher Abstammung. Vorausgesetzt, daß es dogmatische Korrekturen sind!). Denn dem Redaktor ist in der Abfolge von v. 2 zu 3 gerade an der schroffsten Paradoxie gelegen: der »Gottesmann« von v. 2 ist doch zugleich der »Zimmermann« von v. 3 (vgl. die redaktionelle Verklammerung beider Verse — der Redaktion und der Tradition — durch οὐχ οὗτος; vgl. 4 41!). Jede »dogmatische Korrektur« würde aber diese Paradoxie aufweichen und zudem die eigentliche Intention der Frage von v. 3 verfehlen, die ja gerade als stichhaltiges Argument nur gilt, wenn sie die volle Menschlichkeit Jesu reklamiert[118].

---

116 Zum folgenden vgl. J. Blinzler, Brüder, S. 28ff.

117 E. Klostermann, Mk, S. 55; G. Bornkamm, Jesus von Nazareth, 1956, S. 181, Anm. 3; W. Grundmann, Mk, S. 120.

118 In dieser Hinsicht scheint mir das von V. Taylor, Mk, S. 138 betonte ὧδε πρὸς ἡμᾶς — wie immer man es biographisch auswerten kann — wichtig zu sein im Sinne einer auf historische Verifikation zielenden Argumentation: Die Schwestern Jesu sind noch erreichbar und befragbar!

Im Horizont dieser Feststellung ist auch der von katholischer Seite energisch betriebene Nachweis zu beurteilen, unser Text (und das gesamte NT) rede gar nicht von leiblichen Brüdern und Schwestern Jesu, sondern von Vettern und Basen (vgl. J. Blinzler, passim). Der geschwisterlose Jesus, dessen einzigartige Geburt auch nicht durch nachfolgende normale Geburten der Maria profaniert und ins allgemein Menschliche eingeebnet wurde, ist eben doch die unvergleichliche Ausnahme, auch und gerade als Genus Mensch, während die Bewohner Nazareths gerade mit dem Gegenteil argumentieren: Als Mensch ist Jesus nicht die Ausnahme, sondern der Normalfall. J. Blinzlers Argument, Markus habe langatmige Umschreibungen der Verwandtschaftsverhältnisse vermeiden wollen[119] und darum abkürzend einfach von »Brüdern« und »Schwestern« gesprochen, überzeugt nicht, auch wenn solches Vorgehen gelegentlich bezeugt ist. M. E. hat M. Goguel doch recht: »Es gibt kein Herrenbrüderproblem für die Geschichte, es gibt ein solches nur für die katholische Dogmatik«[120].

Καὶ ἐσκανδαλίζοντο ἐν αὐτῷ. Der Vorgang mag in der Tradition verankert sein: terminologisch ist er auf jeden Fall christlich-prägnant ausgedrückt[121]. Der Sprachgebrauch bei Mc bestätigt das ebenso (14 27. 29; vgl. Mc 4 17) wie das übrige Neue Testament (Mt 11 6ff. Lc 7 23 Mt 15 12 24 10 Joh 6 61 16 1. Vgl. I Cor 1 23 Gal 5 11)[122]. Lc 4 22 läßt die Wendung natürlich weg, da er von einem erfolgreichen Auftreten Jesu in Nazareth berichtet[123]. Was unsere Perikope im besonderen anbetrifft, so mag Mc tatsächlich σκανδαλίζειν v. 3c und ἀπιστία v. 6a benutzen »to symbolize the Jewish attitude to the apostolic belief in the crucified Messiah, in which case he again controverses the strict requirements of his doctrine of the messianic secret«[124]. Auf keinen Fall meint σκανδαλίζειν nur »sich vor den Kopf gestoßen fühlen«, sondern es meint eine Glaubensverweigerung (ἀπιστία v. 6) von eschatologischem Gewicht[125]. Dürfte

[119] J. Blinzler, S. 47, A. 29: »Angenommen, Jakobus und Joses seien die Söhne einer Schwester der Herrenmutter, Judas und Simon die Söhne eines Bruders des hl. Joseph gewesen, dann hätte die Äußerung der Nazarethaner bei Mk lauten müssen: ‚Ist das nicht . . . der Sohn der Schwester der Mutter des Jakobus und Joses, der Sohn des Bruders des Vaters des Judas und Simon' ?«

[120] Jesus, ^{2}1950, S. 220; zitiert nach J. Blinzler, S. 19.

[121] Vgl. M. Dibelius, Formgeschichte, S. 53, der mit σκανδαλίζειν v. 3 einen Ausdruck der urchristlichen Mission im technischen Sinn benutzt sieht. Vgl. auch S. 106f.

[122] Zur Sache vgl. G. Stählin, Skandalon. Untersuchungen zur Geschichte eines biblischen Begriffs, 1930, S. 136ff.; A. Humbert, Essai d'une théologie du scandale dans les Synoptiques, in: Biblica 35 (1964), S. 1—28.

[123] Vgl. G. Stählin, ThW VII 349, A. 61.

[124] T. A. Burkill, Mysterious Revelation, S. 139.

[125] So richtig G. Stählin, ThW VII 350, 5ff. Siehe auch unten S. 33.

man annehmen, daß wenigstens v. 4a bereits in der vormarkinischen Tradition verankert war (was mir wahrscheinlich ist), so wird man v. 3c auf Kosten der Redaktion setzen müssen. Denn sachlich liegt ein ziemlich holpriger Übergang vor: Ist der »Skandal« von v. 3 prägnant-christlich verstanden (= Jesus nicht als Soter erkennen; an ihm sein Heil zerscheitern lassen), so ist die Erklärung dafür in v. 4 reichlich blaß und wird dem grundstürzenden Geschehen in keiner Weise gerecht. Denn wer einen Propheten — und sei es ungerechterweise — für ἄτιμος hält (und davon allein spricht die Volksweisheit in v. 4)[126], zieht sich ja damit noch nicht das (christologisch-soteriologisch verstandene) σκάνδαλον, also die Heillosigkeit schlechthin, auf den Hals. M. a. W.: Das vergleichsweise harmlose Verschulden der Bewohner Nazareths (Verachtung eines Propheten) ist mit dem heilsgeschichtlich-eschatologisch verstandenen σκανδαλίζειν (durch die Verwerfung Jesu verwerfen die Leute von Nazareth letztlich nur sich selbst) überbewertet, ja »dramatisiert«[127]. Das ist nur als Arbeit der christlichen Regie verständlich.

V. 4 scheint mir auch sonst von redaktionellen Eingriffen nicht ganz frei zu sein. E. Hirsch hatte das Empfinden: »πατρίδι und συγγενεῦσιν und οἰκίᾳ ist ein wenig aufgeschwemmt«[128]. Das fällt um so mehr auf, als »Verwandtschaft« und »Haus« in unserer Perikope nur als Argumente, nicht aber als aktiv Handelnde auftreten. Mt bietet zudem eine nur zweigliedrige, Lc eine eingliedrige Form. Auch wenn die scharfsinnigen traditionsgeschichtlichen Erwägungen von E. Wendling, E. Preuschen und R. Bultmann nach E. Haenchens Einwand erledigt sind[129]: redaktionsgeschichtlich bleibt die Dreigliedrigkeit bei Markus durchsichtig: Die »Verwandten« und das »Haus« Jesu haben diesen Spruch der Volksweisheit schon früher durch ihr Verhalten bewahrheitet (Mc 3 21. 31ff.). Markus erinnert den Leser an jenen Vorgang. Und E. Wendlings Vermutung ist völlig richtig: der Zusatz καὶ ἐν τοῖς συγγενεῦσιν κτλ. ist nur eine Nachwirkung jener Geschichte[130].

V. 5a ist sicher alte Tradition, v. 5b ebenso sicher (vormarkinische?) Redaktion. Der Mißerfolg Jesu wird abgeschwächt: einige

---

[126] Ed. Schweizer, Mk, S. 69 sieht in der Tatsache, daß v. 4 nur von einem »Prophet« spricht, ein Indiz dafür, daß es nicht die Gemeinde gewesen sein kann, die solches Sprichwort ohne jeden Anstoß auf Jesus hätte beziehen können: für sie war er mehr als ein Prophet. Damit ist zugegeben, daß v. 4 von Hause aus nicht den christologischen Affront darstellt, der ihm durch die markinische Redaktion (σκανδαλίζειν; ἀπιστία!) jetzt zukommt.

[127] Vgl. R. H. Lightfoot, History, S. 188, Anm. 2. — Auch G. Stählin, ThW VII 350, 5ff. sieht die Übersteigerung, ohne sie jedoch redaktionsgeschichtlich zu erklären.

[128] Frühgeschichte, S. 44.

[129] S. oben S. 13

[130] Entstehung, S. 55.

ἄρρωστοι werden durch Handauflegung geheilt[131]. Alle Versuche, das οὐκ ἐδύνατο von 5a nicht wörtlich zu nehmen, scheitern[132]. Man darf auch nicht mit B. Weiß harmonisieren: der Ausdruck ἄρρωστοι (I Reg 14 5 Mal 1 8) sei gewählt, »um anzudeuten, daß es nur einige wenige Kränkliche, deren Übel leichter heilbar erschien (vgl. I Cor 11 30), waren, welche Glauben genug dazu hatten«[133]; und ebensowenig darf man in v. 5 zwischen »Wunder« (δύναμις) und Krankenheilung (θεραπεύειν) unterscheiden[134]: der redaktionelle Zusammenhang von c. 5 und 6 1-6a schließt das aus. Sondern man muß zwischen v. 5a (betontes οὐδεμίαν) und 5b (εἰ μὴ ὀλίγοις) einen Widerspruch konstatieren, der eine wahrscheinlich erst nach Markus vorgenommene Korrektur andeutet: Jesu Wirkungsmöglichkeit war durch den Unglauben doch nicht völlig ausgeschaltet, sondern nur eingeschränkt. Daß spätere Überlieferung den Anschein der Ohnmacht Jesu in dieser Richtung abzuwehren suchte, zeigt die Mt-Fassung schlagend: das »er konnte nicht« ist gestrichen. Stattdessen heißt es nur noch: Er tat dort nicht viele Machttaten wegen ihres Unglaubens. Und gemeint ist: Er wollte es nicht! Die Ungläubigen haben es nicht verdient. Noch einen Schritt weiter in dieser Richtung geht Lukas (4 24ff.): Er läßt Jesus den Konflikt in Nazareth heraufbeschwören. Und mit seinem Verzicht auf Wunder gehorcht er der göttlichen Weisung, nach der nicht Israel, sondern die Heiden für den Glauben bestimmt sind. Damit zeigt sich in der frühesten Auslegungsgeschichte unseres Textes eine deutliche apologetische Klimax: Jesus konnte keine Wunder tun

---

131 Der Ausdruck ἄρρωστοι nur hier und in 6 13 im Mk-Ev. Sonst im NT noch Mc 16 18 (unechter Mk-Schluß), Mt 14 14 und I Cor 11 30, also ein seltener Sprachgebrauch. Doch sind aus dieser Wortstatistik keine Schlüsse zu ziehen. E. Schweizer, EvTh 24 (1964), S. 341 hält den Ausdruck zusammen mit θεραπεύειν (1 34 3 10 6 13) für redaktionell.

132 Th. Zahn, Mc, S. 171 scheint es als technische Unmöglichkeit deuten zu wollen: Die Landsleute haben sich wegen ihres Unglaubens nicht an Jesus gewandt, und so fehlte ihm die Gelegenheit. Doch vgl. dagegen schon Bieler, ΘΕΙΟΣ ΑΝΗΡ, I, 1935, S. 115.

133 B. Weiß, Mk, S. 90; vgl. auch Branscomb, Mk, S. 101.

134 Joh. Jeremias, Das Ev. nach Mk, 1928, S. 69. Auch J. Schreiber, Theologie des Vertrauens, S. 239, Anm. 24 scheint mir diese falsche Differenzierung vorzunehmen: der Unglaube lehnt Jesus trotz seiner Weisheit und seiner Wundertaten wegen seines puren Menschseins ab (6 2f.); angeblich erfährt er »deshalb . . . auch nur einige Wunder, aber nicht das Wunder des Glaubens (vgl. 6 5f. mit 10 52; auch 11 21f.)«. Dieser Zug ist willkürlich in den Text hineingelesen. Denn der einschränkende Satz v. 5b soll den Lesern des Evangeliums doch nicht klarmachen, daß solche ἀπιστία »nur einige Wunder« dritter Klasse erfährt (in Wahrheit erfährt sie gar nichts!), sondern er soll dem Mißverständnis wehren, als sei Jesus in seinem Wunderwirken vom Glauben der Menschen abhängig (so richtig H.-J. Held, Matthäus als Interpret der Wundergeschichten, in: G. Bornkamm, G. Barth, H.-J. Held, Überlieferung und Auslegung im Matthäus-Evangelium, 1960, S. 265).

(Mc) — er konnte nur einige tun (v. 5b) — er wollte keine tun (Mt) — er sollte keine tun (Lc).

Der Form nach ist v. 5b ein »negatives« Summarium der Heiltätigkeit Jesu, die Markus auch sonst (allerdings in positiver Form) gerne einschiebt (1 32-34 3 7-12 6 53-56)[135]. Von daher ist die Möglichkeit nicht ausgeschlossen, daß erst Markus den Vers gebildet hat[136]. Wahrscheinlicher ist mir jedoch, daß erst ein Späterer ihn eingeflickt hat. Denn für das theologische Verständnis des Markus wirkt er eher störend, sofern er die vom Evangelisten beabsichtigte Manifestation der völligen Verstockung Nazareths abschwächt (siehe unten).

V. 6a paßt nicht zu v. 4, wie wir oben festgestellt haben[137]. Er wird zudem als redaktionelle Abschlußbildung des Markus erkennbar, wenn man beachtet, daß hier auf den in v. 2 stilisierten »Einstand« Jesu in Nazareth zurückgeblickt wird: Markus läßt Jesus erstaunt sein nicht darüber, daß er als Prophet in seiner Vaterstadt ἄτιμος ist — das ist der Normalfall —, sondern darüber, daß er trotz seines Auftritts als θεῖος ἀνήρ keinen »Glauben« findet: das ist der Ausnahmefall! Das θαυμάζειν Jesu ist also an die Leser adressiert: Wer kann das Verhalten der Einwohner Nazareths verstehen?! Und erst durch die redaktionelle Abfolge von c. 5 (die aufs höchste potenzierte Macht Jesu) zu c. 6 1-6a (schärfster Kontrast dazu) gewinnt das θαυμάζειν wirkliche Motivation.

V

Das Ergebnis unserer Analyse ist eindeutig: Mc 6 1-6a liegt ein stark redaktionell geformter Text vor. Das führt zu der Frage

---

[135] So richtig E. Schweizer, Mk, S. 69. Zu den Summarien dieser Art vgl. S. Schulz, Botschaft, S. 29f. Anders R. Pesch (s. Anm. 92).

[136] T. A. Burkill, Mysterious Revelation, S. 139. Seine Vermutung, mit v. 5a habe die ursprüngliche Überlieferung geschlossen, verdient Beachtung. Diese älteste Überlieferung wäre dann »an impressive illustration of the baneful consequences of unbelief: those who do not show the respect and honor which are due to the divine prophet, necessarily preclude themselves from receiving the marvelous blessings which he can bestow upon them. If this is so, verse 5b may have been added by St. Mark (Matt. 13:58 seems to presuppose a Markan text which included verse 5b) who mistook verses 5a and 6 to signify that Jesus was completely frustrated by the hostillity of his own people; by interpolating verse 5b he transforms a complete failure into a partial one.« Dennoch meine ich, daß sich v. 5b als Zusatz eines Späteren leichter erklären läßt. Siehe sofort.

[137] Anders E. Preuschen, ZNW 17 (1916), S. 41, der in v. 6 einen glatten Anschluß an v. 4 findet: Mit ἀπιστία habe Markus genau die »kühle Zurückhaltung oder versteckte Feindschaft« getroffen, die auch schon das Sprichwort ausgedrückt habe. Jedoch ist ἀπιστία — blickt man auf den markinischen Sprachgebrauch von πίστις (2 5 5 34 10 52) — das Hindernis für das Wunder (vgl. R. Bultmann, Gesch. d. syn. Trad., S. 234; S. Schulz, Botschaft, S. 68), lenkt also auf den redaktionellen Ausgangspunkt unserer Erzählung in v. 2 (Jesu Auftritt als Gottmensch) zurück.

seiner kompositionellen und theologischen Integration im Markusevangelium. Anders gesagt: Die redaktionellen Eingriffe des Markus drängen nach einer Erklärung aus der theologischen Absicht des Evangelisten. Wir nähern uns der Antwort, indem wir unsere Erzählung 1. zunächst als ein Kapitel markinischer Theologie zu begreifen suchen, das 2. durch seinen Ort im Gesamtaufriß des Evangeliums abgestützt wird.

1. Um das theologische Verständnis zu begreifen, das Markus von der Nazareth-Perikope hat, muß man die tragenden Elemente der Erzählung im Lichte seiner Christologie sehen:
   a) Jesu Auftritt als Lehrer und Wundertäter;
   b) Jesu Verwerfung als Mensch;
   c) die ἀπιστία als der das Geschehen zusammenfassend deutende hermeneutische Schlüsselbegriff.

Formulieren wir das Ergebnis vorweg: Die Verklammerung von a) und b) nimmt Markus mit seinem Geheimnismotiv bzw. seiner Paradoxchristologie vor; die Gesamtdeutung c) mit Hilfe seiner Verstockungstheorie[138]. Damit ist das Kapitel dann fest mit seiner theologischen Hermeneutik verzahnt. Doch das gilt es im einzelnen zu zeigen.

Das eigentliche christologische Problem unserer Perikope ist eine Art Zwei-Naturen-Lehre. Jesus tritt als »wahrer Gott« und »wahrer Mensch« zugleich auf[139]. Das Problem verschärft sich, wenn man sieht, daß dieses Paradoxon auf das Konto der markinischen Redaktion geht[140]. Denn im Unterschied zu W. Wrede und R. Bultmann betont man heute allgemein, daß es nicht der unmessianische Stoff war, der Markus Mühe gemacht hat, sondern der messianische[141]. Was aber hat ihn in diesem Fall bewogen, eine »prophetische« Tradition (Jesus trat ursprünglich in Nazareth als erfolgloser »Prophet« auf, v. 4) zu einer messianischen anzuheben? Hier muß sich seine theologische Absicht greifen lassen.

Auszugehen ist von dem redaktionellen v. 2. Im Echo der hier aufklingenden Fragen erscheint Jesus als θεῖος ἀνήρ[142]. Denn Markus

---

138 Von 3 7ff. ab predigt und wirkt Jesus unter einem sich verstockenden Volk! K. L. Schmidt, Rahmen, S. 150.

139 Vgl. Ed. Schweizer, Mk, S. 222.

140 Siehe oben unsere Analyse S. 14ff.

141 H. Conzelmann, Gegenwart und Zukunft in der syn. Tradition, ZThK 54 (1957), S. 294; Ed. Schweizer, ZNW 56 (1965), S. 8; S. Schulz, Botschaft, S. 15; W. Marxsen, Einleitung in das NT, ^{3}1964, S. 122; Th. J. Weeden, The Heresy That Necessitated Mark's Gospel, ZNW 59 (1968), S. 145ff.

142 Wir verwenden den Begriff im folgenden als Nomenklatur für ganz bestimmte Sachverhalte, die damit erfaßt werden sollen, nicht im Sinne eines (offenbar nicht rein nachweisbaren) religionsgeschichtlichen Motivs (zur Kritik daran vgl. W. v.

reproduziert damit nicht das »Stimmengewirr« in der Synagoge (s. oben S. 21); er folgt auch nicht nur der allgemeinen Korrelation von Offenbarung (διδαχή; δύναμις) und Verborgenheit (das Unverständnis der Hörer[143]). Sondern die Fragen sollen den Leser allein auf die Vollmacht des Lehrers aufmerksam machen[144]. Das entspricht ganz der Funktion der δυνάμεις bei Markus im allgemeinen, nämlich »Zeichen für die Gewalt der Lehre (1 21ff.)« zu sein[145]; es entspricht aber auch seiner theologischen Intention in unserer Komposition im besonderen: V. 2c weist auf den Zyklus von Wundergeschichten zurück, der 4 35 bis 5 43 erzählt wird; davor wird Jesus als Lehrer geschildert (4 1-34, bes. 4 2)[146]. Die Frage, woher die Bewohner Nazareths von diesen δυνάμεις wissen, beantwortet sich ebenfalls im Sinne des markinischen Verständnisses vom Wunder: Zu seinem Wesen gehört es, daß es das ausdrücklich befohlene Schweigen durchbricht und in die Verkündigung führt (7 36)[147]. Dieses Schema kennzeichnet genau den Übergang von 5 43a (καὶ διεστείλατο αὐτοῖς πολλὰ ἵνα μηδεὶς γνοῖ τοῦτο) zu 6 1ff.: ἤρξατο διδάσκειν ἐν τῇ συναγωγῇ[148]. Und mit der Art, wie diese »Öffentlichkeit« auf die Epi-

---

Martitz, ThW VIII 337ff. und E. Schweizer, ebd. S. 357, 16ff.). Daß der Begriff θεῖος ἀνήρ weder in den vormarkinischen Wundergeschichten noch in der markinischen Redaktion vorkommt, will nichts besagen, denn die Christologie des Markus liegt hier wie dort nicht im Titel beschlossen, sondern in der Thematik, die den Stoff jeweils beherrscht. So richtig Ph. Vielhauer, Aufs., S. 154; S. Schulz, Botschaft, S. 69; vgl. auch S. 46, besonders Anm. 57. Richtig ist Jesus als der vollmächtige Lehrer (die Wunder unterstreichen das nur) von R. Pesch in den Anm. 8 und 89 genannten Aufsätzen beschrieben.

143 Zum Nebeneinander der θεῖος ἀνήρ-Vorstellung und der Anschauung von der Verborgenheit der Offenbarung bei Mk vgl. J. Schreiber, Die Christologie des Mk-Ev., ZThK 58 (1961), S. 157f. und die Erklärung, die Ed. Schweizer dafür gibt (ZNW 56 [1965], S. 8).

144 Die Adressierung an die Leser ist der hermeneutische Schlüssel zum Verständnis des Mk-Ev. Auch Mc 6 1-6a soll der Gemeinde das Wesen der Verkündigung charakterisieren. Eben darum folgt in v. 7ff. die Aussendung der Jünger. S. u.!

145 H. Conzelmann, Historie und Theologie, S. 40. — Zum theologischen Primat des διδάσκειν bei Markus als dem für Jesus besonders typischen Handeln vgl. J. M. Robinson, Geschichtsverständnis, S. 67ff.; Ed. Schweizer, Neotestamentica, S. 95ff.; ders., EvTh 24 (1964), S. 340ff.; J. Delorme, Aspects doctrinaux du second Évangile, in: De Jésus aux Évangiles. Tradition et Rédaction dans les Évangiles synoptiques, par J. de la Potterie u. A. (Bibliotheca Ephemeridum Theologicarum Lovaniensium, XXV), 1968, S. 84—97. Zur Funktion der δυνάμεις vgl. noch S. Schulz, Botschaft, S. 69ff.; F. Hahn, Hoheitstitel, S. 309ff.

146 Vgl. Ed. Schweizer, Mk, S. 49ff.

147 Vgl. dazu bes. U. Luz, ZNW 56 (1965), S. 17, der m. E. auch das Schweigegebot in diesem Zusammenhang richtig interpretiert: es unterstreicht nur das Nicht-verborgen-bleiben-können.

148 Schon von E. Wendling bemerkt: Siehe oben S. 4.

phanie des Gottesmannes reagiert, genügt Markus ein weiteres Mal einer zentral-theologischen Vorstellung: der Geheimnistheorie. Wie die Volksmenge zwar dauernd über Jesu Machttaten erstaunt, aber doch nichts versteht (1 27 2 12 5 15. 24. 42 6 51 7 37), so auch die Pharisäer und Schriftgelehrten (3 6. 22. 30), die Jünger (4 41)[149], ja, so auch die Familie Jesu (3 20f. 31-35) und seine Landsleute (6 1-6)[150]. Sehend sehen sie nicht und hörend hören sie nicht (4 12). Aber gerade mit ihrem Unverstand lüften sie dem Leser das »Inkognito des Gottessohnes« (Käsemann)[151]. So auch die Leute von Nazareth mit ihren Fragen in v. 2. Daß ein Schweigegebot an sie nicht ergeht, erklärt sich aus v. 5f.[152].

Die Funktion dieser von Markus geschaffenen Geheimnistheorie ist längst bekannt: Sie dient dem Evangelisten zur Darbietung des Traditionsstoffes, und zwar so, daß sie den paradoxen Charakter der Offenbarung betont: der vollmächtig Handelnde ist der Mensch Jesus von Nazareth, der Gekreuzigte. *Sub contrario* ist er der *Deus praesens* (S. Schulz). Den Glaubenden, also den Lesern des Buches, ist dieses Geheimnis enthüllt[153], nicht aber »denen draußen«. Ihnen bleibt es verschlossen[154].

---

[149] 4 41 hat unsere Frage in dem »Wer ist der« eine Parallele. Ed. Schweizer, EvTh 24 (1964), S. 350 meint jedoch, dort zeige sie, daß bei den Jüngern »Gott ... am Werk ist«, während 6 3 die Zuhörer »nur ihren Unglauben zeigen«. — Dagegen sieht G. Schille, ZNW 56 (1965), S. 31 in der Frage: Wer ist der ?» die typische Frage des vorgläubigen Menschen« und hält sie darum in 4 35-41 als Jüngerfrage für nicht ursprünglich. — Dies überzeugt mich ebenso wenig wie die Differenzierung von Ed. Schweizer. Beide Male dürfte Markus die Frage einfach nur im Sinne seiner Unverständnis-Theorie gebrauchen.

[150] Vgl. S. Schulz, Botschaft, S. 63.

[151] Vgl. S. Schulz, Botschaft, S. 64; Chr. Maurer, Das Messiasgeheimnis des Markusevangeliums, NTS 14 (1967/68), S. 515ff.

[152] Vgl. E. Schweizer, ZNW 56 (1965), S. 8, Anm. 37.

[153] Siehe das ἐξεπλήσσοντο, das Staunen, das hier wie sonst im Mk-Ev. für den gläubigen Bekenner Hinweis auf Jesu Messianität ist. U. Luz, ZNW 56 (1965), S. 28f. 29f. — Zu dieser Funktion des Messiasgeheimnisses siehe jetzt auch R. Pesch (s. Anm. 8), S. 195: »Alles, was im Evangelium aufgeschrieben ist, gilt dem Hörer, nicht den Personen der Berichte, die unter der Decke des Unverständnisses oder dem Vorbehalt von Schweigegeboten stehen.«

[154] Vgl. H. Conzelmann, Grundriß der ntl. Theologie, S. 159. — Die Frage, welches Ziel Markus mit seiner Theorie verfolgt, wird in der Forschung unterschiedlich beantwortet. W. G. Kümmel, der darüber informiert (Einleitung in das NT, [14]1965, S. 50ff.), hält eine eindeutige Erklärung der christologischen Zielsetzung aus dem Text für nicht möglich, sieht aber doch eine unzweideutige Absicht des »Buches der geheimen Epiphanien« (Dibelius) darin, heidenchristlichen Lesern »das Rätsel des jüdischen Unglaubens und die Gnade der Berufung der Heiden durch die Schilderung des irdischen Weges des Auferstandenen verständlich« zu machen (S. 52).

In unserem Text tritt die Paradoxie durch die von Mc in v. 3-5 verarbeitete Tradition besonders scharf heraus: Der Gottesmann ist ein Schreiner aus einer namentlich bekannten Sippe. Man muß diese Kollision von Redaktion und Tradition scharf akzentuieren: Jesus, der Dämonenmacht bricht, gefährliche Krankheiten heilt (5 2ff. 9 14ff.), den Elementen gebietet (4 35ff.), den Tod bezwingt (5 21ff.), der Kraft durch bloße Berührung überträgt (1 31. 41 3 10 5 25ff. 41 6 56 7 33), ihn setzt die eigene Sippe durch den bloßen Hinweis aufs Standesregister schachmatt! Hat Markus die Unverträglichkeit der Ouvertüre (v. 2) und des Finale (v. 5f.) nicht verspürt, oder wollte er gerade betonen: der *Deus praesens* ist der Mensch? Zweifellos dies letztere! Zwar vermag Markus den traditionellen Zug seinem christologischen Schema nicht spannungslos zu subsumieren. Denn v. 3 ist weniger dazu angetan, den göttlichen Wesenszug Jesu zu verbergen, als ihn als absurd zu disqualifizieren (wie die Technik des Mißverständnisses bei Joh 6 42 7 15!)[155]. Dennoch: Pures Menschsein (wenn auch nicht so pointiert wie 6 3) ist auch sonst die Weise, in der Markus die Gottessohnschaft Jesu verborgen sein läßt, am deutlichsten in der Kreuzigungsszene (15 30. 32. 39). Was für die Einwohner Nazareths der schiere Skandal war (»Wie kommt dieser Schreiner aus unsrem Dorf dazu, im Namen Gottes zu uns zu reden?«[156]), wird durch die Redaktion des Markus für den Leser zu einem Kapitel innerhalb der *theologia crucis*[157]. Nachdem Jesus sein größtes Wunder getan hat, nämlich die Erweckung der Tochter des Jairus 5 35ff., wird er verworfen[158]. Über den Lebensspender rückt der Schatten des Todes, der der wahre Sieg sein wird. Und wie bei der Kreuzigung die Inthronisation *sub contrario* verborgen ist (15 29ff.), so in Nazareth sein vollmächtiges

[155] Immerhin haben wir in Joseph und Aseneth eine interessante Parallele (ed. P. Batiffol, Studia Patristica 1—2 [1889f.]): 13 13 wird die Wahrheit der Gottessohnschaft Josephs der falschen Meinung der Menschen gegenübergestellt, er sei ein Hirtensohn. 22 4 (vgl. 7 5) wird Jakobs Vaterschaft festgehalten, obwohl in 25 5 Joseph Ägyptens Heiland ist. »Diese Aussagen erinnern sehr an einen θεῖος ἀνήρ« (E. Schweizer, ThW VIII 357, Anm. 134). In einem neuen Aufsatz rechnet T. Holtz mit einer christlichen Interpretation der Gestalt Josephs (= Christus). Jedoch läßt er die andere Möglichkeit vorerst noch offen, daß diese Stellen »zur Aufhellung der religionsgeschichtlichen Hintergründe und Voraussetzungen des frühen Christentums heranzuziehen« sind (Joseph und Aseneth, NTS 14 [1967/68], S. 497; vgl. 494ff.).

[156] E. Haenchen, Der Weg Jesu, S. 215. [157] Vgl. H. Conzelmann, Historie, S. 40.

[158] Vgl. die ganz parallele Struktur in 3 1-6! Lightfoot zieht zur Interpretation den parallelen Aufriß in Joh 11 heran: In dem Augenblick, in dem Jesus sich als das Leben offenbart (Erweckung des Lazarus), fällt der Todesbeschluß (11 50ff.). — Daß zudem von Hbr 13 12 (Er hat gelitten außerhalb des Tores) ein Weg zurück über Lc 4 29 zu Mc 6 1-6a führt (Lightfoot, History, S. 205), scheint mir freilich zu stark konstruiert zu sein.

Lehren und Heilen[159]. Oder um es anders zu sagen: Die Begegnung mit dem »historischen Jesus« verringert nicht das Ärgernis des Kreuzes; sie potenziert es! Ein doketischer Christus ist nicht der Christus des Markusevangeliums[160]. Sondern der Christus des Markusevangeliums ist der Gekreuzigte (= Auferstandene, Mc 16 6). Darum werden diejenigen, die das Zeichen seiner Vollmacht begehren (8 11-13 11 28f. 33), um daraufhin zu glauben, ebenso abgewiesen, wie diejenigen, die seine Menschlichkeit gegen seine Vollmacht ins Feld führen (6 1-6a; vgl. 3 21. 31ff.). Daß Jesus einerseits das Zeichen verweigert, das er andererseits in Nazareth ungefragt gibt, ist nicht ein Widerspruch, sondern bedeutet dem Leser beide Male, daß es keinen Ausweis für Jesu Vollmacht ohne die Passion gibt[161].

Unter diesem Gesichtspunkt gewinnt die Kennzeichnung des Vorgehens der Leute von Nazareth als ἀπιστία prägnanten Sinn. Darin spiegelt sich — was nur angemerkt sei — gewiß die in der markinischen Wundertradition vorgegebene Verbindung von Macht und Glaube (5 34 10 52; vgl. Mc 2 1ff. 1 4ff. 9 23)[162], die nicht einfach zu identifizieren ist mit der gehorsamen Annahme des Evangeliums (Mc 1 15) und einem existentiellen Verhältnis zu Jesus[163]. Wir können hier auch auf die Diskussion verzichten, ob in jener Verbindung das Erbe des historischen Jesus fortwirkt[164] oder die Erfahrung christlicher Exorzisten und Heiler[165]. Durch die redaktionellen Akzente, die Mar-

---

[159] E. Hoskyns/N. Davey, Das Rätsel des NT, 1957, S. 101f. 110; H. Conzelmann, Grundriß der ntl. Theologie, S. 163; Ph. Vielhauer, Aufs. S. 213f.; E. Schweizer, ZNW 56 (1965), S. 3; ders., Mk, S. 222.

[160] Wie sehr Markus das schon durch die Form seines Evangeliums als einer Geschichtserzählung unterstreicht, hat Ed. Schweizer richtig beobachtet (Neotestamentica, S. 102ff.). Vgl. auch E. Käsemann, Exegetische Versuche und Bes. II, S. 47.

[161] Vgl. H. Conzelmann, Historie, S. 44; S. Schulz, Botschaft, S. 75; R. Pesch (s. Anm. 8), S. 126f. 276f.; W. G. Kümmel, Einleitung in das NT, [14]1965, S. 51.

[162] Vgl. die von H. D. Betz, Lukian v. Samosata, S. 148, Anm. 5 zitierte Parallele aus Abdic. 4—5: καίτοι πολλοὶ τῶν παρόντων ὑπώπτευον τὴν δόσιν καὶ τὴν ἴασιν διέβαλλον καὶ πρὸς κατηγορίας παρεσκευάζοντο. παρῆν δὲ καὶ ἡ μητρυιὰ φοβουμένη καὶ ἀπιστοῦσα, οὐ τῷ μισεῖν ἐμέ, ἀλλὰ τῷ δεδιέναι καὶ ἀκριβῶς εἰδέναι πονηρῶς ἐκεῖνον διακείμενον. Betz sieht allerdings, daß die Rolle der ἀπιστία in Mc 6 5f. unklar ist: »Vielleicht hat dort einmal eine naive Korrelation von ἀπιστία und οὐκ ἐδύνατο bestanden, welche im jetzigen Text in allerdings ungenügender Weise aufgelöst ist. Mt hat das empfunden und gleicht aus.«

[163] Zum Thema Wunder und Glaube vgl. bes. A. Schlatter, Der Glaube im NT, [5]1963, S. 150ff.; L. Bieler I 113ff.; H. J. Held, Matthäus als Interpret der Wundergeschichten, S. 264ff.; J. M. Robinson, The Problem of History in Mark, [2]1962, S. 73ff.; S. Schulz, Botschaft, S. 64ff.

[164] So G. Ebeling, Wort und Glaube, 1960, S. 220ff. 236f.

[165] So E. Käsemann, Exegetische Versuche und Bes. I, 1964, S. 228; RGG[3] II 995. — Zur Diskussion vgl. E. Gräßer, Der Glaube im Hebräerbrief, 1965, S. 71ff.

kus mit dem θεῖος ἀνήρ in v. 2 und dem σκανδαλίζειν in v. 3 setzt, ist jedenfalls sichergestellt, daß mit ἀπιστία nicht einfach die Respektlosigkeit gegenüber dem Thaumaturgen Jesus gerügt, sondern eine grundstürzende Heil-losigkeit angesprochen wird[166]. Dieser »Unglaube«, das Nicht-gelten-lassen der Vollmacht Jesu, ihre Perhorreszierung mit Hilfe seines Stammbaumes, das ist dieselbe ἀπιστία, die der Evangelist 14 65 in Szene gesetzt hat — auch als Folge einer »Lästerung« Jesu (14 62)[167], als was die Einwohner Nazareths ja auch den Auftritt Jesu in seiner Vaterstadt empfunden haben. Für den Leser gewinnt unsere Perikope somit in zweifacher Hinsicht Bedeutung: Einmal als Paradigma für die »Struktur des Glaubens und dessen bleibende Bindung an die sichtbare Ohnmacht des Gekreuzigten«[168]. Zum andern als rückblickende Bestätigung von 4 12, der Verstockung jener also, die »draußen« sind. Das Verhalten der Einwohner Nazareths kehrt sich gegen sie selbst. Indem sie Jesus verwerfen, sprechen sie sich selbst das eschatologische Urteil[169].

2. Der Ort unserer Perikope im kompositionellen Aufriß unterstreicht diesen Skopos.

Bei allem Streit in der Literatur um die Frage, ob in diesem Teil des Mc-Evangeliums überhaupt ein sachliches Ordnungsprinzip herrscht[170], ob 6 1-6a Teil I (1 14—5 43) abschließt[171] oder Teil II

---

[166] Vgl. T. A. Burkill, Mysterious Revelation, S. 138. Richtig auch S. E. Johnson, St. Mark, S. 14: ἀπιστία ist jenes Geschehen, which shuts out the grace of God.

[167] H. Conzelmann, Historie, S. 47.

[168] Vgl. H. Conzelmann, Historie, S. 48. J. Schreiber, Theologie des Vertrauens, S. 235ff. versucht über diese Struktur des Glaubens in das »Zentrum der markinischen Theologie« vorzustoßen. Da er dafür schließlich die Kategorie des »Vertrauens« wählt, ist dieser Versuch zumindest mißverständlich. Daß πεποίθησις kein markinischer Begriff ist, besagt natürlich wenig. Um so mehr war aber zu erwägen, ob »Vertrauen« als »Zentrum« der markinischen Theologie nicht falsche Vorstellungen suggeriert. Das ist dann der Fall, wenn die Kategorie »Vertrauen« die glaubende Subjektivität hervortreten läßt, das für die markinische Pistis jedoch konstitutive Moment der Aktivität zurückdrängt (vgl. H. J. Held, a. a. O., S. 266ff.; bes. auch J. M. Robinson, »The Problem of History in Mark«, ²1962, S. 73ff., der den *action aspect* m. R. betont). Dieses Moment ist bei Schreiber keineswegs verkannt (». . . hat der Mensch zu diesem Zentrum nur Zugang durch den Glauben in der Praxis der Kreuzesnachfolge«, S. 242 von Schreiber gesperrt), kommt in der gewählten Etikettierung der markinischen Theologie aber doch nicht genügend zum Zuge. Die von Jesus ausgehende Befreiung ist der *cantus firmus* des Markusevangeliums. Und so hat Markus weit mehr ein »Evangelium der Freiheit« geschrieben (E. Käsemann, Der Ruf der Freiheit, 1968, S. 80) als eine »Theologie des Vertrauens«.

[169] Vgl. E. Haenchen, Der Weg Jesu, S. 215.

[170] Z. B. von Schniewind, Mk, S. 90 und Branscomb, Mk, S. 97 bestritten, von Ed. Schweizer, Mk, S. 69 (vgl. S. 222f.) bejaht. — Zur Diskussion dieser Frage vgl. bes. E. Trocmé, Formation, S. 54ff.

[171] So Ed. Schweizer, Mk, S. 69.

(6 1—9 50) einleitet[172] — zweierlei wird man gegen die grundsätzliche Skepsis Bultmanns[173] doch behaupten können: 1. daß die Zusammenstellung von Verwerfung Jesu und Aussendung der Jünger (6 6b-13) einen sachlichen Konnex indiziert, und 2. daß der parallele Aufbau von 1 14—3 6 und 3 7—6 6a kein Zufall ist (E. Schweizer)[174]. Davon war bereits die Rede (s. oben S. 16). Hier ist nur zu wiederholen, daß diese Ordnung ein theologisches Programm anzeigt: Die Verwerfungen markieren Stationen auf der *via crucis*, fixieren das Unverständnis bzw. (ab 8 27) das Mißverständnis als die vor Ostern (9 9) allein mögliche christologische Sehweise und motivieren schließlich den Gang der Heilsgeschichte: Die zunehmende Verhärtung der Seinen (Volk — Familie — Landsleute) hat zur Folge, daß das Evangelium zu den Heiden geht[175]. Der Leser soll an dieser Stelle — Mc 6 1-6a — begreifen, daß der ἰσχυρότερος von 1 7 nicht an Nazareth vorbeigegangen ist. Im Gegenteil! Jesu Besuch geschah im Vollzug jenes heilsgeschichtlichen πρῶτον (᾿Ιουδαῖος) von 7 27a[176]. Jedoch dieser Plan ging nicht auf. Erst der Heide unterm Kreuz spricht erstmals aus, wer Jesus wirklich ist (15 39)[177].

Der Konnex von Verwerfung und Aussendung[178] aber scheint mir der zu sein: Die Gemeinde hat in Jesus das Urbild des Missionars gesehen. Seine Erfolge (v. 2) sind die Erfolge der Jünger (v. 13), seine »Niederlagen« (v. 5) sind ihre Niederlagen (v. 11). Die Aussendung der Jünger ist Einweisung in das Schicksal des Meisters, also in die Nachfolge[179]. Sie hat als solche grundsätzliche Bedeutung[180]. Hier geschieht einfach die Verlängerung der Verkündigung bis in die Gegenwart des Markus, wobei die Parallelisierung des Tuns

---

172 So z. B. W. G. Kümmel, Einl., S. 45.

173 R. Bultmann, Gesch. d. syn. Trad., S. 375 glaubt nicht, daß Markus bereits in dem Maße Herr über den Stoff war, daß er eine Gliederung hätte wagen können. — Zur Diskussion vgl. E. Trocmé, Formation, S. 25ff.; R. Pesch, Naherwartungen, S. 50ff.

174 Vgl. auch E. Trocmé, Formation, S. 107, der freilich eine Familienpolemik, speziell gegen Jakobus gerichtet, aus dieser Komposition herausliest.

175 R. Pesch (s. Anm. 8), S. 195, Anm. 53. Mt hat diesen Zug im markinischen Verständnis aufgegriffen und durch seine veränderte Komposition zum Hauptzug gemacht: Das Heil wurde den Juden genommen. Vgl. dazu Lightfoot, History, S. 192ff.; F. van Segbroeck, Biblica 49 (1968), S. 167ff.

176 Zur Sache vgl. F. Hahn, Mission, S. 102f. Vgl. auch W. Grundmann, Mk, S. 13f., nach dessen Gliederung des Mk-Stoffes unser Abschnitt durchaus die Wendung zu den Heiden 6 45—8 26 vorbereiten könnte. So auch R. Pesch, Naherwartungen, S. 59, Anm. 80: »Vorspiel zur Heidenmission.«

177 Vgl. Ph. Vielhauer, Aufs., S. 208f.

178 V. Taylor, Mk, S. 299 vermutet, daß Markus diese Verbindung mit ἐκεῖθεν (6 1.10f.) herausgestellt habe — eine wenig wahrscheinliche Annahme.

179 Vgl. dazu H. Conzelmann, Historie, S. 43f.

Jesu und des Tuns der Jünger den Zweck hat, Jesus nicht hinter der Schranke seiner Vergangenheit zurückzulassen. In der Verkündigung ist er präsent.

VI

Der Frage nach der Aktualisierung eines solchen Textes für die heutige Verkündigung soll zuletzt nur kurz die Richtung angedeutet werden[181].

Auszugehen ist von dem Schlußsatz v. 6a, der in der Tat »die Frage nach Glauben oder Unglauben« zum »Angelpunkt« des Ganzen macht[182]. Und zwar einen Glauben, in dem Heilsträger und Heilsempfänger offenbar wechselseitig aufeinander angewiesen sind: Seine Macht ist unser Heil. Aber umgekehrt ist unser Unglaube seine Ohnmacht! Das besagt: Unser Heil liegt in jedem Fall in einer Begegnung mit ihm, der die Macht Gottes für die Menschen in Anspruch nahm. In Jesus tritt heilende Macht auf den Plan, aber doch nicht so, daß sie die Menschen wie ein magischer Zauber in die Heilung zwingt, sondern so, daß sie »auf Antwort und Kommunikation aus ist«[183]. Unsere Erzählung soll also tatsächlich »dem Leser die Notwendigkeit des Glaubens einschärfen«[184]. Solcher Glaube meint nicht eine subjektive Befindlichkeit, sondern ein Tun. Denn Markus versteht das Handeln Jesu als einen »kosmischen Kampf zwischen Geist und Satan«, der erst beendet ist, wenn die Gottesherrschaft aufgerichtet ist[185]. Neutralität in diesem Kampf wäre Illusion. Vielmehr: der »Unglaube« (6 6) »verhindert . . . das Geschehen der Geschichte«. Der »Glaube« aber hält sie in Gang, packt sie mutig an und weiß sich des Sieges gewiß[186].

Solcher Glaube bleibt also angewiesen auf eine Begegnung mit Jesus. Sofort aber muß man hinzufügen: Diese Person, Jesus selbst, kann nicht mit bekannten Kategorien in die eigenen Welt- und Got-

[180] Vgl. H. R. Preuß, Galiläa im Markus-Evangelium. Diss. Göttingen 1966, S. 182ff. Preuß sieht klar, daß die »Missionsreise« der Zwölf 6 7ff. »Modell für die nachösterliche Praxis« ist. Er nennt sie die »klassische Periode«, der nach Ostern die »universale« folgt, 13 10 14 9 (S. 184).

[181] Vgl. zum folgenden meine Bibelarbeit in: Bibelarbeiten gehalten auf der rheinischen Landessynode 1968 in Bad Godesberg, 1968, S. 47ff.

[182] Ed. Schweizer, Mk, S. 70.

[183] S. Schulz, Botschaft, S. 68; vgl. Ed. Schweizer, Mk, S. 70: es kommt zum »Gespräch«. R. Pesch (s. Anm. 8), S. 277: »Die gegenwärtige Verkündigung — das hatte Markus vor allem mit seiner Messiasgeheimnistheorie betont — ist auf den Glauben der Hörer an-gewiesen, einen Glauben, der in der Kreuzesnachfolge gewonnen und bewährt wird.«

[184] E. Haenchen, Der Weg Jesu, S. 220, von mir gesperrt.

[185] Vgl. dazu J. M. Robinson, Geschichtsverständnis, bes. S. 103f.

[186] J. M. Robinson, Geschichtsverständnis, S. 101.

tesbilder verrechnet werden; er ist überhaupt nicht geistesgeschichtlich oder religionsgeschichtlich zu verrechnen. Den einen — etwa seiner Familie — ist er *zu fern*. Sie halten ihn für dämonisch besessen und wollen ihn heimholen (Mc 3 21); den anderen — unseren Bewohnern Nazareths — ist er *zu nah*. Sie sehen in ihm den Angehörigen einer bekannten Familie und ärgern sich an ihm. Den Dämonischen ist er *zu stark*: »Halt, was haben wir mit dir zu schaffen, Jesus von Nazareth? Du bist gekommen, uns zu verderben« (1 24; vgl. 5 7). Den Zuschauern auf Golgatha ist er *zu schwach*: »Hilf dir nun selber und steig herab vom Kreuz!« (15 30; vgl. 15 32). Die Landsleute in Nazareth kommen über den machtvollen Zeichen, die er tut, zu Fall; die Schächer am Kreuz gerade dadurch, daß er sie verweigert (15 32). Sie alle, wir alle sollen lernen, daß es nur *eine* Weise gibt, sein »Bruder, Schwester«, ja seine »Mutter« zu sein, d. h. ihn zu verstehen, indem wir den Willen Gottes tun (Mc 3 35). Dieser »Glaube« ist nicht das Ergebnis einer Diskussion, ob der »Sohn Marias« nicht vielleicht doch zugleich der Gottesmann sein könnte; wie sich Gottheit und Menschheit in ihm vereinen. Eine solche Diskussion hat Jesus in Nazareth nicht geführt! Denn dieser Glaube ist nicht dazu da, Denkbares oder Un-denkbares zu verrechnen, sondern im Sich-einlassen auf das in Jesus begegnende Wort Gottes zu antworten — zu antworten mit der Nachfolge, die das gehorsame Tun des Willens Gottes ist (3 35). Ein solcher Glaube blickt gerade auf die Menschlichkeit Jesu (15 39: Als er sah, daß er *so* verschied, nämlich mit dem Ruf der Gottverlassenheit und mit lautem Geschrei)[187] und wartet nicht darauf, daß sie durch irgendwelche Machtdemonstrationen überhöht wird, um dann als Gottessohnschaft glaubhaft zu werden. Die Krafttaten in Nazareth blieben wirkungslos! Das Wunder des Glaubens geschieht dort und lebt davon, daß einer den Blick auf den *Menschen* Jesus aushält — wie der Hauptmann — und dann erkennt: *Dieser Mensch* ist Gottes Sohn! Die Einwohner von Nazareth haben diesen Blick nicht ausgehalten. So wurde ihnen Jesus zum Skandal. Auch die christliche Tradition — Matthäus und Lukas — hat diesen Blick im Grunde nicht ausgehalten. Sie hat die Menschlichkeit Jesu zu einem übernatürlichen Wesen überhöht[188]. So wurde ihr Jesus zum Mythos. Christlicher Glaube ist noch heute in derselben Situation: diesen Blick nicht auszuhalten. Unsere Erzählung widerstreitet dem religiösen Leichtsinn eines allzu raschen Versuches, Jesus als überirdisches Wesen zu glorifizieren, um ihn so glaubhafter erscheinen zu lassen. Sie übt uns vielmehr ein in jenen angefochtenen Glau-

---

187 J. Schreiber, Theologie, S. 235f.

188 Vgl. W. Bousset, Kyrios Christos, ⁵1965, S. 50ff.; ferner Hoskyns/Davey, Das Rätsel des NT, S. 100ff., wo dieser Sachverhalt u. a. gerade an der Bearbeitung von Mc 6 1-6a bei den Seitenreferenten Mt und Lc sehr deutlich herausgearbeitet wird. —

ben, der den Blick auf den Gekreuzigten aushält; der Gottes nie habhaft wird, wohl aber seine Unsichtbarkeit als »Verborgenheit unter dem Alltäglichen« erfährt[189] — und der daran volles Genüge hat.

Das markinische Verständnis des Verhältnisses von Gottheit und Menschheit Jesu ist durch 9 2-8 gesichert. Es unterscheidet sich von den religionsgeschichtlichen Parallelen (bei F. Hahn, Hoheitstitel, S. 312, Anm. 2) dadurch, daß die Menschlichkeit nicht die zufällig gewählte Hülle für die Götter, sondern das für den Gottessohn konstitutive Moment ist. Sein menschliches Sein ist vom göttlichen Wesen ganz durchdrungen. Bei Mt und Lc ist dagegen das Verständnis der späteren Christologie angebahnt, das umgekehrt denkt: »Das göttliche Wesen geht ganz in die Menschlichkeit ein, was vor allem der Inkarnationsgedanke zum Ausdruck bringt« (F. Hahn, ebd.). M. a. W.: Die Apotheose Jesu hat bei Mt und Lc bereits ein solches Stadium erreicht, daß christologisch nur noch im Schema des Abstiegs und Wiederaufstiegs gedacht werden kann (Jungfrauengeburt, Präexistenz, Postexistenz), während Mc noch im Schema der Metamorphose denkt: das Menschliche wird zum Göttlichen verwandelt.

[189] Ed. Schweizer, Mk, S. 70.

Korrekturnachtrag. Erst nach Drucklegung dieser Arbeit hat mir Gordon W. Lathrop, Pastor der American Lutheran Church, eine Fotokopie seiner Dissertation zuleiten können, mit der er im Mai 1969 bei der Faculteit der Godgeleerdheid an der Katholieke Universiteit te Nijmegen seinen theologischen Doktorgrad erwarb. Das Thema der Untersuchung lautet: "WHO SHALL DESCRIBE HIS ORIGIN?" Tradition and Redaction in Mark 6 : 1—6a. Die Arbeit liegt bisher nur in Maschinenschrift vor. Neben der Scheidung von Tradition und Redaktion müht sie sich besonders um die vormarkinische Tradition, die Lathrop vor allem mit Hilfe des Alten Testaments zu interpretieren versucht.

Die Ausrufung des Jobeljahrs in der Nazarethpredigt Jesu

*Zur apokalyptischen Tradition Lc 4 16-30**

Von August Strobel

Der Abschnitt Lc 4 16-30 handelt von der Verkündigung Jesu in der Synagoge seiner Heimatstadt Nazareth und zwar unter deutlicher Verwendung gewisser chronologischer Vorstellungen, die die Proklamation eines Jobeljahrs zum Inhalt haben[1]. Redaktionell gesehen, hat Lukas ein auf Markus zurückgehendes Gerüst (Lc 4 16ab = Mc 6 1. 2a 4 22b = Mc 6 3a 4 24 = Mc 6 4a) durch Sondergut ausgebaut, das — wie Sprache und Sachgehalt zu erkennen geben[2] — teilweise einer Quelle entstammen dürfte, die griechisch abgefaßt und judenchristlich geprägt war[3]. Lc, der sich im Zusammenhang an die Abfolge der Mc-Darstellung hält, hat den unscheinbaren knappen Bericht des Mc nicht nur in erstaunlicher Weise vorgestellt[4], sondern ihn überdies zu einer anschaulichen Schilderung des ersten Auftretens Jesu erweitert. Wird man auch nicht gerade von einer »Antrittspredigt« sprechen (so Huck-Lietzmann), so hat der Abschnitt doch unbestreitbar die »Erstverkündigung Jesu« in seiner galiläischen Heimat zum Inhalt, die in einer lebendigen und eindrucksvollen Szene Farbe gewinnt[5].

* Vgl. meinen Aufsatz 'Das apokalyptische Terminproblem in der sog. Antrittspredigt Jesu', Kurzfassung meines Referates auf dem Ev. Theologentag Wien 1966 = ThLZ 92, 1967, 251—254; E. Haenchen, Der Weg Jesu (1966) S. 216ff.

[1] In den neueren Auslegungen kommt dieser Sachverhalt allgemein zu kurz; vgl. W. Grundmann, Das Evgl. nach Lukas, in: ThHk III ([2]1963) S. 118ff.

[2] Hierzu vgl. B. Violet, Zum rechten Verständnis der Nazareth-Perikope Lc 4 16-30, in: ZNW 37 (1938) S. 251ff. Der Nachweis einer aramäischen Vorlage des Lc dürfte jedoch nicht geglückt sein.

[3] Vgl. B. Weiß, Die Quellen des Lukas-Evangeliums (1907) S. 200ff., der bereits an eine judenchristliche Quelle gedacht hat. Man vgl. auch K. Bornhäuser, Studien zum Sondergut des Lc (1934) S. 20ff.; W. L. Knox—H. Chadwick, The Sources of the Synoptic Gospels I (1953) S. 48ff.

[4] R. Bultmann, Die Geschichte der synoptischen Tradition ([3]1957) S. 31, will die Weiterbildung vor allem auf Lc zurückführen, doch muß auch er die Verarbeitung traditioneller Elemente (z. B. v. 23 und vv. 25-27) zugestehen. Gegen K. L. Schmidt wird die ursprüngliche Verbindung der Szene mit Nazareth betont.

[5] Zur Rolle der Perikope im Evangelium vgl. H. Conzelmann, Die Mitte der Zeit. Studien zur Theologie des Lc ([3]1960) S. 26 u. a.; E. Lohse, Lukas als Theologe der Heilsgeschichte, in: EnTh 14 (1954) S. 256ff.; W. C. Robinson jr., Der Weg des Herrn, Studien zur Geschichte und Eschatologie im Lukas-Evangelium (1964) S. 21ff.

Nach H. Schürmann soll Lc die Perikope von der Predigt Jesu in einem sehr alten Bericht vorgefunden haben, der analog zu Mc 1 14 1 21-28 1 32-39 und 6 1 abgefaßt war und als »Bericht vom Anfang« ausgegeben wird[6]. Die einleitenden Verse Lc 4 14 und 15 gelten Schürmann als »erhaltene Rudimente einer Überlieferungsvariante« dieser ältesten Quellenvorlage. Mag diesem Nachweis auch die nötige Stringenz ermangeln, so ist doch richtig gesehen, daß diese beiden einführenden Verse nicht insgesamt freie Schöpfung des Evangelisten sein können[7], sondern auf eine Tradition oder Vorlage zurückgehen, die wahrscheinlich der Anlaß war, die Perikope von der Nazareth-Verkündigung Jesu im folgenden zu bringen, und die die Möglichkeit bot, sie sachlich auszugestalten.

Die Tendenz und die Hintergründe der eigentümlichen lukanischen Kompositionsarbeit mögen kurz beleuchtet werden. Ohne vorher das Wirken Jesu näher beschrieben zu haben, wird in Lc 4 14 von dem »Gerücht« gesprochen, das sich in »ganz Galiläa« verbreitete, sobald Jesus in der Kraft des heiligen Geistes dorthin zurückgekehrt war[8]. Erklärend ist nur hinzugefügt, daß Jesus in den Synagogen lehrte und von allen gerühmt wurde. Mit ähnlichen Worten wird das landweite Ansehen Jesu später noch einmal (4 37) in Bindung an Mc 1 28 betont, wobei die Bemerkung nach den ersten Erzählungen zum Wirken Jesu nun vollends anschaulich ist.

Wie wenig die Nazarethszene dem rein schriftstellerischen Entwurf einer ersten Einführung Jesu und seiner Verkündigung entspricht, lehrt ihr Ausgang, in dem Ablehnung und Verwerfung Jesu durch die eigenen Landsleute unbeschönigt zum Ausdruck gebracht sind. Anders als Mt, der nur von Mc abhängig ist, hat Lc seine Überlieferung nicht geglättet (vgl. Mt 13 58 und Mc 6 5 f.). Die hochgestimmten Worte über die Sendung Jesu schlagen im zweiten Teil (4 25 ff.) um in Sätze, die mit dem Gericht drohen. Der Übergang ist nur notdürftig hergestellt. Die Überlegungen Jesu zum Sprichwort von dem Propheten, der in der eigenen Heimat kein Ansehen genießt, weckt zwar einiges Verständnis für den Ausgang der Szene, beseitigt aber nicht den gedanklichen Bruch. Daß in dieser Erzählung durch den Evangelisten von vornherein die künftige Verwerfung des Heils

---

[6] H. Schürmann, Der »Bericht vom Anfang«. Ein Rekonstruktionsversuch auf Grund von Lc 4 14-16, in: Studia Evangelica II, TU 87 (1964) S. 242 ff.

[7] Daß sein Sprachgebrauch vorliegt, ist stellenweise handgreiflich. Zu δύναμις τοῦ πνεύματος vgl. Lc 1 17 und Act 1 8; zu καὶ αὐτός vgl. 3 23 24 14. 15. 25. 30. 35 u. a.

[8] W. Grundmann, a. a. O., S. 118: ». . . ein Einfluß des Mc auf Lc in der Gestaltung dieser Zwischenbemerkung wird nicht sichtbar . . . Wenn Lc die Zwischenbemerkung nicht selbst gebildet hat, müßte er sie seinem Sondergut entnommen haben.« Gegen die Annahme einer wörtlichen Übernahme sperrt sich freilich der nachweisbare lukanische Sprachgebrauch.

durch die Juden angezeigt werden sollte, wird man erwägen[9]. Trotzdem erklärt ein so fixiertes Anliegen noch nicht, weshalb die zweifellos auch von Lc als bedeutungsvoll angesehenen Verse Mc 1 14-20 vollkommen unberücksichtigt blieben. Man wird nicht sagen können, daß Lc kein Verständnis für diesen ersten Höhepunkt des Mc-Evangeliums aufbrachte, in dem Jesu Botschaft programmatisch zusammengefaßt und die ersten beispielhaften Jüngerberufungen erzählt sind, denn der Evangelist trägt 4 43 durchaus den Inhalt der Verkündigung Jesu, nämlich die Ansage des Reiches Gottes, nach. Und entsprechend verfährt er mit den Jüngerberufungen in Kap. 5 1 ff. Bei alledem ist offensichtlich, daß Lc zugunsten einer anderen Tradition das herausragende Zeugnis des Mc-Anfangs übergangen hat. In 4 38 bleiben in bewußter Korrektur des Mc die Jünger ungenannt[10]. Die Geschichte von der Heilung der Schwiegermutter des Petrus hat ihren Platz gemäß der durch Mc vorgezeichneten Stelle des Aufbaus erhalten (vgl. Lc 4 38 ff. und Mc 1 29 ff.), wobei sie im Zusammenhang die neue Funktion bekam, die spätere Berufung des Simon vorzubereiten.

Daraus läßt sich entnehmen, daß Lc von dem Bestreben geleitet war, zunächst das Wirken und Auftreten Jesu *allein* zu schildern, also im wörtlichen Sinn seinen »Anfang«[11]. Eine ihm wichtig erscheinende Tradition muß hierzu den Ausschlag gegeben haben. Wir gehen nicht fehl, wenn wir sie im verarbeiteten Sondergut der Nazarethperikope noch bruchstückhaft gegeben sehen. Können wir ihre sachliche und thematische Struktur näher erschließen? Daß sie judenchristlicher Provenienz sein könnte, wurde schon hin und wieder nachzuweisen versucht.

Sehen wir recht, dann war die verarbeitete Überlieferung oder Quelle überdies stark messianisch-apokalyptisch ausgerichtet, was die Arbeitsweise des Evangelisten nur noch interessanter macht. Er setzte offenbar die chronistische und kerygmatische Aufgabe, das erste öffentliche Auftreten Jesu zu beschreiben, so in die Tat um, daß er auf eine Überlieferung zurückgriff, die — wie eingangs schon erwähnt — die Ausrufung des messianischen Jobeljahrs zum Inhalt gehabt hat[12]. Sie dürfte von Lc nicht wesentlich verändert worden sein.

Die Verse Lc 4 18 und 19 sind in sich deutlich. Im weiteren Zusammenhang (4 25) klingt die sachverwandte Vorstellung von der

---

[9] W. Grundmann, a. a. O., S. 123; E. Lohse, a. a. O., S. 256ff.

[10] Wie die Dinge liegen, soll also die Perikope die Berufung des Simon vorbereiten. Vgl. auch W. Grundmann (z. St.), a. a. O., S. 125.

[11] Statt von den Jüngern läßt Lc Jesus von den Volksscharen gesucht werden.

[12] Darauf hat auch schon J. van Goudoever, Biblical Calendars (1959) S. 268ff., hingewiesen, ohne der Sache näher nachzugehen.

halben Jahrwoche des Unheils und der Strafe Gottes an[13]. Lc hat ohne Zweifel diese vorgegebene apokalyptische Tradition im Sinne seiner hellenistischen Soter-Christologie ausgewertet, er hat sie aber nicht grundsätzlich verzeichnet. Die Tatsache, daß er den Verkündigungsbeginn schildert und dabei auf seine Art dem Satz der Mc-Darstellung über die erfüllte »Zeit« (Mc 1 15) Rechnung trägt, wobei erhebliche kompositionelle Änderungen nötig waren, zeigt, daß das heilsgeschichtlich-christologische Interesse *nicht* letztlich das chronologische verdrängen wollte.

Die vv. 18 und 19, die die Jesajalesung Jesu in der Synagoge zu Nazareth skizzieren, stellen sich als ein Konglomerat verwandter Stellen dar (Jes 61 1 Jes 58 6 Jes 61 2a LXX). Der Jesaja-Text wird gekrönt durch die Ausrufung des »Freijahrs des Herrn«, womit das messianische Jobeljahr gemeint ist (vgl. bes. Lev 25 10)[14]. Offenbar verband die von Lc beigezogene Tradition oder Quelle damit ursächlich den Sachverhalt der Rückkehr Jesu nach Nazareth. Das Gesetz gebietet bekanntlich das Aufsuchen der väterlichen Heimat zum Jobeljahr (Lev 25 10 LXX: καὶ ἕκαστος εἰς τὴν πατρίδα αὐτοῦ ἀπελεύσεσθε). Die Evangelisten tragen der Rückkehr Jesu in seine Vaterstadt gleichfalls einhellig Rechnung (s. Lc 4 24 4 16 Mc 6 1[15] par. Mt 13 54 auch Joh 4 44).

Da die Jobeljahre nicht wie die Sabbatjahre wirtschaftlich gehalten wurden, wohl aber liturgisch und weltchronologisch im Denken der Zeit bedeutsam waren, muß man annehmen, daß jedes 49. Jahr zugleich in Entsprechung zur Sabbatjahrzählung fixiert wurde[16]. Über letztere sind wir hinreichend genau unterrichtet[17]. Die Jahre, auf die Sabbatjahre trafen, sind bekannt oder leicht erschließbar. Die Frage kann daher nur sein, ob wir auch Genaueres über die damalige Zählung der Jobeljahre, die sich im offiziellen Kalender mit Sabbatjahren decken, in Erfahrung bringen können[18].

---

[13] Vgl. auch Billerbeck III, S. 760f. Der Zeitraum von 3½ Jahren wird gerne für die Zeiträume hochgespannter messianischer Hoffnungen und Kämpfe genannt (Belagerung Jerusalems, Barkochba-Aufstand). Mit ihm verbindet sich die Vorstellung der «messianischen Notzeit«.

[14] Zur Sache vgl. auch Josephus, Ant. III, 12, 3; Philo, De spec. leg. II (De sept.) 110ff.; Jub. 50, 2: »Und auch die Jubiläenjahre an den Sabbatjahren habe ich dir gesagt«. Das Jubiläenbuch rechnet mit 49er Perioden. So auch E. Wiesenberg (unten Anm. 41).

[15] καὶ ἔρχεται εἰς τὴν πατρίδα.

[16] Der Sachverhalt lag anders im nicht-offiziellen Kalender, wo man häufig mit 50er Perioden rechnete. Vgl. Ps.-Philo, Liber Ant. Bibl. 19, 5; auch unten Anm. 45.

[17] Vgl. schon J. Jeremias, Sabbatjahr und ntl. Chronologie, in: ZNW 27 (1928) S. 98ff.; ders., Jerusalem zur Zeit Jesu (²1958) II. Teil A, S. 57ff.

[18] Eine fast umfassende Aufarbeitung des Fragenkreises geschah neuerdings durch R. North S. J., Sociology of the Biblical Jubilee (1954) (Anal. Bibl. 4); ders., Maccabean

Maimonides, der auf dem Sektor der jüdischen Kalendertradition als ein überaus verläßlicher Gewährsmann gelten darf, berichtet[19]:

»Mit Esra begann man die Schemittot zu zählen und nach sieben von ihnen heiligten sie das 50. Jahr (d. i. das 49. unserer Zählung); denn obwohl die Jobeljahre nicht verpflichtend gehalten wurden (gemeint ist: wirtschaftlich), zählten sie diese doch trotzdem, um die Schemittah heiligen zu können.«

Eine andere Überlieferung des Maimonides lautet[20]:

»Dann wurde der zweite Tempel aufgeführt und dieser stand 420 Jahre. Im siebten Jahr seit dessen Erbauung kam Esra und von da an begann man die Schemittah-Rechnung von neuem.«

An späterer Stelle heißt es[21]:

»Alle Gaonim sagen, es sei Tradition, daß man in den 70 Jahren, die zwischen der Zerstörung des ersten Tempels und dem Aufbau des zweiten Tempels liegen, wohl Schemittot, aber nicht Jobel gezählt hat. Und ebenso war es nach der Zerstörung des zweiten Tempels; da wurden bloß die Siebenjahr-Perioden, nicht aber die Jobel beachtet.«

Aus diesen Äußerungen geht einwandfrei hervor, daß seit Esra bzw. während des Bestehens des zweiten Tempels die Sabbatjahre wirtschaftlich gehalten und in Übereinstimmung mit ihnen die Jobeljahre wenigstens gezählt und bekanntgegeben (= »geheiligt«) wurden. Es geschah durch ein besonderes Hornsignal am 10. Tag des Monats Tischri, was Maimonides gleichfalls gelegentlich berichtet[22].

Zufolge der in neutestamentlicher Zeit zweifellos gültigen biblischen Tradition (s. Esr 7 8 bei Josephus, Ant. 15 1. 2) traf Esra im 7. Jahr[23] Artaxerxes' I. in Jerusalem ein, d. i. nach heutiger genauer Rechnung um 458 n. Chr.[24]. Für den Zeitraum des Wirkens Jesu

---

Sabbat Years, in: Biblica 34 (1953) S. 501ff. — Vgl. auch noch C. H. Gordon, Sabbatical Cycle or Season Pattern? in: Orientalia 22 (1953) S. 97ff.

19 Zit. nach R. North, a. a. O., S. 89.

20 Hilchoth schemittah wejobel X, 3. Vgl. hierzu E. Mahler, Handbuch der jüdischen Chronologie (1916) S. 106ff.

21 Hilchoth schemittah wejobel X, 5; E. Mahler, a. a. O., S. 112.

22 S. Gandz—H. Klein, The Code of Maimonides. Book Three. The Book of Seasons (Yale Judaica Series vol. XIV, 1961) S. 367 (Treat. VI I, 1).

27 Vgl. Zitat zu Anm. 20 (»7. Jahr«).

24 Im einzelnen ist der behauptete Sachverhalt nicht unumstritten. Die wichtigsten Arbeiten und Positionen seien daher im folgenden genannt: Die traditionelle Ansicht wird vertreten von J. Morgenstern, The Date of Ezra and Nehemia, in: JSSt 7 (1962) S. 1ff. (Ankunft Esras: 458 n. Chr.); J. Finegan, Handbook of Biblical Chronology (1964) S. 213 (§ 336). Anders V. Pavlovsky S. J., Die Chronology der Tätigkeit Esras. Versuch einer neuen Lösung, in: Biblica 38 (1957) S. 275ff. (mit umf. Lit.), S. 277f. (die traditionelle Auffassung); neuerdings J. A. Emerton, Did Ezra go to Jerusalem in 428 B. C.? in: JThSt N. S. vol. 17 (1966) S. 1ff. (schlägt

kommt nur ein Sabbatjahr in die engere Wahl, nämlich das der Jahre 26/27 n. Chr. Bemerkenswerterweise ist es identisch mit dem 15. Jahr der Provinzialherrschaft (ἡγεμονία) des Tiberius, der 11/12 n. Chr. zum gleichberechtigten Mitkaiser auf Antrag seines Vaters und auf Beschluß des Senats erhoben worden war[25]. Lc 3 1 dürfte eine diesbezügliche Überlieferung verarbeitet sein[26], wenn auch daran für unsere Beweisführung nichts liegt. Wir fragen, ob bei den entfalteten Voraussetzungen das indiskutable Sabbatjahr 26/27 n. Chr. mit einem Jobeljahr messianisch-apokalyptischer Terminberechnung identisch gewesen sein kann. Bereits frühere Gelehrte bemühten sich mit unvollkommenen Mitteln um einen Nachweis[27]. Was bei ihnen aber dem schlichten Glaubensanliegen entsprang, das Recht einer messianischen Weissagung, nämlich der Danielischen Wochenprophetie, zu erweisen, ist in Wahrheit zunächst ein nüchternes historisches Problem aus dem Raum des spätjüdischen apokalyptischen Messianismus, das auch die neutestamentliche Überlieferung über Jesus tangieren dürfte.

Rechnet man von den bekannten Sabbatjahren aus zurück, so ergibt sich, daß frühestens 457/456 v. Chr. ein Sabbatjahr angesetzt war, gilt das 7. Jahr des Artaxerxes als biblischer Terminus a quo. Ob dem so gewesen ist, kann im einzelnen zunächst offen bleiben. Es paßte jedenfalls zu dem für Esra bezeugten Gesetzeseifer und den sofort in Gang gebrachten Reformen (Esr 7 10 Neh 10 31 f.). Daß in der nachexilischen Zeit die Sabbatjahre beachtet wurden, steht für die Forschung fest[28]. Man wird auch annehmen müssen, daß diese Praxis, wie es in der Natur der Sache lag, peinlich genau eingehalten wurde (vgl. I Macc 6 49. 53), so daß ein Fehler in der Aufgliederung der Sabbatjahr-Epochen und somit auch in der Jobeljahrzählung ganz außer Betracht bleibt. Das Problem ist einzig und allein, ob die Zählung im Judentum zur Zeit des Neuen Testaments von 457/456 v.

---

398 v. Chr., das 7. Jahr Artaxerxes' II., vor). Soweit das Jahr 428 v. Chr. in Betracht gezogen wird, gibt man der Interpolation des »7. Jahrs« im »37. Jahr« den Vorzug, sc. Artaxerxes' I. Longimanus. Vgl. J. S. Wright, The Date of Ezra's Coming to Jerusalem (1958).

[25] Vgl. W. Weber, Princeps. Studien zur Geschichte des Augustus I, (1936) S. 30ff. — Das bedeutsame Ereignis der Übertragung der Mitregentschaft fiel in die Zeit des illyrischen Triumphes. Vgl. V. Ehrenberg—A. H. M. Jones, Documents illustrating the Reigns of Augustus and Tiberius (1949) S. 53 (sub A. D. 12) und Velleius, Hist. II, 121.

[26] Für die Zählung nach Kaiserjahren, also seit 14 n. Chr., erwartet man den Begriff βασιλεία, nicht ἡγεμονία. Vgl. auch J. Finegan, a. a. O., S. 261 u. a.

[27] Vgl. bes. J. van Bebber, Zur Chronologie des Lebens Jesu, (1898) S. 169f.

[28] Vgl. M. Noth, Das dritte Buch Mose. Leviticus, in: ATD 6 (1962) (zu Lev 25 10) S. 163f.

Chr. ab begonnen wurde, bzw. ob die jüdischen Chronisten damals ein einigermaßen zutreffendes Wissen von der Regierungszeit Artaxerxes' I. hatten, in die die biblische Tradition die Rückkehr Esras datiert. Selbst bei einem Fehlbetrag von einer ganzen Jobelperiode bleibt der Tatbestand der, daß ein in die Zeit der Anfänge Jesu fallendes Jobeljahr auf der Grundlage der messianisch beherrschenden Wochenprophetie Dan 9 24 ff. messianisch-apokalyptische Relevanz besitzen mußte. Tatsächlich ist eine solche Fehlrechung sogar sehr unwahrscheinlich.

Rechnet man von 457/456 v. Chr. als dem erstmöglichen Sabbatjahr aus, was Esr 7 8 verlangt, so ergibt sich, daß das Sabbatjahr des Jahres 26/27 n. Chr. genau den Ablauf von 10 Jobelperioden (= 7 große Jahrwochen von zusammen 490 Jahren) bezeichnet (464/463 v. Chr. = 290/1 a. u. c. + 490 Jahre = 26/27 n. Chr. = 779/80 a. u. c.)[29]. Dabei muß zwingend angenommen werden, daß über Dan 9 27 apokalyptische Termin-Hoffnungen geweckt wurden[30]. Die urchristliche Überlieferung, der es um die Wahrheit des Weissagungsbeweises ging, konnte darüber nicht hinwegsehen, was u. E. die Datierung des Täufers (Lc 3 1) und der Kernsatz Mc 1 15 (»Der Zeitpunkt ist erfüllt«) hinreichend beweisen.

Für unsere Überlegungen läßt sich ins Feld führen, daß Euseb, der in seiner Chronik die Jobelperioden secundum Hebraeos angibt, dem entfalteten Sachverhalt mit einem nur minimalen chronistischen Fehlbetrag gerecht wird. Er vermerkt den Anfang einer Jobelperiode für das Jahr 472 v. Chr., die Zeit Esras, und genau 490 Jahre später zum Jahre 28/29 n. Chr., bei ihm das 15. Kaiserjahr des Tiberius nach Lc 3 1, den Ablauf der 10. Jobelperiode seit Esra (= die 81. Periode seit der Erschaffung der Welt)[31].

Ein ähnliches einigermaßen zutreffendes Geschichtsbild dürfen wir für Josephus annehmen, berechnet er doch den Zeitraum zwischen

---

[29] Man wird auch daran erinnern, daß die ἄφεσις-Thematik des Freijahrs eine gewisse Parallele zur ἄφεσις-Botschaft des Täufers bezeichnet, der nach Lc 3 1 im gleichen Jahr auftrat. Vgl. Lc 3 10-14 (SoG) mit Lev 25 14 (»ihr sollt euch untereinander nicht bedrücken«).

[30] Zu seiner Bedeutung im Judentum des neutestamentlichen Zeitalters vgl. Bill. IV, 2, S. 996ff.; F. Fraidl, Die Exegese der 70 Wochen Daniels in der Alten und Mittleren Zeit, Festschr. d. Univ. Graz (1883) S. 156ff. (Übersicht) u. a.; I. Hahn, Josephus und die Eschatologie von Qumran, in: Qumran-Probleme. Vorträge des Leipz. Symposions, Deutsche Ak. d. Wiss. Sekt. f. Alt. 42 (1963) S. 167ff. — Josephus berichtet (Bell. Jud. 6, 5, 4): »Was sie (die Juden) jedoch am meisten zum Kriege getrieben hatte, war ein zweideutiger Orakelspruch, der sich gleichfalls in ihren Schriften fand, daß nämlich zu dieser Zeit einer aus ihrem Lande die Weltherrschaft erlangen werde.« Ähnlich Tacitus, Hist. V, 13; Sueton, Vespas. 4.

[31] R. Helm (GCS Euseb VII) ([2]1956) S. 109. 174.

der Beendigung der Babylonischen Gefangenschaft unter Kyros und dem Beginn des römisch-jüdischen Krieges mit etwa 640 Jahren[32]. Die Wochenprophetie Daniels sah er — nach der enttäuschenden Katastrophe des Jahres 70 n. Chr. schreibend — bereits unter Antiochus Epiphanes erfüllt[33], wobei der Ausgangspunkt der Rechnung wahrscheinlich unter Zugrundelegung von Dan 9 1 bestimmt wurde. Daraus kann sicher geschlossen werden, daß in neutestamentlicher Zeit die spätere Kurzchronologie, die zwischen dem ersten Wiederaufbau und der zweiten Zerstörung des Tempels nur 420 Jahre berechnete, noch nicht in Umlauf war. Sie erklärt sich sehr einfach daraus, daß die Chronographen zwischen den Zerstörungen, die überraschenderweise beide auf den 9. Ab fielen, genau 490 Jahre gemäß der Wochenprophetie Daniels abgelaufen sahen[34], wobei sie nach Abzug der Babylonischen Gefangenschaft auf 420 Jahre für die Zeit des Bestehens des zweiten Tempels kamen. Diese Zahl bietet schon der Seder Olam Rabba[35] und ebenso später noch Maimonides[36]. P. Billerbeck kommentiert den Fehler der späteren jüdischen Chronologen vollkommen richtig, wenn er ausführt, daß das Dogma von der Erfüllung der Danielischen Wochenprophetie zum Zeitpunkt der Zerstörung Jerusalems und des Tempels (am 9. Ab 68/69 n. Chr. nach dem Kalender der Rabbinen) offenbar so unverrückbar feststand, daß man seinetwegen über eineinhalb Jahrhunderte aus dem Verlauf der eigenen Geschichte strich[37].

Man darf annehmen, daß der apokalyptische Messianismus des Judentums schon Jahrzehnte vor dem Zusammenbruch aufflammte. Was das Jahr 26/27 n. Chr. betrifft, so geht sein Jobelcharakter auch daraus hervor, daß es von dem Jahr 171/170 v. Chr., in dem die Erfüllung der Wochenprophetie ursprünglich erhofft wurde[38], genau vier Perioden absteht. War man also in neutestamentlicher Zeit einigermaßen imstande, die Makkabäerzeit chronologisch zu be-

---

[32] So die Summe der Angaben in den Antiquitäten lib. XI bis XX (wenn in letzterem 22 und nicht 26 genommen werden). — Julius Africanus datiert das 1. Jahr des Kyros auf Olymp. 55, 1 = 560/559 v. Chr., so daß er sich von Josephus nur um etwa 15 Jahre unterscheidet.

[33] Jos. Ant. XII, 8, 6: »Diese Verwüstung des Tempels (sc. unter Antiochus Epiphanes) geschah gemäß der Weissagung Daniels, die dieser 408 Jahre früher verkündigt hatte« (sc. unter Darius, vgl. Dan 9 1). Da die Angaben (s. Anm. 32) bei Josephus für das 1. Jahr des Darius auf etwa 575 v. Chr. weisen, ist die angebliche Erfüllung der Wochenprophetie (575 v. Chr. — 408 = 165 v. Chr.) erstaunlich gut berechnet.

[34] Zahlreiche Belege bei Bill. IV, 2, S. 1003ff.

[35] J. Finegan, Handbook, S. 128 (T. 50); Str.-Bill. IV, 2, S. 1007.

[36] Vgl. Zitat zu Anm. 20.

[37] Str.-Bill. IV, 2, S. 1007.

[38] Vgl. jetzt auch W. Porteous, Das Danielbuch, in: ATD 23 (1962) S. 116f.

stimmen, was in Anbetracht der Geschichtsdaten der Makkabäerbücher keine Frage ist[39], dann konnte im Denken der Zeit das Sabbatjahr 26/27 n. Chr. als das messianisch bedeutsame Jobeljahr gelten. Zahlreiche Zeugnisse bekräftigen, daß die Sabbatjahr-Zählung in Verbindung mit der auf ihr beruhenden Jobeljahr-Zählung von zentraler Beweiskraft für die allgemeine Terminspekulation war.

Ein eindrucksvolles Beispiel für die generelle Enderwartung des Volkes stellt R. Eliezer dar, der das Kommen des Messias zum 9. Ab 68 n. Chr. (rabbinischer Zeitrechnung) erhoffte, wobei er sich ganz von der Weissagung Daniels leiten ließ[40]. Dan 9 26 zufolge betrachtete er die letzte Jahrwoche als die des Messias. Daraus ergibt sich wiederum eine bemerkenswerte Bestätigung unseres Nachweises, insofern sich zwischen dem erschlossenen Jobeljahr 26/27 n. Chr. und dem entscheidungsvollen Jahr 68/69 n. Chr. (der Rabbinen) genau 42 Jahre oder 6 Jahrwochen erstreckten[41] und somit der Anbruch der letzten Messiaswoche erwartet werden mußte[42].

Während im offiziellen Kalender mit 49er Perioden gerechnet wurde, galten im zadikidisch-essenischen wahrscheinlich Jobelabschnitte von 50 Jahren. Für die mit ihrer Hilfe erstellte Weltchronologie lassen sich verschiedene Überlieferungen und Zeugnisse ins Feld führen. Bemerkenswert ist die Tradition b. Sanh. 97b, wo es heißt:

---

[39] Vgl. jetzt A. Jepsen—R. Hanhart, Untersuchungen zur israelitisch-jüdischen Chronologie (BZAW 88, 1964) S. 85ff.

[40] Str.-Bill. IV, 2, S. 1006.

[41] Die Tatsache, daß bei den Juden gelegentlich noch mit einer Woche über den Zeitpunkt der Zerstörung Jerusalems hinaus gerechnet wurde (also scheinbar mit 71 Wochen), hat darin ihren Grund, daß zu dem von den Rabbinen angenommenen Jahr der Zerstörung (nämlich: 68/69 n. Chr.) die letzte Jahrwoche der Jobelperiode nach damaliger Rechnung eigentlich erst angebrochen war. Da man nach den Geschehnissen, die z. T. frappierend waren (s. die etwa 3½ Jahre des Krieges sowie den Umstand des Tempelbrandes am 9. Ab), zwischen der ersten und zweiten Zerstörung genau 490 Jahre annahm, um die genaue Erfüllung der Weissagung behaupten zu können, verschob sich die Rechnung um sieben Jahre, nämlich auf 75/76 n. Chr. Die rabbinische Fehlberechnung des Jahres der Katastrophe hat wahrscheinlich ihren Grund in dem Ausgleich von Jahrwochen-Zählung und Kalender. Vgl. die Zeugnisse bei Bill. IV, 2, S. 1004 (d.); dazu bes. E. Wiesenberg, The Jubilee of Jubilees, in: Rev Qumran III, 1 (1961) S. 3ff., 21ff.

[42] Vgl. auch die außerordentlich illustrative Untersuchung von Abba Hillel Silver, A History of Messianic Speculation in Israel. From the First through the Seventeenth Centuries (²1959) S. 5: »The first century, however, especially the generation before the destruction, witnessed a remarkable outburst of Messianic emotionalism. This is to be attributed, as we shall see, not to an intensification of Roman persecution but to the prevalent belief induced by the popular chronology of that day that the age was on the threshold of the Millenium . . .«

»Elijahu sprach zu R. Jehuda, dem Bruder R. Sala des Frommen (hsjd'): ,Die Welt hat nicht weniger als 85 Jobelzyklen, und im letzten Jobelzyklus wird der Sohn Davids kommen.' Dieser fragte: ,Am Anfang oder am Schlusse?' Jener erwiderte: ,Ich weiß es nicht.'«

Die Spekulation um 85—1 = Jobelzyklen seit Bestehen der Welt führt auf 4200 Jahre, nach denen das Messiaszeitalter erhofft wurde. Diese Zahl spielt eine nicht unbedeutende Rolle im Denken und Hoffen der Zeit[43], die nach der thoralosen und thorabestimmten Weltepoche von je etwa 2000 Jahren die dritte erwartete, in der die Messiasthora als alles bestimmende Größe proklamiert werden sollte[44]. Der auf den ersten Blick unverständliche Faktor 84 erklärt sich von dem essenisch-zadokidischen Kalender her, in dem die Solarperiode von 84 Jahren als astronomische Grundeinheit maßgebend war[45]. Die Bedeutung dieser Berechnung der Weltdauer bis hin zum Erscheinen der Messiasgestalt ergibt sich auch aus Ass. Mosis I, 1 und X, 11. In I, 1 werden bis zum Tode des Mose 2500 Jahre angenommen. In X, 11 heißt es:

»Du aber, Josua, Sohn Nuns, bewahre diese Worte und dieses Buch; denn von meinem Tode bis zu seiner (sc. Gottes Erscheinung) werden 250 Zeiten (= Jahrwochen) sein, die erst vergehen müssen« (d. i. 1750 Jahre).

Offenbar ist gleichfalls die Weltdauer mit 4250 Jahren angenommen (2500 + 1750)[46]. Die Bedeutung der Jobelperioden für die Berechnung der Weltdauer bis hin zum entscheidenden Offenbarungstermin bedarf keiner näheren Erklärung.

Besonders aufschlußreich dürfte auch Test. Levi, cp. 16ff.[47] sein, wo speziell die Geschichte des Priestertums in Jobelperioden zerlegt ist. Zahlreiche geschichtliche Anspielungen sind eingestreut, doch erscheint ihre Deutung nicht immer einfach. Im Blick auf die vor-

---

43 Vgl. z. B. auch den samaritanischen Midrasch »Über Sintflut und Auftreten des Messias-Ta'eb« (ed. A. Merx, Der Messias oder Ta'eb der Samaritaner, in: BZAW 17 [1909] S. 90): »Wisse, daß von der Weltschöpfung bis zum Erscheinen des Messias sind 4037« (sc. Jahre).

44 Hierzu vgl. Bill. IV, S. 989ff. (mit weiteren zahlreichen Belegen). Verschiedene Überlegungen bedürfen freilich der Revision.

45 Vgl. A. Strobel, Zur Funktionsfähigkeit des essenischen Kalenders, in: Rev Qumran III, 3 (1961) S. 404ff.

46 Das Problem dieser Angaben darf nicht mit Hilfe der altsynagogalen Schöpfungsära gelöst werden, in der das 3760. Jahr identisch ist mit dem Jahr 1 n. Chr. (so S. Zeitlin). Diese altsynagogale Rechnung, wie sie im Zuge der Kalenderreformen des 4. und 5. Jh.s aufkam, rechnet im Unterschied zu der des 1. Jh.s n. Chr. mit stark verkürzten Zeiträumen, um den messianischen Termin des Jahres 6000 weit hinaus in die Zukunft zu verlegen. Vgl. zu den erwähnten 2500 Jahren zuletzt E. Wiesenberg, The Jubilee of Jubilees, S. 17ff.

47 R. H. Charles, The Greek Versions of the Testaments ([2]1960) S. 58ff.

letzte Jobelperiode ist indessen unverkennbar von den Hochpriestern der Makkabäerzeit die Rede (s. Test. Lev 17 11), die dem Hellenismus zuneigten und daher mit äußerster Kritik bedacht sind (εἰδωλολατροῦντες, μοιχοί, φιλάργυροι, ὑπερήφανοι, ἄνομοι usw.). Das Priestertum der letzten Jobelperiode wird hingegen in Aussagen geschildert, die an neutestamentliche Sätze über Johannes den Täufer erinnern:

»Die Himmel werden sich öffnen, und aus dem Tempel der Herrlichkeit wird über ihn Heiligkeit kommen mit väterlicher Stimme wie von Abraham, dem Vater (?) Isaaks. Und die Herrlichkeit des Höchsten wird über ihn gesprochen werden, und der Geist des Verstandes und der Heiligung wird auf ihm ruhen in dem Wasser. Er selbst wird die Majestät des Herrn seinen Söhnen geben in Wahrheit bis in Ewigkeit. Und er wird keinen Nachfolger haben bis in die fernsten Geschlechter bis in Ewigkeit.«

Es ist nicht immer deutlich, wieweit frühchristliche Interpolationen vorliegen[48]. Für die Wendung »in dem Wasser« ist dies jedoch sehr wahrscheinlich (18 7)[49]. Sie macht deutlich, daß die älteste Kirche bewußt die Beziehung auf den Täufer oder Jesus herstellen wollte. Wahrscheinlich galt ihr dieser als der letzte Hochpriester der letzten Jobelperiode, die dem Zusammenhang nach wohl als achte geführt ist (vgl. 17 7f. und 18 1f.).

Eine überraschende Nähe zur Thematik von Lc 4 16ff. verrät das neuerdings publizierte Qumranfragment 11Q Melchisedek, in dem zu den Schriftstellen Lev 25 13 und Deut 15 2 eine auf Dan 9 24ff. beruhende Interpretation gegeben wird[50]. Wir geben die Übersetzung nach dem von M. de Jonge und A. S. van der Woude unterbreiteten Vorschlag[51]:

»Its interpretation, at the end of the days, concerns those in exile which ... he took captive (5) ... their ... — ... and from the inheritance of Melchizedek ... their ... Melchizedek, who (6) will bring them back to them and he will proclaim liberty for them to set them free and (to?) make atonement for their sins ... this word (7) in the last year of jubilee ...?? ... that is ... the tenth year of jubilee (8) to make atonement therein for all children of light and for the men of the lot of Melchizedek ... over them; ?? ... their ... for (9) that ist the time of the acceptable year of Melchizedek ... God's holy ones to the reign of judgement, as it is written (10) concerning him in the hymns of David who says: *The heavenly one standeth in the congregation of God; among the heavenly ones he judgeth,* and concerning him he says: *Above them* (11) *return thou on high; God shall judge the nations.* And that which he

---

48 Zur Problematik vgl. M. de Jonge, The Testaments of the twelve Patriarchs (1953).

49 So auch E. Kautzsch, Die Apokryphen und Pseudoepigraphen II (1900) S. 470f.

50 Darauf wies mich auch freundlicherweise Prof. J. Jeremias hin. Vgl. A. S. van der Woude, Melchisedek als himmlische Erlösergestalt in den neugefundenen eschatologischen Midraschim aus Qumran Höhle XI, in: Oudtestamentische Studiën XIV (1965) S. 354ff.

51 M. de Jonge/A. S. van der Woude, 11Q Melchizedek and the New Testament, in: NTSt 12 (1965/66) S. 301ff.

says: *How long will ye judge unjustly and accept the persons of the wicked?* Selah (12) Its interpretation concerns Belial and the spirits of his lot which . . . ? ? . . . of God ? ? . . . . (13) and Melchizedek will avenge with the vengeance of the judgements of God . . . from the hand of Belial and from the hand of all the spitits of his lot. (14) And to his help are all the heavenly ones on high. He . . . all mighty men and . . . (15) this. That is the day of slaughter (?) and that which He says concerning the end of the days by means of Isaiah the prophet who says: *How beautiful* (16) *upon the mountains are the feet of him that bringeth good tidings, that publisheth peace, that bringeth good tidings of good, that publisheth salvation, that saith unto Zion: Thy heavenly one is King,* (17) its interpretation: The mountains will give their yield (?) . . . for all . . . (18). *And he that bringeth good tidings*: that is the anointed by the Spirit, from whom He (?) says . . . and that which He says: *He that bringeth good tidings of good,* (19) *that publisheth salvation*: that is which is written concerning him, that He says . . . (20) to comfort . . . he will instruct them concerning all the times of wrath etc.«

Dieser Text wirft im einzelnen viele Fragen auf. Für unseren Problemkreis ist er freilich hinreichend aufschlußreich, weil offenkundig das Auftreten einer endzeitlichen hochpriesterlichen Gestalt für die letzte, d. i. die zehnte Jobelperiode behauptet wird (Z. 7: bšnt hjwbl n'ḥrwn . . . jwbl h'šjrj). Die Zeit des »angenehmen Jahrs« (hqṣ lšnt ḥrṣwn) wird überdies unter dem Aspekt von Gericht und Gnade gesehen, wobei auf Grund deuterojesajanischer Texte (Jes 52 7 und 61 1) die Gestalt eines Heilsbringers und Gesalbten bedeutsam ist, der vermutlich nicht mit Melchisedek für identisch angesehen werden darf. Wichtiger als die nicht ganz durchschaubare Messianologie ist die Verbindung von der 10. Jobelperiode und Endzeitaussagen, wobei zu diesem Termin die messianische Frohbotschaft als Gottesruf eines Gesalbten in entscheidungsvoller Gerichtsstunde proklamiert wird. Die thematische Verwandtschaft mit der lukanischen Überlieferung ist erstaunlich[52]. Daß die (womöglich 50jährigen) Perioden gleichfalls von einem Termin nach dem Exil aus gezählt wurden, dürften die bestehenden Sachanklänge der Eingangsverse nahelegen, wobei auch zahlenmäßig schlechterdings keine andere Erklärung möglich ist.

Wie sehr ein solcher Vorstellungskreis um Sabbat- und Jobeljahr die von Lc verarbeitete Tradition elementar bestimmt hat, läßt sich endlich auch aus der Aussage Kp. 4 25 ersehen, wo dreieinhalb Jahre (= eine halbe Jahrwoche) entgegen dem anderslautenden Schriftzeugnis I Reg 17 1 und 19 1 dem anhebenden Wirken Jesu verglichen sind. In Übereinstimmung mit Dan 7 25 oder Dan 12 7 mag bei dem erwähnten Zeitraum an die endzeitlichen Jahre des Unheils gedacht sein (s. auch Jac 5 17), während der der Messias und Gotteszeuge von Gott wunderbar bewahrt und von dem Volk Buße angesichts des drohenden Gerichts erwartet wird[53]. Man sollte vielleicht noch be-

[52] Vgl. auch a. a. O., S. 309f.

[53] So auch offenbar genauestens in 11Q Melchisedek.

rücksichtigen, daß Jes 61 2, d. i. in jener biblischen Stelle, die der Jesaja-Schriftlesung Lc 4 18 und 19 das Gesicht gibt, neben dem »Gnadenjahr des Herrn« der »Tag der Rache Gottes« erwähnt ist. Lc hat letztere Thematik übergangen, wie sie ja auch stärker der neutestamentlichen Vorstellung von der Botschaft des Täufers entspricht. Ob aber nicht die verarbeitete Überlieferung einem solchen Tenor Ausdruck verliehen hat, wird man in Anbetracht der gerichtsthematischen Sätze 4 25ff. und nicht zuletzt in Anbetracht der berichteten Reaktion der Nazarener 4 29 erwägen.

So scheint die von Lc in das Mc-Gerüst eingearbeitete Tradition von einem elementaren apokalyptisch-messianischen Zeitdenken geprägt zu sein. Die lukanische Darstellung strebt nach einer eigenen christologisch-heilsgeschichtlichen Akzentsetzung, hat aber den Sachverhalt der Vorlage kaum wesentlich verwischt. Ob und wieweit diese Tradition auf verläßlichen historischen Reminiszenzen beruht, möchte man natürlich fragen. Sie ist ungewöhnlich genug. Zwar hatte nach verbreiteter Ansicht Jesu Botschaft in der messianischen Apokalyptik seiner Umwelt keinen Anhalt, aber es bleibt doch durchaus fraglich, ob Jesus wirklich in dem vermuteten Maße das allgemeine quantitativ-hochgespannte Zeitdenken durch ein qualitatives im Sinne einer aktualistischen Entscheidungseschatologie ersetzt hat[55]. Schließlich geht die Forschung heute allgemein davon aus, daß der Anfang des Auftretens Jesu nicht abseits von der streng apokalyptisch strukturierten Täuferbotschaft gewürdigt werden kann[56].

So scheint unserem traditionsgeschichtlichen Nachweis, dessen Richtigkeit nicht an Einzelzahlen hängt, sondern im Grund einzig und allein daran, ob das Sabbatjahr 26/27 n. Chr. als Jobeljahr geführt werden muß, auch ein gewisser historischer Aussagewert zu eignen. Daß er sich in einer umfassenderen Chronologie des Lebens Jesu bewähren muß, sei dabei nicht bestritten. Er gewinnt zweifellos an Wahrscheinlichkeit, gibt man dem Jahre 30 n. Chr. als Todesjahr Jesu den Vorzug[57].

---

[54] Vgl. oben Anm. 5.

[55] Vgl. hierzu A. Strobel, Die moderne Jesusforschung, in: Calwer Hefte 83 (1966). Zur Problematik des heutigen Forschungsstandpunktes vgl. auch die Kontroverse zwischen E. Käsemann; Sackgassen im Streit um den historischen Jesus, in: Exeget. Versuche und Bestimmungen II (1964) S. 31ff. und R. Bultmann. Ist die Apokalyptik die Mutter christlicher Theologie? Eine Auseinandersetzung mit E. Käsemann, in Apophoreta. Festschrift E. Haenchen (1964) S. 64ff. W. Marxsen, Anfangsprobleme der Christologie (1960) S. 53, meint dagegen: »Jesus ignoriert die Zeit.«

[56] Vgl. hierzu R. Bultmann, Jesus (1951) S. 24ff.

[57] Vgl. hierzu die Beiträge des Vf.s in ZNW 51, 1960, S. 69ff. und ZNW 55, 1964, S. 131ff.

The Mission of Jesus according to Luke IV 16-30

By Robert C. Tannehill

(3 Mason Ct., Delaware. Ohio/USA 43015)

By the scene at Nazareth with which he introduces his narrative of the ministry of Jesus, Luke intends to reveal to the reader certain fundamental aspects of the meaning of that ministry as a whole. This scene does not simply relate one event among others. These words and acts have typical and programmatic significance for the whole of Jesus' ministry as Luke understands it. In some respects they even point beyond the time of Jesus to the time of the church. Therefore we need to sharpen our understanding of what Luke is saying through this scene and of how he says it. This will require discussion of the historical origin of the materials used in this scene in order to detect Luke's contribution to the tradition. It will also require comparison of what we find in this scene with the theological themes and literary methods which we find elsewhere in Luke-Acts. In doing this, the importance of the Isaiah quotation for Luke's understanding of Jesus' mission will be brought out. Finally, the question of the relation of Luke's understanding of Jesus and his ministry to earlier tradition will be discussed.

The argument that this text is important for Luke's theology is not entirely dependent on evidence of Luke's editorial activity within the text itself. The placement of this scene, in contrast to the other synoptic gospels, at the beginning of Jesus' public ministry, and the appearance of themes which are important elsewhere in Luke's two volume work are sufficient indications of this importance. Even if Luke found the text in some source in nearly the same form in which he presents it to us, it is Luke who has interrupted Mark's order in order to place this scene at the beginning of Jesus' ministry, and it is within the context of Luke's work as a whole that themes from this scene are developed and interpreted. This warning is necessary because the literary and historical problems of this pericope are complex. Nevertheless, consideration of them is worth while, for this will help to explain why the text has its present form and will sharpen our insight into Luke's work and intentions.

The problem is posed sharply by the relation between Luke iv 16-30 and Mark vi 1-6. These texts can hardly refer to two different events, for, apart from the historical improbability that the events of Mark vi 1-6 could take place after the people of Nazareth had already attempted to stone Jesus, the essential points of Mark vi 2-4 are all contained in Luke's narrative also, and Luke omits Mark vi 1-6 when he comes to it in the Markan sequence, indicating that he identified the two narratives. However, it might be possible to argue that Luke iv 16-30 represents a separate, pre-Lukan tradition of the event reported in Mark vi 1-6[1], or, at least, that Luke iv 16-30 arose from combining the Markan account with another connected narrative which supplies the non-Markan material[2]. However, the most convincing view of the origin of this pericope is that Luke has rewritten the Markan account, supplementing it with fragments of tradition and with material of his own composition[3]. To be sure, evidence against this view has been found in individual verses, such as iv 23, which seem to show a pre-Lukan point of view, and in certain words and phrases which exhibit a Semitic coloration. However, the fact that an individual verse shows a pre-Lukan point of view is evidence that Luke possessed a non-Markan source for the story of the rejection of Jesus at Nazareth only if the verse fits together with other non-Markan material in a way to indicate the presence of a complete narrative. Otherwise we have only fragments of tradition which may well be of different origin. And the presence of words and phrases with Semitic coloration is evidence for pre-Lukan material only if they cannot be explained on the basis of Luke's frequent use of "Septuagintalisms."[4] These points must be kept in mind during the following argument.

---

[1] Cf., e. g., B. Violet, „Zum rechten Verständnis der Nazareth-Perikope Lc 4, 16—30", Z.N.W. xxxvii (1938), pp. 251—71, who argues for an Aramaic background, and Charles Masson, "Jésus à Nazareth", Vers les sources d'eau vive (Lausanne 1961), pp. 38—69, who argues that both Mark vi 1-6 and Luke iv 16-30 go back to an older narrative in Ur-Markus, which, except for the setting and vv 28-30, is more faithfully reproduced in Luke.

[2] Cf., e. g., A. R. C. Leaney, A Commentary on the Gospel according to St. Luke (New York 1958), pp. 50—54, who believes that Luke "used a separate tradition now represented by verses 16-22 a, 23 a, 25-30."

[3] Cf. J. M. Creed, The Gospel According to St. Luke (London 1930), p. 65: "It is easier to suppose that Lk. has taken the narrative of Mk. vi. . . . as foundation for a representative and symbolic scene to open the public ministry of Jesus, and that he himself is mainly responsible for the section as it stands." Cf. also Erich Klostermann, Das Lukas-Evangelium (2. Aufl., Tübingen 1929), p. 62: „Jedenfalls zeigt die jetzige Perikope Risse im Zusammenhange, die daher rühren, daß ein paraphrasierender und novellistisch ausgestaltender Kommentar der Verwerfung in Nazareth, wie wir sie aus Mc 6 kennen, mit andersartigen Stücken verbunden ist."

[4] See the argument of H. F. D. Sparks that Luke is "an habitual, conscious, and deliberate 'Septuagintalizer'" in "The Semitisms of St. Luke's Gospel," J. T. S. xliv (1943), pp. 129—138. Luke ix 51 and xix 11 are good examples of such Septuagint influence in editorial verses.

I. Luke IV 22-30

Commentators have noted that the sequence of sentences in Luke iv 22-30 is rough. This roughness is explained when we realize that these verses are a patchwork of materials which have been put together by Luke not with a view to psychological plausibility but in order to bring out his own interpretation of the rejection of Jesus at Nazareth. The sequence in iv 22 has been the subject of considerable discussion. This verse seems to begin by reporting a favorable reaction to Jesus and his words. This is followed by the question "Is this not Joseph's son?", which is Luke's version of the questions in Mark which accompany the rejection of Jesus by the Nazarenes. So the verse seems to move very abruptly from acceptance to rejection. Because of this, some have argued that πάντες ἐμαρτύρουν αὐτῷ refers to bearing witness against Jesus[5]. This is doubtful and unnecessary. It is true that μαρτυρέω is occasionally used of witnessing against someone[6]. However, this must be made clear by the context, for in the overwhelming majority of its occurrences in the New Testament μαρτυρέω is used of a favorable or supporting witness, without any need being felt to clarify this by speaking of a "good" witness. In Luke iv 22 we are in no way prepared to understand πάντες ἐμαρτύρουν αὐτῷ in an unfavorable sense by what precedes it; nor is this required by the question which follows. In Luke there is no indication that the Nazarenes are hostile to Jesus at this point, for Mark's statement "They took offense at him" is significantly absent. In Luke's view the real reason for offense has not yet been brought out. The fact that Luke refers to Jesus as son of Joseph rather than son of Mary, as in Mark, is significant for Luke's understanding of the situation. Luke makes clear that in his view Jesus was not, properly speaking, the son of Joseph[7]. So the question of the Nazarenes indicates their failure to understand who Jesus is, perhaps also their blindness, but it is not an indication of hostility. With this in mind, the sequence of thought in iv 22 can be explained. In Mark vi 2-3 there is a strong contrast between the amazement caused by Jesus' wisdom and power and the offense caused by his local origin. Luke iv 22 is simply a compressed and weakened version of Mark vi 2-3. Luke retains a reference both to the amazed testimony of the Nazarenes to Jesus and to the question raised concerning his local origin. These two elements in Mark's narrative account for the two elements in Luke iv 22, which at first seem so difficult to relate. But whereas these two elements stand in sharp

[5] Cf. B. Violet, Z.N.W. xxxvii (1938), pp. 256—58; J. Jeremias, Jesus' Promise to the Nations (London 1958), pp. 44—45.

[6] Cf. Matt. xxiii 31, John vii 7, xviii 23.

[7] Cf. iii 22-23.

contrast in Mark, and the latter is seen as the reason for the Nazarenes' rejection of Jesus, this contrast is largely lost in Luke, and the rejection is given a different basis. Luke iv 22 simply indicates that the Nazarenes recognized Jesus' power and yet failed to understand his true role[8].

Other aspects of iv 22 can be dealt with briefly. The reference to the witness and amazement of the Nazarenes may not only be Luke's rendering of Mark but also correspond to a positive Lukan interest. In this first account of Jesus' public ministry it must be made clear that Jesus makes an immediate impact, illustrating Luke's introductory summary in iv 15. The use of θαυμάζω with ἐπί is characteristic of Luke-Acts[9]. Τοῖς ἐκπορευομένοις ἐκ τοῦ στόματος αὐτοῦ is a "Septuagintalism."[10] It will be shown below that the reference to "words of grace" or "favor" reflects a central Lukan concern in this passage.

The interpretation of iv 22 above might be challenged on the basis of iv 23-24, for it may seem implausible that Jesus would speak of a request for miracles by the Nazarenes and of their failure to accept him unless they had already given some indication of skepticism and hostility. However, there is evidence that Luke understands iv 23-24 not as Jesus' response to present hostility but as a prophecy of what is to come. This is made clear by the reference to Capernaum. Although the rejection of Jesus at Nazareth in Mark is preceded by reference to events at Capernaum, Luke, by placing this scene at the beginning of Jesus' public ministry, makes such a reference to previous events at Capernaum impossible. To be sure, the scene at Nazareth is preceded by an introductory summary of Jesus' activity in iv 14-15. However, it is not clear that Luke intends to refer in iv 14-15 to activity prior to Jesus' coming to Nazareth. These verses can just as well be understood as a general summary of the events which follow in Luke's narrative. In the light of the fact that there is no clear reference to events at Capernaum prior to Jesus' coming to Nazareth, it is doubtful that Luke understood iv 23 to refer to such prior events.

This conclusion is supported by the fact that there is a clear connection between iv 23 and the events which follow in Luke's narrative and that this connection has been emphasized by Lukan editorial activity. Immediately following the rejection at Nazareth Jesus descends to Capernaum, and iv 31-43 describes his activity there. This activity is introduced, following Mark, by reference to Jesus

[8] Luke also makes the reason for amazement specific by relating this amazement to the words which Jesus has just spoken.

[9] Cf. J. C. Hawkins, Horae Synopticae (Oxford 1899), pp. 16, 33.

[10] Cf. Num. xxxii 24; Job xli 10 (11), 12 (13); Prov. iii 16; Sirach xxviii 12. Cf. also Luke xi 54, xix 22, xxii 71, Acts xxii 14, and the frequent use of διὰ τοῦ στόματος and τὸ στόμα ἀνοίγειν in Luke-Acts.

teaching on the Sabbath and the amazement of the people, just as in the scene at Nazareth. However, what follows stands in sharp contrast to the scene at Nazareth, for it reports Jesus' work of healing and ends by indicating that the crowds followed him and tried to prevent him from leaving. In iv 42 Luke clearly strengthens Mark's remark that "all are seeking you." This is part of a deliberate contrast between what took place at Capernaum and what took place at Nazareth, for the juxtaposition of these events is the result of Luke's own work. Luke is not only responsible for placing the Nazareth episode at the beginning of Jesus' ministry. He has also omitted Mark's account of the call of the first disciples so that the events at Capernaum immediately follow the scene at Nazareth. He does this in spite of the fact that it is important to Luke to refer to the presence of the twelve early in Jesus' ministry[11]. It is the desire to bring out the contrast between Nazareth and Capernaum which accounts for Luke's editorial activity, and it is in light of this contrast that we must explain iv 23. This means that iv 23 cannot be understood as an indirect reference to what the Nazarenes actually did say in the synagogue at Nazareth[12]. They could not have said this at that time, for the presupposition for this statement, the events at Capernaum, had not yet taken place. Therefore, we must take the future ἐρεῖτε seriously. This saying is only very indirectly a response to what the Nazarenes have done and said to this point. Luke understands it as a prophecy of a later situation which will come about through the rest of the events narrated in chapter iv [13].

We have not yet discussed the question of the origin of iv 23. This verse has certain points of contact with Mark vi 1-6, for Mark also refers to Jesus' πατρίς, to the Nazarenes talking about Jesus' miracles (using the verb γίνομαι), and to a lack of mighty acts in Nazareth (accompanied by use of the verb θεραπεύω). Furthermore, it can be argued that the contrast between Nazareth and Capernaum which Luke has constructed by bringing iv 16-30 into immediate conjunction

---

[11] For Luke it is important that the twelve apostles accompanied Jesus "during the whole time that the Lord Jesus went in and out among us, beginning from the baptism of John" (Acts i 21-22), for they must be witnesses to the whole of the ministry of Jesus. Cf. Günter Klein, Die Zwölf Apostel (Göttingen 1961), pp. 203—210. It is true that Luke chooses to substitute non-Markan material for Mark's account of the call of the first disciples. But v 1-11 is inserted into a section in which Luke is following Mark's order, and so we must explain why Luke chose to insert this material after the Capernaum events rather than before, as in Mark.

[12] Against Leaney, op. cit., p. 119.

[13] The position taken here is similar to that of Hans Conzelmann, Die Mitte der Zeit (4. Aufl., Tübingen 1962), pp. 28—29.

with iv 31-43 is the basis of the prophecy of this contrast in iv 23[14]. On the other hand, there are some indications that this verse may be based upon pre-Lukan, non-Markan tradition. It speaks of a request by the Nazarenes and there is no clear indication of such a request later in Luke's gospel[15]. Furthermore, it is strange that Jesus' prophecy should consist of a direct quotation of what the Nazarenes will say. The verse would be less awkward if Jesus simply indicated that the Nazarenes will later want him to perform in Nazareth the miracles which he had performed in Capernaum. The fact that Jesus' prophecy is a quotation is explained if it is a piece of tradition which was originally a challenge directed to Jesus but was transformed by Luke into a saying of Jesus. However, the tradition may consist only of the proverb "Physician, heal yourself," for the quotation of the proverb may be the reason for presenting the rest of the verse as a quotation. The proverb was in general circulation[16] and was not necessarily connected with Jesus in earlier tradition.

In spite of the objection just raised, the possibility that iv 23 reflects a challenge to Jesus which Luke found in his tradition deserves further consideration. This requires us to consider iv 24 also. If we assume that iv 23 is a challenge to Jesus which Luke found in his tradition, it can be argued that this challenge would hardly have circulated in Christian circles apart from a reply of Jesus to this challenge. Thus iv 24 seems to be necessary to complete the unit of pre-Lukan tradition. If iv 24 is pre-Lukan, non-Markan tradition, it is possible that iv 23 is also. If iv 24 is not, it seems less likely that ὅσα ἠκούσαμεν κτλ. in iv 23 is pre-Lukan tradition. The εἶπεν δέ at the beginning of iv 24 is superfluous in its Lukan setting. It can be explained in several ways. It would have a function if the quotation in iv 23 was not originally a word of Jesus but a challenge to Jesus, as suggested above. However, the fact that εἶπεν δέ is characteristic of

[14] The use here of εἰς instead of ἐν in a local sense is frequent in Luke-Acts. Cf. F. Blass and A. Debrunner, Grammatik des neutestamentlichen Griechisch (10. Aufl., Göttingen 1959), sections 2 and 205.

[15] Conzelmann, op. cit., pp. 28—29, 41—42, argues that Luke understands viii 19-21 to be the fulfillment of this prophecy. The placement of this pericope is due to Luke's editorial work, but it is not clear that the request to "see" Jesus implies a desire for miracles, nor that such miracles would take place in Nazareth, nor that Luke equates Jesus' mother and brothers with the unbelieving Nazarenes. It is significant that Luke does not take over the reference to Jesus' relatives in the Markan parallel to Luke iv 24. On viii 19-21 see William C. Robinson, Jr., "On Preaching the Word of God (Luke 8: 4-21)," Studies in Luke-Acts, ed. L. E. Keck and J. L. Martyn (Nashville 1966), p. 133.

[16] Cf. J. M. Creed, The Gospel According to St. Luke, p. 68.

[17] Cf. John C. Hawkins, Horae Synopticae (Oxford 1899), pp. 15, 31—2, and Henry J. Cadbury, The Style and Literary Method of Luke (Cambridge, Mass. 1920), p. 169.

Luke[17] casts doubt upon the view that it is part of an older tradition. It may simply be Luke's version of Mark's καὶ ἔλεγεν αὐτοῖς ὁ Ἰησοῦς or a reflection of the fact that iv 24 was originally independent of the preceding verse. The wording of Mark vi 4 and Luke iv 24 differs significantly. The fact that Luke, and only Luke, begins the saying with ἀμήν may be especially significant, for, in contrast to the frequency of this word in the other gospels, it occurs in Luke only six times. Luke sometimes substitutes ἀληθῶς for ἀμήν[18], or simply omits the ἀμήν[19], although his practice is not entirely consistent[20]. Thus there is evidence to suggest that Luke generally avoids the foreign word ἀμήν. It may seem easier to assert that its presence in this verse is an indication of non-Markan tradition than to assert that Luke added it on his own[21].

In spite of the evidence above, it is doubtful that iv 24 represents tradition which is independent of Mark. The principal difference in wording between Luke and Mark is Luke's use of the word δεκτός instead of Mark's ἄτιμος. This difference may be the cause of the difference in the syntax of the two sayings, for the use of a positive rather than a negative concept requires some change in the structure of the sentence. There is reason for doubting that Luke's use of this key word rests on independent tradition. It is too easily explained as a play upon the final word of the quote from the LXX version of Isa. lxi 1-2 in the first part of this scene. The significance of the reoccurrence of this term is pointed up by the fact that, apart from two verses in Paul, this word occurs in the New Testament only at Luke iv 19 and 24, and in Acts x 35, at the beginning of a sermon which contains clear reminiscences of Luke iv 16-30. Thus Luke's uses of this term are all

---

18 Luke ix 27, xii 44, xxi 3. Cf. xi 51.

19 In the following passages Luke's λέγω ὑμῖν or σοι is probably a remnant of the ἀμὴν λέγω ὑμῖν or σοι which is found in the parallel passages: vii 9, 28; x 12, 24; xii 59; xv 7; xxii 18, 34.

20 He retains the ἀμήν in xviii 17, 29; xxi 32. Ἀμήν occurs in passages without parallel at xii 37 and xxiii 43. Luke's practice with regard to this word is conveniently tabulated in Henry J. Cadbury, op. cit., pp. 157—58.

21 It is doubtful that Papyrus Oxyrhynchus 1, 6 and Coptic Gospel of Thomas 31 contribute anything to our knowledge of the pre-Lukan history of these verses. They are probably dependent on Luke, for not only do they give Luke's version of the saying concerning the prophet but they follow it with a parallel saying concerning a physician, suggesting a knowledge of Luke iv 23 as well as iv 24. It is easier to explain the neat parallelism in Thomas as a change from Luke, suggested by the way in which the proverb "Physician, heal yourself" is used in the context of Luke, than to derive Luke's version from the saying in Thomas. On this see Wolfgang Schrage, Das Verhältnis des Thomas-Evangeliums zur synoptischen Tradition und zu den koptischen Evangelienübersetzungen (Berlin 1964), pp. 75—77.

connected with this scene at Nazareth and the Isaiah quotation. Although in iv 24 δεκτός is introduced into a saying of quite different character than the quotation of iv 19, the connection is meaningful for Luke. The use of the same word points up the relation between sharing in the time of salvation which Jesus announces and the acceptance of Jesus himself. Men can only share in "the Lord's acceptable year" if they accept the one who announces and brings it. This observation causes me to question the view that iv 24 is based on non-Markan tradition. The argument based on Luke's avoidance of ἀμήν, while strong, is not decisive by itself, for another explanation than the presence of non-Markan tradition in iv 24 is possible. It is possible that the ἀμήν originally occurred at the beginning of iv 25. Luke then transferred it to the beginning of iv 24 and substituted ἐπ' ἀληθείας in iv 25, thereby providing the reader first with the word itself and then with its translation in the following verse. This would be especially appropriate since this is the first occurrence of ἀμήν in Luke's gospel[22]. These considerations not only suggest that iv 24 is based on Mark, but also cast further doubt on the view that iv 23 is part of a non-Markan tradition concerning Jesus.

In spite of some uncertainty as to the origin of iv 23-24, certain conclusions can be drawn about Luke's methods and concerns. 1. Even if iv 23-24 represents a unit of pre-Lukan tradition, the scene at Nazareth as a whole is a product of Lukan editorial activity. These verses do not fit together with what precedes or follows to make a more extensive unit of tradition. This has been supported by discussion of iv 22 and will be supported by discussion of iv 25-30 and 16-21. 2. Even if iv 23-24 represents a unit of pre-Lukan tradition, Luke's preference for this material rather than what he found in Mark reflects his particular concerns. Not only do these verses contribute to the rejection theme as this is reinterpreted by Luke, but the contrast between Nazareth and Capernaum and the use of δεκτός are given additional significance through the Lukan context (cf. iv 19, 31-43). These two points are even clearer if iv 23-24 is the result of Luke's own reworking of Mark.

In iv 25-27 we find a unit which was originally separate from the preceding verses. This is indicated by an important shift in perspective. Iv 24 concerns the prophet's relation to his πατρίς. As both Mark and Luke iv 23 make clear, this originally referred to Nazareth. But iv 25-27 speaks of the relation of the prophets to Israel. It may be that Luke is using iv 25-27 to hint at a broader interpretation of πατρίς in

---

[22] Henry J. Cadbury sees this exchange of synonymous expressions as an example of a characteristic feature of Lukan style. Cf. "Four Features of Lukan Style," Studies in Luke-Acts, ed. L. E. Keck and J. L. Martyn, pp. 88—97.

iv 24. The πατρίς in which Jesus is not acceptable is not only Nazareth but also Israel. However, this means that Luke is giving a definite twist to the original meaning of the word. Moreover, iv 24 and 25-27 also differ in that the former speaks of a failure to accept the prophet while the latter refers to instances in which the prophets were not sent to Israel, but to non-Israelites. The one speaks of man's rejection, the other of God's sending. For Luke these two points of view are not incompatible, for in Luke-Acts God's plan of sending the gospel to the Gentiles is fulfilled through the rejection of the gospel by the Jews. However, the sharp change in point of view, with no attempt to relate the two aspects, is here a reflection of the separate origin of these sayings.

It has been suggested that iv 25-27 would connect well with iv 23[23]. However, the removal of iv 24 does not result in the restoration of an original sequence in a pre-Lukan source. Iv 23 is concerned with the contrast between Capernaum and Nazareth, while iv 25-27 is concerned with the contrast between Israel and the Gentiles[24]. Charles Masson recognizes this but argues that iv 25-27 is connected with iv 23 by suggesting that Jesus is arguing *a majori ad minus*[25]. If belonging to Israel does not entail a right to be healed by God, how much less does belonging to Jesus' own village. However, if this were the point of iv 25-27, it would be necessary to make the application clear and explicit, for it is not at all obvious from these verses themselves that they are concerned primarily with a situation in Nazareth. It might seem that this application is required in order to fit these verses into the historical setting of Jesus' rejection at Nazareth. But that is the question: whether these verses were originally meant to be understood in light of that limited historical situation. When we relate these verses to Luke-Acts as a whole, we discover a different explanation of the position and function of these verses: they were inserted here by Luke in order to suggest the connection between the rejection of Jesus and his turning to others which occurs at Nazareth and the rejection of the gospel by the Jews and turning of the missionaries to the Gentiles which Luke will trace in Acts. The connection of these verses with this dominant theme in Acts cannot be ignored when we seek to explain how these verses became part of this scene at Nazareth. They serve Luke's own purposes and so are probably Luke's own insertion, especially when we see that they have no connection with anything in the Markan story. Finally, Masson's argument falls apart when we note

---

[23] Karl Ludwig Schmidt, Der Rahmen der Geschichte Jesu (Berlin 1919), p. 40.

[24] Cf. Rudolf Bultmann, Die Geschichte der synoptischen Tradition (4. Aufl., Göttingen 1958), p. 31.

[25] Op. cit., p. 57.

indications that iv 25-27 reflects a time and setting different from that of Jesus' ministry, while iv 23, unless it is Luke's own construction in preparation for iv 31ff., seems to reflect a situation within Jesus' ministry.

Joachim Jeremias describes iv 25-27 as "an early Aramaic tradition." In support of this he points to the following features of these verses:

> 'Επ' ἀληθείας v. 25 (= ἀμήν); ἐν ταῖς ἡμέραις v. 25 . . .; here are three examples of the circumlocution for the divine name by the use of the passive, vv 25, 26, 27; the three and a half years' drought in the time of Elijah, v 25 (a Palestinian tradition, not found in the Biblical narrative . . .); paratactic καί with adversative meaning in v 26 beginning and v 27b; οὐδεμία . . . εἰ μή v 26, οὐδεὶς . . . εἰ μή v 27 (= אֶלָּא . . . לָא)[26].

This indicates Semitic influence, but, of course, does not prove that these verses go back to the historical Jesus. In fact there is other evidence that these verses originated, not at the earliest stage of the tradition, but at a somewhat later time and in a milieu characterized by an overlap between Semitic and Greek language forms. This is shown by the use of the adjective Σιδωνίας, a clear instance of the influence of the LXX rather than the Hebrew text of the Elijah story. Furthermore, these verses provide an argument from the Old Testament for a mission to Gentiles and are most naturally explained as arising from the early church's argument over a mission to Gentiles. They do not focus on the possibility of the inclusion of Gentiles in the Kingdom at the final consummation, something which might take place apart from a Gentile mission, but rather, as the reference to the sending of Elijah makes clear, they indicate to whom God's messengers should address themselves. They argue that it is not the case that all Israel must receive salvation before it is offered to the Gentiles. Since the New Testament reflects a debate within the early church concerning a mission to the Gentiles[27], it is unlikely that Jesus gave explicit directions concerning such a mission. Therefore, Luke iv 25-27 did not originate within the context of Jesus' ministry, but within the context of the early church's debate over the Gentile mission. These verses originally had nothing to do with the contrast between Nazareth and Capernaum which we find in iv 23.

---

[26] Joachim Jeremias, Jesus' Promise to the Nations, p. 51. J. M. Creed denies that it is necessary to assume Aramaic idiom here to explain the use of εἰ μή. Cf. The Gospel according to St. Luke, pp. 68—69.

[27] Cf. Acts x-xi.

[28] With Luke iv 28 compare especially Acts ii 4 for the form and Acts xiii 45 for the setting.

Iv 28-30 is the construction of the Evangelist himself. This is shown by the language used. Πίμπλημι is found 22 times in Luke-Acts but only twice in the rest of the New Testament[28]. 'Ανίστημι is a favorite word in Luke-Acts[29]. This is particularly true of the participles ἀναστάς and ἀναστάντες[30]. Other words characteristic of Luke-Acts are διέρχομαι, ἄγω, πορεύομαι and μέσος[31]. The nominative form αὐτός is also frequent in Luke's gospel[32]. The participles in these verses reflect Luke's preference for a participle rather than co-ordinate verbs[33]. The phrase ἐξέβαλον ... ἔξω τῆς πόλεως is closely related to the way in which Luke describes a similar situation in Acts vii 58. Thus the language used gives no indication of pre-Lukan tradition and it is unlikely that Luke had any concrete knowledge on which to base these verses. Rather he has embellished the tradition of rejection at Nazareth by describing what he imagined would have taken place in this situation. The fact that it has been difficult for scholars to locate the cliff from which the crowd intended to cast Jesus down[34] and the fact that the very surprising escape of Jesus is described in the vaguest possible terms agree with these assertions.

We have seen that iv 22-27 is a patchwork of traditional materials. Luke has put these materials together in such a way as to build up to a climax in the violent rejection of Jesus in iv 28-30. In doing so, Luke has completely changed the reason for the rejection of Jesus by the Nazarenes. For Luke the fact that Jesus comes from their own town is not the cause of offense, as in Mark vi 3. This point is greatly weakened by Luke, and is separated from the first indication of anger in iv 28 by other material which indicates a different reason for this anger. Nor is the anger of the Nazarenes the result of a failure or refusal of Jesus to fulfill the Nazarenes' request for miracles[35]. Luke does not intend iv 23 to indicate that the Nazarenes requested miracles at that time, and the question of whether Jesus could perform miracles in Nazareth plays no role in Luke's account. The cause of the Nazarenes'

---

29 Cf. Robert Morgenthaler, Statistik des Neutestamentlichen Wortschatzes (Zürich 1958), p. 182.

30 Cf. John C. Hawkins, Horae Synopticae, p. 14.

31 Cf. Morgenthaler, op. cit., p. 181.

32 Cf. ibid., p. 158, and Cadbury, Style and Literary Method of Luke, p. 193.

33 Cf. Cadbury, ibid., pp. 134—135.

34 Cf. K. L. Schmidt, op. cit., pp. 42—43, and Walter Grundmann, Das Evangelium nach Lukas (Berlin 1964), p. 123.

35 Masson, who supposes that in most respects Luke's narrative reflects a historical sequence of events, argues that Jesus' failure to perform miracles at Nazareth was the real cause of his rejection. Mark vi 5a originally referred to the time before the rejection and indicates the cause, not the result, of the rejection. Cf. op. cit., pp. 45—47, 53, 59, 65—66.

anger, in Luke's view, is indicated by the contrasts in iv 23 and 25-27 which place Jesus' own people in an unfavorable position. Here Jesus announces that others are to benefit from his work rather than those to whom he is most closely related. These statements do not simply mean that Jesus will go elsewhere because he will be rejected at Nazareth. To be sure, man's rejection has a role in the realization of God's purpose. Here as elsewhere Luke seems to see an intersection between man's rejection and the unexpected fulfillment of God's plan through that rejection. But iv 25-27 shows that Luke is not simply saying that Jesus will have to work elsewhere because of bad conditions in Nazareth; rather he is saying that it is God's plan that Jesus work elsewhere and that eventually the benefits of his work be given to the Gentiles. It is not so much that Jesus goes elsewhere because he is rejected as that he is rejected because he announces that it is God's will and his mission to go elsewhere. This means that Luke has reinterpreted the grounds for the rejection of Jesus at Nazareth in light of his own theological views.

Vv 23 and 25-27 formulate two quite different contrasts, as we have seen. Yet in Luke's mind these contrasts are related because both indicate that the benefits of Jesus' work will be given to others instead of Jesus' own people. Iv 23 points to Capernaum as the recipient of these benefits. This fits with Luke's understanding of the ministry of Jesus, for following iv 16-30 Jesus goes to Capernaum and in the rest of Luke's gospel there are no references to Jesus' presence in Nazareth. Jesus has moved beyond Nazareth once and for all, and it is the other cities of Israel which benefit from his work. Vv 25-27 do not fit so easily with Luke's presentation of the ministry of Jesus. In fact, these verses refer forward to the mission of the church, which will move beyond Israel to the Gentiles. However, such a reference is appropriate at this point because the Gentile mission is the climax of the movement beyond Jesus' own people which begins at Nazareth. Nazareth and the Gentile mission are the beginning and culmination of one movement. The rejection at Nazareth sets in motion the geographical development which is so important in Luke-Acts. This is a major reason why Luke places this scene at the beginning of his account of Jesus' ministry. It is the beginning of Jesus' "way,"[36] and the way which begins at Nazareth leads on to Jerusalem, and then to Antioch, Asia Minor, Greece and Rome. Furthermore, the mission continues to encounter the rejection of Jesus' own people and the call of God to

---

[36] Cf. ἐπορεύετο iv 30 and William C. Robinson, Jr., Der Weg des Herrn (Hamburg 1964), pp. 30—43.

[37] Luke emphasizes in Acts viii 1-2, 4-5 (cf. xi 19-21) that the spread of the gospel beyond Jerusalem is the direct result of the death of Stephen and the related persecution of

turn to others, a pattern which is first established at Nazareth[37]. And so, while the reference to the Gentiles in iv 25-27 may be historically out of place, it is appropriate in the light of Luke's total conception of the development which he wishes to trace.

The strange way in which this scene at Nazareth develops has been partly explained by indicating that it is a Lukan construction from diverse materials. However, it may still seem strange that Luke should have Jesus predict the rejection before it takes place. If we compare Luke's methods elsewhere, this also will not seem strange. Luke's presentation of Paul's preaching in Antioch of Pisidia is instructive. In Acts xiii 40-41 Paul's sermon ends with a warning concerning a mysterious deed of God. For the men of Antioch this could only be a riddle, but for the reader the riddle is soon explained. Vv 44ff. relate that on the next Sabbath the Jews became jealous of the crowds of Gentiles who had gathered to hear the gospel and began to oppose Paul, to which Paul and Barnabas responded by announcing that they would turn to the Gentiles. It is clear that this turning to the Gentiles is the deed of God to which the mysterious words at the end of Paul's sermon referred. By means of these words Luke alludes to and interprets the rejection of the gospel by the Jews of Antioch and the turning of the mission to the Gentiles before they take place. Acts iii 22-26 has a similar function with regard to the Jewish opposition which follows. It is important to Luke that the major steps in the fulfillment of God's plan be announced ahead of time and that the relation between the prophecy and the fulfillment be clear. The way in which Luke's gospel points forward to the climactic events in Jerusalem shows this. Luke not only takes over Mark's passion predictions but adds an important reference to the Jerusalem events in ix 31, and then makes repeated reference to the journey to Jerusalem in the central section of his gospel. Furthermore, after the resurrection there is explicit reference to the fulfillment of these predictions (xxiv 6-8). So the announcement of the rejection before it takes place conforms to Luke's literary methods and to his concern to trace the plan of God in history, a plan which is made plain through prophecy and its fulfillment[38].

II. Luke IV 16-21

Luke iv 16-21 is independent of Mark, being related only to Mark's statement that "when the Sabbath came, he began to teach in the

the church, which is the climax of the opposition by Jerusalem Jews which Luke begins to trace in Acts iv. Cf. also Acts xiii 45-46, xxviii 24-28.

[38] Cf. Paul Schubert, "The Structure and Significance of Luke 24," Neutestamentliche Studien für Rudolf Bultmann (Berlin 1954), pp. 165—186.

synagogue." However, it seems to perform a function similar to Mark i 14-15, Mark's introductory summary of the message of Jesus. Following the narrative of the temptation, both Mark and Luke report Jesus' return to Galilee and give a short summary of Jesus' activity. But Luke's summary in iv 14-15 contains no indication of the content of Jesus' message, as does Mark i 14-15. This is supplied in Luke by the first part of the scene in Nazareth.

In considering the origin of Luke iv 16-21, it is important to observe that these verses could not have circulated apart from the Isaiah quotation. Apart from the quotation there would be no point in relating the events of iv 16b-17 and 20, for nothing noteworthy takes place. Rather these verses only indicate what is typical and customary in such a situation, and so provide the setting for the quotation itself. Even iv 21 gives no indication of a knowledge of events or words of Jesus independent of the Isaiah quotation. It may be doubted that we may properly speak of this as a "sermon" following the reading of the Scripture. All that is said is that this Scripture applies to Jesus and his ministry. The only historical knowledge that need stand behind this is the knowledge that Isa. lxi 1-2 was applied to Jesus in the tradition. There is no evidence here for tradition concerning the words of Jesus beyond the tradition of applying this Old Testament quotation to Jesus.

This conclusion is supported by the evidence of vocabulary and grammar. The only point at which there is evidence for the influence of pre-Lukan tradition is in the occurrence of the rare form Ναζαρά in iv 16. This form occurs only here and at Matt. iv 13. It is likely that Luke iv 16a and Matt. iv 13 rest upon a common tradition, for not only do they agree in using the rare form Ναζαρά, but both occur in the report of Jesus' movements following the temptation, and in Matt. iv 13 a reference to Jesus living in Capernaum follows the reference to Ναζαρά. This agrees with Luke's geographical sequence in iv 16 and 31, and may have seemed to Luke to provide justification for inserting a scene at Nazareth at the beginning of Jesus' ministry. However, Matt. iv 13 reports no events at Nazareth and has no further connection with Luke iv 16-30. Thus it indicates that the reference to Nazareth in Luke iv 16a has a traditional base, but nothing more. At other points in iv 16-17, 20-21 there is clear evidence of Lukan vocabulary and style[39]. The phrase κατὰ τὸ εἰωθός and dative occurs in the New Testament only here and at Acts xvii 2, which also speaks of preaching in a synagogue on the Sabbath. The phrase ἐν (or simple dative) τῇ ἡμέρᾳ

[39] Of the 82 words and constructions listed by Friedrich Rehkopf, Die lukanische Sonderquelle (Tübingen 1959), as characteristic of pre-Lukan usage, only two (κατά iv 16, ἐρεῖν iv 23) occur in Luke iv 16-30, and the validity of these two is doubtful.

τῶν σαββάτων (or τοῦ σαββάτου) is found only in Luke-Acts[40]. The use of πρός and accusative rather than the simple dative after λέγω, as in iv 21 and 23, is characteristic of Luke-Acts[41]. The same is true of the following words: οὗ with the meaning "where" iv 16, 17 (13 or 14 times Luke-Acts[42]; 11 times elsewhere in the New Testament), ἐπιδίδωμι iv 17 (7 times Luke-Acts; twice elsewhere), ἀτενίζω iv 20 (12 times Luke-Acts; twice elsewhere), and σήμερον iv 21 (20 times Luke-Acts; 21 times elsewhere)[43]. The phrases ἤρξατο ... λέγειν and ἐν τοῖς ὠσὶν ὑμῶν in iv 21 are not evidence of pre-Lukan tradition. The former is frequent in Luke[44], and the latter is a "Septuagintalism"[45]. The fact that iv 16-21 reveals a knowledge of the practice of the Jewish synagogue is no evidence of a pre-Lukan tradition concerning Nazareth[46]. The references to Jewish practice in this passage are evidence only for a general knowledge of such practice and not for an old tradition concerning a particular event at Nazareth.

So far it has been argued that Luke iv 16-17 and 20-21 give indications of Lukan vocabulary and style and that these verses would not have been transmitted in the tradition apart from the Isaiah quotation, which is the center and point of this section. Now we must look at the quotation itself. The origin of iv 18-19 within the Greek-speaking church is indicated by the fact that it follows the LXX translation. With three exceptions, Luke iv 18-19 follows the LXX word for word, including its word order and its variations from the Hebrew text[47].

---

[40] Luke xiii 14, 16; xiv 5; Acts xiii 14; xvi 13. The closest non-Lukan parallel is John xix 31. The connection of Luke iv 16 with Acts xiii 14 is especially close. The similarity to Acts xiii 14 and xvii 2 shows that Luke iv 16 is influenced by the way in which Luke is accustomed to describe synagogue scenes.

[41] Cf. H. J. Cadbury, Style and Literary Method of Luke, p. 203, and John Hawkins, Horae Synopticae, pp. 18, 36—37. [42] Depending on the original text of Acts xx 6.

[43] Of these 21 occurrences outside of Luke-Acts 8 are in Matthew and 8 in Hebrews. Nine of the 11 occurrences in Luke are without parallel, so the frequency of the word in Luke is not due to the material which it shares with Matthew.

[44] Ἄρχομαι λέγειν or λαλεῖν occurs ten times in Luke, twice in Acts. Note especially Luke xi 29 and xii 1, where the phrase occurs in what is probably Lukan editorial material. Luke also uses the construction ἄρχομαι + infinitive + λέγων.

[45] Cf., e. g., Deut. v 1, Judges ix 3, I Kingdoms iii 17. With Luke iv 21 compare vii 1, an editorial verse, and note the similar Septuagintalism which Luke introduces into a Markan passage at ix 44.

[46] Cf. K. H. Rengstorf, Das Evangelium nach Lukas (9. Aufl., Göttingen 1962), p. 67: "Der unbekannte Autor dieses Berichts ... erweist sich wieder als sachkundiger Palästiner. Seine Schilderung des Verhaltens Jesu im Sabbatgottesdienst entspricht durchaus dem, was die rabbinischen Quellen berichten."

[47] Variations include translation of אֲדֹנָי יהוה by the simple κύριος, omission of the second יהוה, and substitution of "blind" for "imprisoned," thus giving a different meaning to וְלַאֲסוּרִים פְּקַח־קוֹחַ.

Only one of the exceptions is a variation in the choice of a word. In iv 19 Luke has κηρῦξαι instead of the καλέσαι of the LXX. Since κηρῦξαι is used to translate the same Hebrew word in the preceding verse, this might be some evidence of knowledge of the Hebrew text. However, since this is the only indication of this, it does not weigh very heavily. The use of κηρῦξαι in iv 19 may simply be due to the occurrence of the same word in the preceding verse of the Greek text or to the importance of this word in the missionary language of the early church. The other two variations from the LXX are also variations from the Hebrew text. They are the omission of ἰάσασθαι τοὺς συντετριμμένους τῇ καρδίᾳ and the insertion of a phrase from Isa. lviii 6 ἀποστεῖλαι τεθραυσμένους ἐν ἀφέσει. This omission and insertion are very hard to explain if we assume that we have here an accurate account of what Jesus said while reading from the actual text of Isaiah. It is possible for the eye to skip a phrase, but it is hardly possible to explain the insertion of a whole phrase not present in the text. What we have in Luke iv 18-19 is an interpretive rendering designed to emphasize a particular point. Furthermore, the way in which the insertion is made is dependent on the LXX text. As Klostermann points out, the insertion is dependent on the catchword ἄφεσις, which occurs in the LXX of both Isa. lviii 6 and lxi 1[48]. However, ἄφεσις is used in these two verses to translate two different Hebrew words[49], and so the same connection is not suggested by the Hebrew. Apart from this it might be possible to suppose that Luke had simply substituted the LXX translation for a different and older version of the Isaiah quotation in his source. However, what we encounter in Luke iv 18-19 is not simply the LXX translation of an earlier quotation but a text which could have been formed only on the basis of the LXX. Furthermore, as we shall see, the peculiar form of this text fits specifically Lukan emphases. Since this is the case, it is very likely that iv 16-21 is a Lukan composition. As pointed out above, these verses could hardly have circulated in the tradition without the Isaiah quotation. But this quotation presupposes the LXX translation and serves specifically Lukan interests. Therefore, iv 16-21 as a whole must be a Lukan composition. This is supported by the evidence of vocabulary and style.

Luke's methods and purpose in constructing this scene at Nazareth can be illumined by comparing it with some of the major scenes in Acts. In Acts xvii we find a major scene with an important sermon

---

[48] Op. cit., p. 63.

[49] Pointed out by A. George, "La prédication inaugurale de Jésus dans la synagogue de Nazareth," Bible et Vie Chrétienne lix (1964), p. 27. George remarks, "Cette insertion s'explique mieux dans le texte grec où elle est appelée par le mot 'liberté' (ce mot

placed at Athens. This is striking because it is clear that Corinth, not Athens, was the center of Paul's work in Greece. However, Athens is a geographical symbol. It represents the height of Greek culture, and the scene which is placed there represents the encounter of the gospel with Greek culture. This means that the Athens scene is not primarily concerned with what happened on a particular day. It typifies a broad historical encounter, presenting this concretely in the form of an ideal scene. This purpose is furthered by placing the sermon of Paul in a setting which evokes what is typically Athenian. The scene at Nazareth has similar features. Nazareth also has a special significance for Luke. It is the place where Jesus grew up and so is the natural beginning point for the geographical development which Luke traces throughout his two volume work. This scene also is not primarily concerned with a particular event on a particular day but with the meaning of Jesus' mission as a whole and its consequences. And the references to the synagogue service show that here also the major pronouncement is given a fitting setting by sketching a scene typical of the place and time. In Acts xiii 13-52 we find another example of the way in which Luke constructs at key points in his narrative ideal scenes which have significance beyond the particular time and place in which they are set. The scene at Antioch of Pisidia is developed at length and is provided with a major speech. The particular location in Antioch is not important for understanding the significance of this speech, but the fact that it takes place in a synagogue of the diaspora is important, for it is clearly a sermon by a Jew to Jews concerning the Jewish hope. The sermon is meant to be typical of the proclamation of the gospel to Jews. Moreover, the event which follows also has typical significance. Following the warning at the end of the sermon (xiii 40-41), Luke reports that the Jews became jealous of the Gentiles and rejected the gospel. Paul and Barnabas replied with the solemn announcement that, in the light of Jewish rejection, they would turn to the Gentiles. The way in which this major scene builds up to a climax in this announcement would seem to indicate that this was a major turning point in the mission. However, in Acts xiv 1 Paul is back in a Jewish synagogue again, and he continues to preach to Jews right to the end of Acts. Since Paul's missionary methods are just the same after Antioch as before, why does Luke place so much emphasis on what took place at Antioch of Pisidia? He does so because this event has typical significance for Paul's mission. This sequence of preaching to the Jews, rejection, and turning to the Gentiles is re-

correspond à deux termes distincts dans l'hébreu et assez différents dans l'araméen). Il faut donc admettre ici un certain travail littéraire de Luc ou de ses sources grecques sur la citation de Jésus."

peated in the chapters which follow, and Acts ends on this same note[50]. The scene at Antioch is not a turning point in Paul's work in the sense that what happens afterward is different than what happened before, and yet it does have a significance beyond Antioch of Pisidia, for what took place there is understood to be typical of what took place again and again in Paul's ministry, in fact, typical of what took place in Paul's ministry as a whole, for the significance of Paul's ministry for Luke is that in it God's plan of turning from the rebellious Jews to the Gentiles is concretely carried out in city after city. In Acts xiii, near the beginning of the section of Acts which traces the missionary work of Paul, Luke places a major scene which interprets the work of Paul as a whole. It should not be surprising that the scene which Luke places at the beginning of the ministry of Jesus also serves to interpret the development which follows it. It does so by announcing that it is not those who are closest to Jesus but others who will benefit from his work, and by establishing the pattern of rejection by Jesus' own people and moving on to others which will be typical of the mission as a whole. It also does so by interpreting the whole mission of Jesus through the Isaiah quotation. The significance of this quotation is not limited to the particular situation in Nazareth. It is the title under which Luke places the whole ministry of Jesus and is to be understood as a summary of Jesus' work and message throughout Luke's gospel. It is characteristic of Luke that he has chosen to interpret these important aspects of the story which he is telling by constructing a major scene at a key point in his narrative[51].

The significance of this quotation of Isa. lxi 1-2 for Luke becomes clear when we see that it expresses themes which are emphasized elsewhere in Luke-Acts. These themes must now be discussed in detail. The reference to the Spirit resting upon Jesus is to be understood in connection with the preceding narrative of Jesus' baptism. Although the descent of the Spirit at Jesus' baptism is related in Matthew and Mark also, it is Luke who brings out most clearly the significance of this event for the following ministry of Jesus. Apart from the genealogy, each of the major sections of material between the baptism of Jesus and the announcement in iv 18 is introduced by a reference to Jesus as the bearer of the Spirit. The first of these references, Luke iv 1, is related to a reference to the Spirit in Mark i 12. However, Mark refers to the Spirit only in connection with Jesus' arrival in the desert. Luke's statement has broader significance, for the reference to Jesus

---

[50] Cf. xviii 5-6, xxviii 17, 23ff.

[51] On Luke's use of dramatic scenes and speeches see Martin Dibelius, Studies in the Acts of the Apostles (London 1956), pp. 109—122, 129—132, 150—165, and Ernst Haenchen, Die Apostelgeschichte (13. Aufl., Göttingen 1961), pp. 93—99.

being led in the desert "in the Spirit" is preceded by the statement that Jesus returned from the Jordan "full of the Holy Spirit." Luke is not content to speak of a manifestation of the Spirit in a particular event. He wishes to emphasize Jesus' continuing endowment with the Spirit. This is made quite clear by the fact that Luke, and Luke alone, refers to Jesus' endowment with the Spirit again after the temptation scene, this time in connection with a general summary of Jesus' work in Galilee (iv 14). Thus Luke makes clear that the descent of the Spirit at Jesus' baptism was the basis of a continuing endowment with the Spirit and so prepares the way for the announcement in iv 18, which relates the Spirit to the whole of Jesus' mission. We can see, then, that the reference to the Spirit in iv 18 is emphasized by Luke's editorial activity in iv 1 and 14. The importance of this for Luke's understanding of the ministry of Jesus is confirmed by the fact that the sermon in Acts which deals most extensively with the ministry of Jesus accompanies its summary of Jesus' activity with the statement that "God anointed him with the Holy Spirit and power" (Acts x 38), a clear echo of Luke iv 18[52].

Apart from Hebr. i 9 (an Old Testament quotation), Luke is the only New Testament writer who refers to the anointing of Jesus. He does so not only at Luke iv 18 and Acts x 38, but also at Acts iv 27. Since Acts iv 27 follows a quotation in iv 25-26 and interprets elements of it, there is probably a connection between the reference to the anointing and the title Χριστός in iv 26. Luke's awareness of the connection between the title Christ and the act of anointing would influence his interpretation of the Isaiah quotation in Luke iv 18. That God had anointed Jesus would mean to Luke that Jesus was the Christ[53].

The phrase εὐαγγελίσασθαι πτωχοῖς also has a significant place within Luke's editorial emphases. The verb εὐαγγελίζομαι occurs only once in Matthew and not at all in Mark, while it occurs ten times in Luke and is frequent in Acts[54]. Especially significant is the fact that Luke chooses to use this word in his editorial summaries of Jesus' activity. He introduces it at iv 43, rewriting the Markan statement. This summary of Jesus' mission is especially important,

[52] The missionary sermons in Acts are in large measure Luke's own composition and reflect his theology, though they make use of certain traditional themes. Cf. Ulrich Wilckens, Die Missionsreden der Apostelgeschichte (2. Aufl., Neukirchen 1963).

[53] It is possible, though not certain, that the absence of any reference to John as the one who baptized Jesus in Luke iii 21-2 is due to Luke's wish to avoid any confusion as to who it was who anointed Jesus. For Luke Jesus was anointed by God, in conformity with Isa. lxi 1. Cf. Wilckens, op. cit., pp. 107—08.

[54] The noun occurs in Matt. and Mark, but not in Luke. The fact that Luke uses εὐαγγελίζομαι rather than adopting Mark's phrase τὸ εὐαγγέλιον κηρύσσειν may be due in part to the influence of Isa. lxi 1.

for it contains clear reminiscences of iv 18 (εὐαγγελίσασθαι, ἀπεστάλην). Εὐαγγελίζομαι is also used to describe the activity of Jesus in editorial summaries at viii 1 and xx 1, and it is applied to the work of the twelve sent out by Jesus at ix 6. In the latter two cases this is clearly due to Luke's changing of the Markan text. In the light of iv 43 and viii 1 the phrase ἡ βασιλεία τοῦ θεοῦ εὐαγγελίζεται in xvi 16 probably also reflects Luke's own way of describing the work of Jesus. Thus it was to "announce good news" or to "announce the good news of the Kingdom" that Jesus was "sent," according to the editorial material of Luke's gospel. This same view is contained in the Isaiah quotation at Luke iv 18. Once again the importance of this for Luke's interpretation of Jesus is supported by the sermon before Cornelius, for Acts x 36 speaks of the word which God sent to Israel, "announcing good news of peace through Jesus Christ."[55] The full significance of this announcing of good news becomes clear in the light of the full quotation in Luke iv 18-19, for this makes clear that it means announcing and bringing the time of salvation.

That it is the "poor" to whom the good news is announced also corresponds to a Lukan emphasis. The special concern of Jesus for the outcasts and poor is rooted in Luke's tradition, but Luke's gospel gives special emphasis to this and to the corresponding condemnation of the proud and rich[56].

The most striking departure of Luke iv 18 from the Old Testament text is the insertion of the phrase from Isa. lviii 6 ἀποστεῖλαι τεθραυσμένους ἐν ἀφέσει. As pointed out above, this is dependent on the catchword connection between ἄφεσις in this phrase and in the phrase κηρῦξαι αἰχμαλώτοις ἄφεσιν in Isa. lxi 1. Thus this insertion serves to emphasize the word ἄφεσις. This insertion can be explained from the special importance which this word had for Luke[57]. The significance of this word for Luke is shown by its important role in the Acts sermons, where it occurs in the phrase ἄφεσις ἁμαρτιῶν[58]. The same phrase occurs in the anticipatory summary of essential themes of Acts at the end of Luke's gospel (xxiv 47). Although Luke is

---

[55] I agree with Hans Conzelmann, Die Apostelgeschichte (Tübingen 1963), p. 64, that εὐαγγελιζόμενος refers here to the work of Jesus, not the apostles. Contrast Haenchen, op. cit., p. 297.

[56] Cf. H. J. Cadbury, The Making of Luke-Acts (New York 1927), pp. 258—263.

[57] The explanation of the omission is not as certain. It is possible that there was no omission, for many texts contain the missing words, with a slight variation from the LXX. However, our best texts do not, and the insertion of the omitted words is easily explained. If the omission is original, it may be due to Luke's desire to move directly from the reference to the sending of Jesus to the phrase κηρῦξαι αἰχμαλώτοις ἄφεσιν, and thereby emphasize this phrase.

[58] Cf. Acts ii 38, v 31, x 43, xiii 38, xxvi 18.

more cautious about introducing his own theological terminology within the body of the gospel itself, his concern with this theme is apparent in his handling of traditional material which relates to it. Luke introduces material not found in the other gospels which emphasizes Jesus' work of forgiveness (vii 36-50, xix 1-10). His introduction to the parables of the lost sheep, lost coin, and prodigal son in xv 1-3 indicates that he understands these parables (probably rightly) as a justification of the mercy shown to sinners by Jesus, and his editorial introduction to Mark's story of the healing of the paralytic (Luke v 17) turns it into a manifestation of Jesus' power of forgiveness before the leaders of all Israel. The Isaiah quotation in iv 18 speaks, of course, of release for "prisoners" and the "oppressed," and does not refer directly to release of sins. However, when these phrases are no longer applied to physical imprisonment, they leave considerable room for interpretation. Luke may well have included Jesus' work of healing in this release of the prisoners[59]. However, in the light of the importance to Luke of the "release of sins," this must be an important aspect of what he had in mind when he chose to emphasize the word ἄφεσις in Luke iv 18[60].

The final phrase in iv 19 sums up the significance of what precedes. The announcement of good news to the poor, of release for captives and the oppressed, of sight for the blind, means the arrival of "the Lord's acceptable year." The context in the quotation makes quite clear that this refers to the time of salvation[61]. The importance of this idea to Luke is made clear by the fact that Luke chooses to end the quotation at this point, even though this is the middle of a sentence in the Old Testament text. Ending at this point makes this reference to the time of salvation the climax of the quotation and avoids the reference to the "day of recompense" which follows, which, since it would call up the negative idea of judgment, would disturb the emphasis which Luke wished to make. For Luke the ministry of Jesus means the coming of the time of salvation. Jesus in his ministry not only announces this time but brings this time through his work, for "release", the gift of sight to the blind, etc., take place through him. He

[59] Cf. the reference to "healing all those oppressed (τοὺς καταδυναστευομένους) by the Devil" in Acts x 38.

[60] Cf. R. Bultmann, T. W. N. T. I, p. 508: "Das Substantiv ἄφεσις heißt fast immer Vergebung ... Auch wo ἄφεσις als Befreiung verstanden is (zweimal Lk 4 18 ...), ist diese als Vergebung wenigstens mitgemeint."

[61] Cf. II Cor. vi 2, where, in a quotation from Isa. xlix 8, καιρὸς δεκτός is in parallelism with ἡμέρα σωτηρίας and then is interpreted by Paul as καιρὸς εὐπρόσδεκτος. On the background of ἐνιαυτὸν ... δεκτόν see Grundmann, T. W. N. T. II, pp. 57—59. Grundmann interprets this phrase as "die von Jahwe erwählte angenehme Zeit, die Heilszeit."

is the one through whom God establishes this time of salvation for men.

It is in the light of this that we should interpret the reference to οἱ λόγοι τῆς χάριτος in iv 22. This verse refers back to the specific statements in iv 18-19 and 21. This connection suggests strongly that οἱ λόγοι τῆς χάριτος refers not simply to the form of Jesus' words or to the impression which they made, but to their content. Jesus, in citing the words of Isaiah, announces God's grace and favor, a point which Luke has emphasized by stopping the quotation before the reference to the "day of recompense." This is quite in keeping with Lukan use of the word χάρις, which is fairly frequent in Luke-Acts[62]. The word does not carry all of the meaning which it has in Paul's letters and is often best translated simply as "favor." There is some variety in Luke's use of the term, and he can refer to the favor of men as well as the favor of God. However, the great majority of the occurrences of this term refer to God's favor, and the closest parallel to Luke iv 22 is the description of the gospel as ὁ λόγος τῆς χάριτος αὐτοῦ (scil. τοῦ κυρίου) (Acts xiv 3, xx 32; cp. xx 24). Not only the message of the apostles but also the message of Jesus in Luke iv 18-19 is quite appropriately described as "words of favor," for in it God's gift of the time of salvation is announced.

The preceding discussion makes clear that the quotation from Isa. lxi in Luke iv 18-19 has great importance to Luke. One of the weaknesses of previous study of Luke iv 16-30, even among scholars interested in Luke's theological interpretation of his material, has been in failing to give sufficient attention to the Isaiah quotation. To be sure, this is clearly pre-Lukan material. However, it is Luke who chose to make this quotation the title under which the whole ministry of Jesus is placed. He did so because it expresses clearly certain important aspects of his own understanding of Jesus and his ministry. It presents Jesus as the one anointed with the Spirit and so commissioned by God to announce and establish the time of God's favor through the preaching of good news to the poor and the proclamation of the time of "release," which includes both Jesus' work of healing and his declaration of God's forgiveness. Even the fact that these ideas are expressed through the announcement of the fulfillment of the Old Testament promise is characteristically Lukan, as we see when we note the great importance which the scheme of promise and fulfillment has in Luke's thought[63]. When these themes are combined with the

---

[62] Eight times in Luke, though it does not occur in Matt. and Mark. Seventeen times in Acts.

[63] Cf. Paul Schubert, "The Structure and Significance of Luke 24," Neutestamentliche Studien für R. Bultmann (Berlin 1954), pp. 165—186.

rejection of Jesus by his own people and his announcement that he has been sent to others, we receive a rather complete summary of Luke's understanding of the meaning of the event of Jesus Christ. At the beginning of Jesus' ministry Luke presents to the reader in one representative scene the meaning which he sees in this whole event, thereby giving the reader the key to understanding what follows.

III. Luke and Early Gospel Tradition

In the light of Luke's intentions and methods, we cannot assess the value of Luke iv 16-30 simply by asking whether these verses accurately reproduce words and events which took place at a particular time at Nazareth. Luke did not intend to simply inform his reader about a particular event at Nazareth. He intended to present to the reader the meaning which he saw in the whole event of Jesus Christ. In fulfilling this intention Luke remains in an important sense a "historian," for he is interpreting the meaning of an event in history. But the validity of his work must be judged not by whether he accurately reports particular events but by whether the meaning of the event of the life, death, and resurrection of Jesus, and the beginning and spread of Christian faith, taken as a whole, is significantly interpreted by this scene at Nazareth. In exploring this issue it is legitimate to ask to what extent Luke has emphasized themes which were already present in the early gospel tradition. This question is not identical with the question of the validity of Luke's interpretation, for it is possible for an insight to be valid even if Luke was the first to discover it. However, it is relevant to the question of validity, for such agreement would indicate that Luke's interpretation was not something artificial or foreign imposed upon the early material, but an elucidation of what, in some form, was already there.

The fact that a cluster of Lukan themes can be found in an Old Testament quotation is an indication of the strong role which tradition played in the development of Luke's theology. We see here not only the influence of Old Testament tradition, but also Luke's dependence on the tradition of the early church, for there is evidence that Isa. lxi already had a place in the tradition concerning Jesus prior to Luke. In Luke vii 18-23, which is Q material, the answer which Jesus gives to John the Baptist, although it is not an Old Testament quotation nor completely formed from Old Testament materials, gains its meaning through recalling the prophecies of the time of salvation in Isaiah. Isa. xxix 18-19 and xxxv 5-6 are among the relevant passages, but the reference to πτωχοὶ εὐαγγελίζονται shows that Isa. lxi 1 is also in mind. Furthermore, there is some likelihood that Isa. lxi 1-2 has influenced Matt. v 3-4[64]. This agreement between Luke and the older tradition in the application of Isa. lxi 1-2 to the work of Jesus is a reflection of the fact that Luke has built his own theological interpretation upon elements in the tradition. This is not surprising in a writer whose interpretation of the apostles shows that he is concerned with the question of authoritative tradition[65]. This does not mean that there are no important differences between Luke's views and those of the earliest church, nor that Luke is content to repeat what has been handed on to him. What we encounter in Luke iv 16-30, and other points in Luke-Acts, is a Lukan theological construction. However, it is a Lukan construction in which Luke picks up and emphasizes certain important aspects of the early tradition concerning Jesus, both preserving and transforming this material. Jesus' answer to John the Baptist, as well as other early synoptic tradition[66], indicates that the early tradition already saw the signs of the arrival of the time of salvation in the words and works of Jesus. Luke makes this view basic to understanding the whole ministry of Jesus[67]. Early gospel material is already concerned with the forgiveness which takes place through Jesus' call of the sinner to share in the Kingdom and with the defense of this offer of mercy to the sinner against critics[68]. Luke makes the forgiveness of sins basic to his understanding of the whole event of Jesus Christ[69].

The significance which Luke attaches to Jesus' ministry through the scene at Nazareth helps to explain several other aspects of his thought. First, Luke iv 16-30 helps to make clear that Luke is aware of the priority of God's grace for man's salvation. The way in which Luke connects forgiveness with repentance seems to indicate that repentance is the condition for forgiveness[70]. However, Luke sets both repentance and forgiveness in the context of the action of God, who through Jesus announces and brings the time of favor, the time of forgiveness. For-

[64] Cf. πτωχοί, πενθοῦντες, παρακληθήσονται.

[65] Cf. Günter Klein, Die Zwölf Apostel, pp. 202—216.

[66] Luke x 23-24 par., Mark ii 18-19a, Luke xi 15-22 par. The present stands over against the past as something new and greater: Luke xi 31-32 par., xvi 16 par.

[67] It is possible that Luke vii 18-23 has directly influenced the development of Luke's scene at Nazareth by suggesting the interpretation of Jesus' ministry which is given there. Note that this pericope not only implies that Jesus' words and works are fulfilling the prophecies of the time of salvation, including Isa. lxi 1, but also ends by referring to the possibility of taking "offense" at Jesus.

[68] This comes out most clearly in some of the parables. Cf. Joachim Jeremias, The Parables of Jesus (Rev. ed., New York 1963), pp. 124—146.

[69] Ulrich Wilckens, "Interpreting Luke-Acts in a Period of Existentialist Theology," Studies in Luke-Acts, ed. L. E. Keck and J. L. Martyn, pp. 65—68, also emphasizes the importance of noting points of contact between Luke's theological reflection and the synoptic tradition which preceded him.

[70] Cf., e. g., Luke xxiv 47, Acts ii 38.

giveness takes place through Jesus or through his name, and is understood as a special opportunity of the time of salvation which Jesus brings. It is in response to Jesus' announcement of the time of God's favor that men may repent and receive forgiveness. This is made clear by placing this announcement at the very beginning of Jesus' ministry. Second, the significance which Luke attaches to Jesus' ministry explains why Luke was content to refer to the death of Jesus without interpreting it as an atoning death or giving it any special connection to the forgiveness of sins[71]. Here also Luke's view is dependent on older tradition, for the interpretation of the death and resurrection in Acts is related to an early tradition which understands these events as the rejection of Jesus by the leaders of Israel and his vindication in the face of his enemies[72]. Luke chose to use this pattern of thought because it fit his concern with the rejection of Jesus, and then of the gospel, by the Jews, and the turning of the church's mission to the Gentiles. But Luke could be content with this negative view of the death of Jesus because the gospel material provided him with an alternate interpretation of the saving significance of Jesus. There was no need to attach the possibility of forgiveness through Jesus to his death because forgiveness through Jesus was already a reality during Jesus' ministry, a fact which emphasis on the connection between forgiveness and Jesus' death might tend to obscure. In interpreting the event of Jesus Christ, the church had to come to terms with the tradition concerning his words and deeds. Paul gave little help in this respect, but Luke made a contribution. Picking up an aspect of the early gospel tradition, he made clear that the death and resurrection of Jesus do not stand alone as the saving event, for the ministry of Jesus was already an encounter between men and the saving God. It is important to keep this in mind in contemporary theological reflection on the question of "atonement." Luke reminds us of it clearly and forcefully through the scene at Nazareth by which he interprets the whole mission of Jesus which follows.

[71] A few verses in Luke-Acts might seem to be exceptions to this statement. However, Luke xxii 19b-20 is doubtful textually and, in any case, comes from the tradition rather than reflecting Luke's own emphasis; Acts viii 32-33 contains a quotation from Isa. liii but there is no reference to the significance of the suffering for others; and the reference to "blood" in Acts xx 28 is probably part of a traditional phrase which Luke thought appropriate to Paul. These verses do not carry much weight in light of the consistently negative interpretation of the death of Jesus in the mission sermons to Jews in Acts.

[72] Cf. U. Wilckens, Die Missionsreden der Apostelgeschichte, pp. 111ff.

Israel im lukanischen Werk und die Nazarethperikope

Von Walther Eltester

(74 Tübingen-Lustnau, Waldeckstraße 23)

Den Freunden H. Bornkamm und H. Rückert zu ihren 70. Geburtstagen

Die Persönlichkeiten der Evangelisten stehen heute in einem Brennpunkt der Evangelienforschung. Weiß man doch seit langem, daß sie nicht schlicht die Tradition aus der Urzeit des Christentums weitergeben, sondern dabei auf den eigenen Standort und auf Gemeindeinteressen weithin Rücksicht nehmen. Noch ist, als sie schrieben, die Tradition dem mündlichen Stadium nicht allzu ferngerückt. So viele Geschichten und Sprüche Jesu schon schriftlich geformt waren, vieles war noch im mündlichen Umlauf, und der Gestaltungskraft der einzelnen Evangelisten waren noch keine engen Grenzen gezogen. Wenn wir nach den Persönlichkeiten der Evangelisten fragen, so müssen wir allerdings auf das eigentlich Biographische so gut wie ganz verzichten. Was darüber zu sagen wäre, ist herzlich wenig. Selbst die Namen Markus, Matthäus und Lukas sind uns nur durch spätere Nachrichten, nicht unmittelbar aus ihren Schriften bekannt. Noch weniger Bestimmtes wissen wir über ihre Heimatorte und über die Abfassungszeiten ihrer Evangelien. Das Zurücktreten des Biographischen bei diesen Autoren hat verschiedene Gründe. Einmal ist es die relative Gleichgültigkeit gegenüber dem Literarischen. Die Evangelisten schrieben nicht Bücher nach den Ansprüchen des hellenistisch-römischen Publikums an die schriftstellerische, auf feste Regeln achtende Kunst eines Autors. Sie schufen eine bis dahin unbekannte literarische Form, das Evangelium, die Verkündigung eines neuen Glaubens. Und das bedeutet zweitens, daß der Autor ganz zurücktritt hinter seinem Stoff, der Botschaft von einem unerhörten Ereignis, der Botschaft davon, daß Gott selbst am Ende der Zeit durch den Mund und die Taten und das Schicksal des Menschen Jesus der Welt ewiges Heil angeboten habe. In den Dienst dieser Botschaft stellen sich die Evangelisten, sie zu verbreiten, ist ihre vornehmste und eigenste Aufgabe. Man begreift, daß demgegenüber alles Persönliche völlig verschwindet. Es scheint ein Widerspruch dazu zu sein, daß soeben doch von Standorten und soziologischen Interessen der Evangelisten gesprochen wurde. Aber er muß hingenommen werden, und er erklärt sich aus der Tatsache, daß es Offenbarung überhaupt und hier in den Evangelien nur in enger Bindung an menschliches Zeugnis, und das heißt in gebrochener Form, gibt. Also bleibt es bei der Frage nach den

Persönlichkeiten der Evangelisten. Aber da das eigentlich Biographische wie gesagt bei ihnen ausfällt, hat sich die neuere Forschung auf die Erkenntnis ihrer theologischen Eigenart konzentriert. Aus der Art, wie sie die Geschichten von Jesus und seine Aussprüche darbieten und miteinander zu einer fortlaufenden Erzählung verflechten, läßt sich doch vieles von ihrer Individualität mit mehr oder minder großer Sicherheit ermitteln. Am ehesten gilt das von Lukas, mit dem sich die folgende Studie beschäftigt. Er ist derjenige unter den Evangelisten, der sich durch einen gepflegteren Stil der zeitgenössischen hellenistischen Literatur am meisten nähert. Und vor allem ist er uns noch durch ein zweites Buch, die Fortsetzung des Evangeliums in der Apostelgeschichte, bekannt. In ihr ist er freier von dem Zwang der Tradition, der sich beim Evangelium wegen der Heiligkeit dieser Überlieferung von Anfang an geltend macht. In der Apostelgeschichte schreibt Lukas die Geschichte der Ausbreitung des Evangeliums von Jerusalem nach Rom, und er schreibt sie in den späteren Partien als *Zeitgenosse*. Mit diesem Stichwort wird freilich schon in der lebhaften Debatte um die Person des Lukas Partei ergriffen. Aber Lukas will sich jedenfalls selbst mit dem Prolog des Evangeliums (Lc 1 1-4) zweifelsfrei unter diejenigen einreihen, die unmittelbar von den »Augenzeugen und Verkündern des Wortes« die Botschaft über Jesus empfangen haben, und deutet im zweiten Teil der Apostelgeschichte durch das hier und da eingeflochtene »wir« bei der Schilderung der Reisen des Paulus an, daß er als dessen Begleiter aufgefaßt werden will. Wie auch immer sein Verhältnis zu Paulus beurteilt werden mag, wir haben in Lukas eine Schlüsselfigur der nachapostolischen Zeit vor uns. Seine Theologie wird heute teils als durchschnittlich beurteilt[1], teils — und mir scheint mit mehr Recht — gilt er, an seiner Wirkung gemessen, als »der größte Theologe des Neuen Testaments, denn er hat die Gemeindefrömmigkeit aller Jahrhunderte wie kaum ein anderer in der Urchristenheit geprägt«[2]. Man wundert sich angesichts dieses Urteils, auch wenn es keineswegs als Lob gemeint ist, daß Lukas in den Darstellungen der neutestamentlichen Theologie nur ein sehr bescheidenes Plätzchen zu erhalten pflegt. In der Tat ist das Bild des Evangelisten so schwankend, sind die Wertungen seiner historischen Leistung und seiner Theologie so gegensätzlich, daß wir noch weit von einem zureichenden Verständnis seiner Person und seiner Ziele entfernt sind. Es ist angesichts dieser Problematik kein Wunder, daß die Flut der Untersuchungen über den dritten Evangelisten entmutigend groß geworden ist. Die Fülle der Anschauungen über seinen Plan in dem Doppelwerk dürfte ihren Grund darin haben, daß er sich offenbar in

[1] H. Conzelmann, Grundriß der Theologie des Neuen Testaments, München 1968, S. 169.

[2] Ernst Käsemann, Der Ruf der Freiheit, Tübingen 1968[4], S. 162.

vielen Facetten bricht. Man hat ihn daher nicht mit Unrecht ein dunkles Geheimnis genannt, von dem man nicht wisse, was der Autor eigentlich sagen wolle[3]. Aber trotz solcher Resignation muß immer wieder der Versuch gemacht werden, hinter das Geheimnis zu kommen, wenn auch auf die Gefahr hin, nicht das ganze Gewebe, sondern nur einen Faden daraus aufzugreifen. Ein solcher Versuch wird hier vorgelegt. Es wird nach der Stellung Israels in den beiden Büchern des Lukas gefragt und von da aus die Bedeutung der Nazarethperikope, der ersten Predigt Jesu im Evangelium nach dem Willen des Lukas, erhoben. Es handelt sich also nicht um die Quellen des Lukas, auch nicht um eine Vorform seines Evangeliums, den sog. Urlukas oder Protolukas; auch wird bei der Apostelgeschichte nicht nach einer etwaigen Neubearbeitung durch den Verfasser oder nach der Verwendung fremder Stoffe, des sogenannten Itinerars oder eines von anderen stammenden Seefahrtsberichts, gefragt. Alle diese Probleme sollen hier beiseite bleiben. Die Untersuchung hält sich an das, was wir in unserem heutigen Texte lesen, natürlich in der Hoffnung, ihn als ein in sich sinnvolles Ganze verstehen zu können. Voraussetzung ist, worin heute die Forschung im großen und ganzen sich einig ist, daß Lukas im Evangelium das Markusevangelium vor sich hat, vielleicht nicht ganz in der heutigen Form; außerdem die Logienquelle, eine direkt nicht mehr erhaltene Größe, die aber auch von Matthäus verwertet wurde, und die uns daher aus dem Zusammenklang zwischen Lukas und Matthäus weithin wiederherstellbar ist. Außer diesen beiden, Markus und Spruchquelle, enthält das Lukasevangelium noch sehr wertvolles, vor allem durch Gleichniserzählungen ausgezeichnetes, Material, sein sogenanntes Sondergut. Es ist keineswegs sicher, daß dieses »Sondergut« aus ein und derselben Quelle stammt. Ebensogut könnte Lukas noch auf mündliche Überlieferung, also auf umlaufende Einzelerzählungen, zurückgegriffen haben.

1. Zu Sprache, Stil und Aufbau des lukanischen Werkes. Es ist Lukas gelungen, aus diesen disparaten Elementen ein geschlossen wirkendes Werk zu machen. »Man kann«, um wiederum E. Käsemann[4] anzuführen, »die Bewunderung diesem Entwurf um so weniger versagen, als das alles mit den einfachen Mitteln der Erzählung festgestellt wird, gleichsam in der ersten Bilderbibel für die Armen und Ungebildeten. Man wird auch nicht vergessen, wie viel Kraft, Mut und Zucht die Christenheit immer wieder aus diesem Bericht geschöpft hat. Alles ist so klar und einleuchtend. Alles ist zugleich so überaus geschickt und kunstvoll: Lukas erzählt dauernd unverlierbar sich einprägende typische Szenen, und er verbindet mit den von ihm gebo-

---

[3] A. C. Winn = Interpretation 13, 1959, S. 144.

[4] A. 2 S. 163f.

tenen Fakten stets vortrefflich psychologische Einfühlung und farbenreiche Kontraste.« So verschieden die ihm vorliegenden Stoffe gewesen sind, der Schriftsteller hat sie zusammengeschmolzen durch seine einheitliche Sprache, ein gehobenes Koine-Griechisch. Lukas handhabt es gelegentlich mit Meisterschaft und zeigt sich hierin als durchaus gebildeter und auch individueller Schriftsteller. Denn er gibt diesem Griechisch eine besondere Färbung, indem er es eng mit dem Wortschatz und dem Kolorit der Septuaginta verbindet[5]. Wenn man will, mag man bei Lukas von ‚Sprache Kanaans' reden. Ohne daß wir die Wirkung auf den zeitgenössischen Griechen noch beurteilen könnten, greift man doch nicht fehl in der Annahme, daß er sich dadurch geheimnisvoll angezogen fühlte oder doch fühlen konnte. Es war für ihn nicht, wie die ‚Sprache Kanaans' für uns, eine veraltete, schal und unwahrhaftig gewordene Ausdrucksweise, sondern im Gegenteil etwas Neues, eine unbekannte, ehrwürdige Vergangenheit mit einem goldenen Heiligenschein Verklärendes. Wir brauchen uns nur an die lukanische Vorgeschichte zu erinnern, jene Geschichten von der Geburt des Täufers und Jesu selbst. Hier besonders dominiert der Septuagintastil. Aber welchen gemütvollen Tiefsinn hat der Schriftsteller mit ihm erreicht! Es ist ihm gelungen, eine *Brücke vom Alten Testament zu den neuen Geschichten* zu schlagen, die er erzählen will. Er zeichnet mit den Legenden um den Priester Zacharias und Elisabeth dort und Maria und Josef den Zimmermann hier das soziale Milieu des künftigen Messias und Weltheilands. Es sind die einfachen, frommen Menschen des galiläischen Berglandes am See Genezareth, fest verwurzelt im

---

[5] Vgl. hierzu besonders H. Sparks, The semitisms of St. Luke's Gospel = Journ. of Theol. Studies 44, 1943, 129 — Sparks hält allerdings die Septuaginta-Anlehnung für eine Beeinträchtigung des lukanischen Stils. Anders urteilt, im Anschluß an A. Wifstrand, Lars Rydbeck, Fachprosa, vermeintliche Volkssprache und Neues Testament, zur Beurteilung der sprachlichen Niveauunterschiede im nachklassischen Griechisch, Uppsala 1967 = Acta Univ. Ups.: Studia Graeca Ups. 5, hier S. 197 Anm. 19. Dieses Buch eröffnet, von einer allerdings schmalen Basis aus, eine neue Sicht auf die Sprache des Neuen Testaments. Es erklärt sie für ein Produkt des allgemeinen Elementarunterrichts und rückt sie damit in die Nähe der Fachschriftsteller der frühen Kaiserzeit, der philosophischen Popularliteratur und der Papyri mit gehobenem Sprachniveau. Sie kann also nicht mehr, wie A. Deißmann es beweisen wollte, mit der einfachen Volkssprache gleichgestellt werden. Allerdings wird man zwischen den einzelnen neutestamentlichen Autoren unterscheiden müssen. Für Lukas werden die Folgerungen Rydbecks zutreffen. Vgl. besonders S. 39ff., 167ff. Im übrigen sei auf den vorzüglichen Abschnitt »Zu Sprache und Stil der Apostelgeschichte« im Kommentar von Ernst Haenchen, Die Apostelgeschichte, Göttingen 1965[5] S. 64—72, hingewiesen. Er verwertet ebenfalls die Forschungen A. Wifstrands und seiner Schule (S. 67 Anm. 3). Im folgenden wird dieser Kommentar, wie auch der von Hans Conzelmann, Die Apostelgeschichte, Tübingen 1963 (= Hdb. z. NT 7) stets vorausgesetzt.

Glauben der Väter und in ehrfürchtiger Verbindung mit dem Zentrum des jüdischen Kultes in der heiligen Stadt Jerusalem[6]. Wir wissen nicht, woher Lukas diese Legendenstoffe genommen hat, woher die eingestreuten Lobgesänge der Maria und des Zacharias stammen. Aber das ist mit Sicherheit zu sagen, daß der Schriftsteller sie fest seiner Darstellung eingegliedert hat und daß sie nicht nur eine dekorative Rolle um den Anfang des Evangeliums spielen. Vielmehr will Lukas mit ihnen dessen engen Zusammenhang mit dem Alten Testament und seinen Verheißungen an das Volk Gottes herausstellen. Eine neuere Untersuchung hat an Lc 2 1-20 (Geburt Jesu in Bethlehem) festgestellt, »daß diese Weihnachtsgeschichte durch und durch lukanisch ist«, also »daß eine geradezu erdrückende Übermacht von Tatsachen hier für die Echtheit des Abschnitts spricht«[7]. Trotz dem übernommenen Stoff

[6] Siehe H. v. Campenhausen (A. 23), S. 48f.: »Die Reinheit und Poesie dieser vergangenen Welt wird mit spürbarer Sympathie gezeichnet«; ferner Josef Vogt, Ecce Ancilla Domini, eine Untersuchung zum sozialen Motiv des antiken Marienbildes = Vig. Christ. 23, 1969, S. 254—263. Zu dem poetischen Stil und dem religiösen Charakter der Hymnen in der Vorgeschichte s. die beiläufige, aber grundlegende Bemerkung von G. v. Rad, Theol. des ATs II, München 1965, S. 354f., sodann Douglas R. Jones, The background and character of the Lucan Psalms, JThSt NS 19, 1968, S. 19—50. Er hält sie für christlicher Herkunft (S. 20. 44) und zwar für judenchristlich aus ältester Zeit (S. 47f.), ursprünglich hebräisch und von einem vorzüglichen Kenner der LXX in deren Diktion übersetzt (S. 48). Inhaltlich erinnern sie, ohne literarische Abhängigkeit, an die Testamente der Zwölf Patriarchen, die Qumranpsalmen und die Psalmen Salomos (S. 43, 48f.). Gedanklich gehen sie über das AT hinaus, da das Heil als bereits in Erfüllung gegangen vorgestellt wird. Sie fußen auf einer hochentwickelten Psalmkunst und stammen aus sehr kultivierten Kreisen. Lukas wird von Jones sowohl als Verfasser wie als Übersetzer ausgeschlossen (S. 48). — Über den theologischen Zusammenhang der 'Vorgeschichte' mit dem ganzen Werk handelt gegenüber H. Conzelmann, der diesen zu sehr vernachlässige, W. Barnes Tatum, The Epoch of Israel: Luke I. II and the theological plan of Luke-Acts, NTS 13, 1966/67, S. 184—195, wobei er eine These von H. H. Oliver, The Lucan birth stories and the purpose of Luke-Acts (ebd. 10, 1963/64, S. 202—226) aufnimmt.

Zu den Arbeiten über die lukanische Vorgeschichte s. im übrigen W. G. Kümmel (A. 8), S. 83; unter ihnen sei hervorgehoben der kritische Überblick von R. McL. Wilson, Some recent Studies in the Lucan Infancy Narratives = Studia Evang. (I) Berlin 1959 (= TU 73), S. 235—253. Beachtlich ist seine Bemerkung S. 251, daß es sich um eine Methodenfrage handle. Der formgeschichtlich Arbeitende, der jeden Abschnitt für sich betrachtet, verfalle leicht auf eine Quellentheorie. Wer dagegen den Zusammenhang gelten lasse, habe keine Schwierigkeit, das Ganze auf Lukas zurückzuführen: er habe es aufgrund überlieferten Materials und von Anklängen an das AT geschaffen. Diese Möglichkeit sollte m. M. n. im Auge behalten werden, auch wenn man bei 'überliefertem Material' an Jones' Theorie denkt.

[7] Robert Morgenthaler, Statistik des ntl. Wortschatzes, Zürich (1958), S. 62f. Zu demselben Ergebnis kommt auch Paul S. Minear, Luke's use of the Birth stories = Studies in Luke-Acts, ed. L. E. Keck and J. Louis Martyn, Nashville (1966), S. 111

ist die Hand des Schriftstellers an bestimmten Partikeln, Verbalformen und Vokabeln durchgehend mit Sicherheit feststellbar. Mit anderen Worten, Lukas hat sich die Mühe gemacht, die Legende seiner Gesamterzählung vollständig einzuverleiben — zu integrieren, wie man heute sagt. Es wird sich im weiteren Verlauf zeigen, daß das nicht ohne tiefere Absicht geschieht.

Nach der Vorgeschichte, die also Sondergut in vollständiger lukanischer Bearbeitung enthält, setzt mit Kap. 3 die eigentliche Geschichtserzählung ein. Hier folgt Lukas der Markusvorlage, allerdings mit erheblichen Erweiterungen. Das Auftreten des Täufers wird berichtet, und hier fällt außer der sogenannten Standespredigt besonders als Eigentümliches unseres Evangelisten auf, daß er, wie er das Jahr der Geburt Jesu nach dem der Schatzung des Augustus datiert, so auch das Jahr des Auftretens des Täufers mit einem mehrfachen Synchronismus der weltlichen und geistlichen Machthaber im Römischen Reich und speziell im vorderen Orient ausstattet. Er sucht also den Anschluß an die Weltgeschichte[8]. Dieses Bestreben läßt sich — weniger auffallend als hier — auch sonst bei ihm beobachten. Nirgends sonst im Neuen Testament als bei Lukas, im Evangelium und in der Apostelgeschichte, begegnen so viele Namen von römischen Kaisern und Beamten, von palästinischen Kleinkönigen und jüdischen Hohenpriestern.

Welches Interesse nimmt Lukas an diesem Brückenschlag in profane Bereiche? Man kann einfach daran denken, daß er den Stil der antiken Geschichtsschreibung übernehmen will. Und so hat ihn, nach und vor vielen anderen, Martin Dibelius, der um die Erforschung der Apostelgeschichte so hochverdiente einstige Heidelberger Gelehrte, im Blick auf die Apostelgeschichte den ersten christlichen Historiker genannt[9]. Er hat dazu aber sofort hinzugefügt, daß Lukas mehr sein

bis 130 (hier S. 112—118). — Daß Lukas in Anlehnung an den LXX-Stil schreibt, ist übrigens die Überzeugung der großen Mehrheit der mit ihm beschäftigten Forscher. Wenn P. Winter unter Hinweis darauf, daß er ältere Dokemente jüdischer Herkunft benutzt haben könne, dagegen protestiert (z. B. Ev.Theol. 17, 1957, S. 403f.), so ist das kein eigentlicher Einwand. Denn auch diese Quellen wären dann abhängig von einem neben und aus dem Biblischen entwickelten Juden-Griechisch. An einen unmittelbaren Zugang des Evangelisten zu hebräischen Texten denkt auch P. Winter nicht (z. B. ZNW 47, 1956, S. 218). Jaques Dupont, mit dessen Aufsatz 'Laòs ex ethnōn' in NTS 3, 1956/57, S. 47—50, Winter sich hier auseinandersetzt, hat darauf in einem Nachtrag in seiner Aufsatzsammlung 'Études sur les Actes des Apôtres', Paris 1967, S. 364f. geantwortet. Siehe auch Chr. Burchard (u. A. 38), S. 111 Anm. 224.

[8] Siehe z. B. Ed. Meyer, Ursprung und Anfänge des Christentums, Stuttgart 1921 (1962), I 46; Rudolf Bultmann, Theol. des NTs, Tübingen 1958[3] (1965[5]), S. 469f.; Werner Georg Kümmel, Einleitung in das NT, Heidelberg, 1964, S. 86.

[9] Martin Dibelius, Aufsätze zur Apostelgeschichte, Göttingen 1951 (1961[4]), S. 108ff. 120ff. Daß es sich hierbei um ein Stilmotiv handelt, betont auch E. Haenchen (A. 5,

will als bloßer Historiker, daß er auch in der Apostelgeschichte Evangelist, Verkünder bleibt wie im Evangelium[10]. Lukas ist im guten Sinne Erbauungsschriftsteller und stellt nur die Mittel der antiken Historiographie in den Dienst seiner Feder. Dazu gehört z. B., daß er in den Reden der Apostelgeschichte von Petrus, von Stephanus, von Paulus den Richtungssinn der Geschichte entwickeln läßt. Daß sich dabei und in der Erzählung eine durchaus supranaturale Geschichtsbetrachtung ergibt, daß also Gott als Lenker der menschlichen Geschicke ständig hervortritt, unterscheidet Lukas noch nicht von den antiken Historikern. Denn auch diese wissen vom Eingreifen der Götter und überirdischen Mächte in einzelnen Momenten des irdischen Geschehens. Aber bei Lukas handelt es sich nicht um solche zufälligen, meist rätselhaften numinosen Ereignisse. Hinter seinem ganzen Werk vom ersten bis zum letzten Buchstaben steht die Überzeugung von einer einheitlichen Lenkung des Weltlaufs nach festem Plan auf sein bestimmtes Ende zu[11]. Diese Überzeugung stammt wiederum aus dem Alten Testament. Gott ist der Schöpfer und er ist insbesondere der Herr Israels als des von ihm erwählten Volkes. Die Geschichte ist Heilsgeschichte, denn Gott wird seine Verheißungen erfüllen: an seinem Volk gewiß, aber als Schöpfer auch an der ganzen Welt.

So ist es keine bloße literarische Äußerlichkeit, wenn Lukas gelegentlich, wie hier mit seinem Synchronismus beim Auftreten des Täufers, an die Weltgeschichte denkt. Das tut er vielmehr ganz bewußt, denn das Christentum ist keine in einem Winkel geschehene Sache (Act 26 26), sondern etwas, das alle angeht. Ein *universaler* Zug geht von Anfang an durch das Werk. Schon über den Hirten in der heiligen Nacht der Geburt singt der Chor der Engel »Friede auf Erden« (Lc 2 14). Auf diesem »auf Erden« als der Entsprechung zu »in der Höhe« liegt ein gewisser Nachdruck. Ihm gegenüber tritt der Erwählungsgedanke »unter den Menschen des Wohlgefallens« zurück, der auch durch die Parallele in v. 10 »alles Volk« sich als nicht betont erweist. Simeon, bei der Darstellung im Tempel, spricht von dem Heil, das Gott im Angesicht aller Völker bereitet hat, ein Licht zur Er-

S. 605) unter Hinweis auf das schöne Buch von E. Auerbach, Mimesis (Bern 1946): »Denn das weltgeschichtlich Bedeutende verlangte als Rahmen die große Gesellschaft, die Welt der Hohen und Mächtigen«.

[10] z. B. S. 118.

[11] Das unterscheidet unseren Autor von der profanen Geschichtsschreibung. Denn in der hellenistisch-römischen Antike erblickt man den Fingerzeig des Göttlichen in den Wundern der Natur, am Sternenhimmel, in den Kultbräuchen gerade fremder Völker und endlich in dunklen literarischen Überlieferungen. »Aber jede Theologisierung der Geschichte fehlt; in der Geschichte erblickt man den Finger des Göttlichen nicht«: H. Dörrie, Spätantike Symbolik und Allegorese = Frühmittelalterliche Studien 3, 1969, S. 1—12, hier S. 8.

leuchtung der Heiden und zur Verherrlichung seines Volkes Israel (2 31f.). Jesu Stammbaum wird nicht wie bei Matthäus auf Abraham, den Erzvater Israels, sondern bis auf Adam, den Stammvater der Menschheit, zurückgeführt (3 38). »Dem entspricht«, ich zitiere Ernst Käsemann[12], »daß Lukas (8 4ff.) nicht ohne tiefen Grund anders als in den anderen Evangelien das Gleichnis vom Säemann isoliert berichtet. Auf diese Weise wird Jesus in seinem gesamten Werk derjenige, welcher den Samen des göttlichen Wortes ausstreut und die christliche *Mission* begründet«. Jesus als Missionar und Vorgänger also seiner Apostel, das klingt zunächst befremdlich. Aber es wird bestätigt durch den Aufbau des Evangeliums im ganzen.

Zwischen den Anfang der Wirksamkeit Jesu in Galiläa (4 14—9 50) und ihr Ende in der Passionsgeschichte (19 28—24 53) ist ein dem Lukas eigentümlicher Abschnitt eingeschoben (9 51—19 27). Es ist der sog. Reisebericht, der uns Jesus auf dem Wege von Galiläa nach Jerusalem schildert. Er unterbricht die Reihenfolge des Markusevangeliums, der Vorlage für die historische Abfolge der Schilderung im allgemeinen. In ihm sind Stoffe lehrhaften Inhalts zusammengearbeitet, die »überwiegend nicht nur bei Markus, sondern auch bei Matthäus ohne Parallele bleiben«[13]. Eingeleitet wird der Reisebericht mit einem besonders feierlichen Satz. Es heißt 9 51: »Es begab sich aber, als sich die Tage vollendeten, daß er in den Himmel emporgehoben werden sollte, da richtete er sein Angesicht nach Jerusalem, um dorthin zu reisen«. Wortwahl und Stil sind wieder dem Judengriechisch nachempfunden[14]. Da Lukas gegen Ende des Reiseberichts den Erzählungsfaden des Markus aufgreift (ab 18 15), ist der Abschluß nicht so markant, aber dadurch gegeben, daß mit dem Einzug in Jerusalem (19 28-40) das geographische Ziel der Reise erreicht ist. Jedoch hat Lukas, wieder in ihm eigentümlicher Weise, das Ende des Reiseberichts theologisch ausgebaut. Er bringt in 19 1-10 aus seinem Sondergut die Zachäusgeschichte, in dessen Haus Jesus trotz dem verachteten Zöllnerberuf des Besitzers einkehrt. Die Quintessenz der Erzählung könnte man in v. 9f. sehen: »Heute geschah diesem Hause Heil, weil auch er ein

[12] E. Käsemann, (A. 2), S. 160f. Vgl. Anm. 13.

[13] Siehe E. Klostermann, Das Lukasevangelium, Tübingen 1929[2] z. St.

[14] Hierzu s. C. F. Evans, The central section of St. Luke's Gospel = Studies in the Gospels, Essays in memory of R. H. Lightfoot, ed. by D. E. Nineham, Oxford 1955, S. 37—53, hier besonders S. 38—41. Auffällig ist der Ausdruck »die Tage seiner Himmelfahrt«. Damit wird die gesamte Passionsgeschichte vom Einzug in Jerusalem bis zur Himmelfahrt zusammengefaßt. 'Ανάλημψις ist nicht biblisch, begegnet aber in der apokalyptischen Literatur des nachbiblischen Judentums und im frühchristlichen Kerygma Petri Frgm. 4 (cf. W. Bauer, W.B.[5] s. v.). Zu Lc 9 51 vgl. auch Paul Schubert, The structure and significance of Luke 24, in Neutest. Studien f. R. Bultmann, Berlin 1954 (1957[2]), S. 165—186 (S. 183ff.) = BZNW 21.

Sohn Abrahams ist. Denn des Menschen Sohn ist gekommen, um das Verlorene zu suchen und zu retten«. An der Szene mit Zachäus scheint Lukas nochmals die Sendung Jesu an Israel und seinen (individuellen) Erfolg dabei unmittelbar vor Eintritt in die Darstellung der Passion hervorheben zu wollen. Im engsten Anschluß, d. h. innerhalb derselben Situation, folgt bei Lukas das Gleichnis von den anvertrauten Talenten 19 11-30, das in anderer Form von Matthäus erst in der eschatologischen Rede Jesu 25 14-30 gebracht wird. Der Anlaß für das Gleichnis war nach der Einleitung bei Lukas die Nähe Jerusalems und das Aufflammen der eschatologischen Hoffnung. Daß die Einleitung von Lukas stammt, will mir als sicher erscheinen, denn sie entspricht der von ihm geschaffenen Situation. Die starke Allegorisierung dürfte dagegen, da sie auch bei Matthäus vorliegt, älter sein. Bei Matthäus geht es um die Parusie und die künftige Belohnung und Strafe. Unter dieser stellt sich Lukas im Rahmen seines Königsgleichnisses ein blutiges Gemetzel unter den Gegnern durch den zurückkehrenden König vor. Sein Gleichnis nimmt ganz offensichtlich auf die jüdische Zeitgeschichte Bezug (Romreise des Archelaus 4 v. C. und seine Rache nach der Rückkehr an der politischen Opposition). Wenn Lukas es unmittelbar vor der Passion Jesu einstellt, so scheint es die Strafe andeuten zu wollen, die Jerusalem treffen soll. Dann hätten wir in diesen beiden den Reisebericht abschließenden Stücken ein doppeltes Urteil des Evangelisten über das Schicksal des Judentums vor uns. Der einzelne, zu den Verlorenen Israels gehörige, aber bußfertige Jude erfährt das Heil wie Zachäus, aber das Volk als solches ist der Knecht, welcher das ihm anvertraute Geld ungenützt ließ, und wird seine Strafe empfangen. Hat das Gleichnis, indem ihm die Farben eines historischen Vorgangs gegeben werden und außerdem die Erinnerung an den Untergang Jerusalems durchscheint, seinen eschatologischen Sinn verloren? Doch wohl kaum, denn der Gedanke an das Jüngste Gericht bleibt der beherrschende. Man sieht es heute gern unter dem Gesichtspunkt der Parusieverzögerung, wozu Lc 19 11 in der Tat Anlaß geben könnte. Aber dieser ist nicht die Hauptsache. Vielmehr handelt es sich, wie die Paarung mit der Zachäusgeschichte, die Stellung vor dem Einzug in Jerusalem und die Heftigkeit von v. 27 zeigen, um den Hinweis darauf, daß das jüdische Schicksal sich noch nicht mit dem Ende seiner politischen Geschichte vollendet hat. Das eigentliche Gericht steht noch bevor[15].

---

[15] Zur Abgrenzung des Reiseberichts und zu ihm überhaupt s. Karl Ludwig Schmidt, Der Rahmen der Geschichte Jesu, Darmstadt 1964 (1919), S. 246—271; Hans Conzelmann, Die Mitte der Zeit, Tübingen 1960[3] (1964[5]) S. 53—66. — Joachim Jeremias, Die Gleichnisse Jesu, Göttingen 1962[6], S. 56. 98f. (Anm. 5) denkt bei Lc 19 11-27 an vorlukanische Fusion des Königsgleichnisses mit dem vom Kaufmann (der wohl

Die Reise selbst bleibt ganz unanschaulich, es erscheinen keine Ortsnamen, nur unbestimmte Dörfer. Auf dem Wege von Galiläa nach Jerusalem müßte Samarien durchquert werden, und in der Tat spielt die erste Geschichte (9 52-55) in einem samaritanischen Dorf. Aber im Verlauf zeigt sich, daß Lukas keine bestimmte Vorstellung von den geographischen Verhältnissen Palästinas besitzt[16]. Obwohl angeblich in Samarien, ist Jesus »doch von demselben Publikum umgeben, von denselben Gegnern gefragt wie in Galiläa. Zumal daß Jesus auch hier von Pharisäern zu Tisch geladen wird und in die Synagoge geht, daß Antipas ihm nachstellt und daß Jesus zum Schluß auch wie bei Markus über Jericho kommt, zeigt, daß Lukas die Fiktion der samaritanischen Reise nicht durchzuführen vermocht hat«[17].

Wenn er trotz diesem sperrigen Stoff den Reisebericht entworfen und in den Markuszusammenhang eingeschoben hat, so muß dahinter eine bestimmte Absicht stehen. Daß hier der Theologe Lukas zu spüren ist, dürfte sicher sein, und es gibt vielfache Versuche, seine Absicht aufzudecken. Nach Hans Conzelmann (S. 57) soll Jesu Leidensbewußtsein als Reise ausgedrückt werden. Nach Werner Georg Kümmel, der Conzelmanns und anderer Deutung des Reiseberichts notiert, dürfen wir folgern: »Der Umfang und die Stellung dieser Komposition vor der eigentlichen Leidensgeschichte verleihen diesem Abschnitt des Wirkens Jesu ein besonderes Gewicht, und so wird schon an dieser formalen Änderung des Markusaufrisses deutlich, daß Lukas die Geschichte Jesu als Vorbereitung der Wirksamkeit der Jünger nach Ostern beschreiben will«[18]. In der Tat trifft das den Kern der Sache. Lukas unterscheidet sich ja darin grundsätzlich von den anderen Evangelisten, daß er seine Darstellung nicht mit Tod und Auferstehung Jesu abschließt, sondern diesen Ereignissen in engem Zusammenhang ein zweites Buch mit der Missionsgeschichte folgen läßt.

2. Heilsgeschichte bei Lukas und ihre Kritiker. Diese Tatsache ist oft, in neuerer Zeit besonders von R. Bultmann und seinen Schülern, als Historisierung des Kerygmas und bedauerlicher Abschied von der

---

ursprünglichen Form bei Matthäus). Vgl. im übrigen E. Klostermann (A. 13) z. St. und Erich Gräßer (A. 19), S. 114—119; 195.

[16] So H. Conzelmann (A. 15) z. B. S. 58, besonders S. 61ff.

[17] Rudolf Bultmann, Gesch. der synopt. Tradition, Göttingen 1931², S. 388 und Ergänzungsheft, 1962², S. 55.

[18] W. G. Kümmel, (A. 4) S. 87. Dieser Auffassung kommt sehr nahe W. C. Robinson, The theological context for interpreting Luke's travel narrative (9 51ff.) = JBL 79, 1960, S. 20—31. In derselben Richtung gehen auch die Beobachtungen von David Gill, Observations on the Lukan travel narrative and some related passages: Harv. Th.R. 63, 1970, S. 199—221. A. George (A. 55), S. 495, Anm. 36 fragt: »Luc veut-il marquer dans le voyage une anticipation de la mission ultérieure ?«

Eschatologie der Urgemeinde hingestellt worden[19]. Man bringt den Umschlag der Stimmung, wie es schon Albert Schweitzer und Martin Werner getan hatten, mit dem Ausbleiben der Parusie und einer sich daraus ergebenden Krise des Urchristentums in Zusammenhang.

An diesem Punkt hat sich seit etwa 1940 eine lebhafte Auseinandersetzung in der neutestamentlichen Forschung, ja in der Theologie überhaupt ergeben. Die Führer der entgegengesetzten Standpunkte sind R. Bultmann und Oscar Cullmann, jener durch sein Programm der Entmythologisierung, dieser mit seinem Buch 'Christus und die Zeit, die urchristliche Zeit- und Geschichtsauffassung', Zürich 1946, das Bultmann unter der Überschrift »Heilsgeschichte und Geschichte« in der ThLZ 73, 1948, Sp. 659—666 ausführlich besprochen hat. Cullmann ging darauf in der 3. Aufl. seines Buches 1962 (besonders S. 9 bis 27) ein und legte in einem neuen Werk 'Heil als Geschichte, heilsgeschichtliche Existenz im Neuen Testament', Tübingen 1965, nochmals seine Auffassung umfassend dar. Nun ist um die historische Ausgangsbasis eigentlich kein Streit und kann es auch nicht sein. Auch Bultmann weiß selbstverständlich, daß der Gedanke der Heilsgeschichte bei den neutestamentlichen Autoren eine Rolle spielt. Er bestreitet nur seine Einheitlichkeit und möchte jedenfalls den johanneischen Schriftenkreis ganz von ihm ausnehmen. Eigentlich träfe die Auffassung Cullmanns nur auf die Apostelgeschichte zu. Bultmanns Anliegen

---

[19] Eine Übersicht über die Debatte, in welche viele Vertreter des Neuen Testaments, auch im Ausland, eingegriffen haben, gibt Erich Gräßer, Das Problem der Parusieverzögerung in den synoptischen Evangelien und in der Apostelgeschichte, Berlin (1956) 1960[2] (= BZNW 22). Gräßer ist Schüler W. G. Kümmels. Dieser nimmt in seiner wichtigen Veröffentlichung 'Verheißung und Erfüllung, Untersuchungen zur eschatologischen Verkündigung Jesu', Zürich (1945) 1956[3], etwa eine Mittelstellung zwischen Cullmann und Bultmann ein, während Gräßer sich Bultmann und besonders Conzelmann nähert, indem er S. 173ff. bei Lukas die eschatologische Naherwartung durch die Heilsgeschichte ersetzt sieht. — Im übrigen s. R. Bultmann, (A. 4) S. 469; H. Conzelmann, (A. 15) S. 87—89 (vgl. ebd. S. 1—11); E. Käsemann, Das Problem des historischen Jesus (1954) = Exeget. Versuche u. Besinnungen I, Göttingen (1960), S. 187—214, hier S. 198; Neutestamentliche Fragen von heute (1957) = ebd. II, 1964, S. 11—31, hier S. 29f. — In sehr viel positiverer Weise würdigt C. K. Barrett (A. 76), obwohl er ein offenes Ohr für das Anliegen besonders von E. Käsemann hat, S. 57f., die Fortsetzung des Evangeliums in einer Apostelgeschichte durch Lukas. Vielleicht ist die Absicht, eine Kirchengeschichte zu schreiben, in Lukas eingetragen; zumindest ist davon bei ihm keine Rede, daß nunmehr ein neuer Abschnitt der Geschichte eingeleitet sei, »whose horizons are indefinitely remote«. Aber daß Lukas in dem 'triumphierenden Abschluß der Geschichte Jesu' den Keim zu einem historischen Prozeß erblickte, dessen fortschreitende Entfaltung er selbst zu einem beträchtlichen Teil miterlebte und darum sich zu seiner Darstellung herausgefordert sah, dürfte den Zusammenhang von Evangelium und Apostelgeschichte in seiner Legitimität richtig erfassen.

richtet sich auf die Frage nach der Bedeutsamkeit der mit der heilsgeschichtlichen Auffassung in Konkurrenz stehenden Eschatologie. Sie sieht er bei Cullmann und seinem Begriff der Zeit als linearer Erstreckung nicht gewahrt. Der im jeweiligen Jetzt des Kerygmas geforderte Entscheidungscharakter des Glaubens werde nicht beachtet, wenn eine *Entwicklung* des Heilsgeschehens angenommen und das Erscheinen Christi lediglich als Epoche in den Lauf der Geschichte eingeordnet werde. Hier setzt das Interesse Bultmanns an einer existentialen Interpretation von Kreuz und Auferstehung ein und bestimmt seine ganze Auffassung des Neuen Testaments, zusammengefaßt in seiner 'Theologie des Neuen Testaments'. Nun ist Cullmanns Betrachtungsweise keineswegs eine einfache chronologische, gewissermaßen die Heilsgeschichte historisch objektivierend. Theologische Bedeutsamkeit erhält sie für ihn durch ihre »Mitte«, d. h. dadurch daß Christus, obgleich in einem bestimmten Zeitpunkt der Geschichte (ihrem kairós) auftretend, doch ihr Ziel (télos) bildet[20]. Die Zeit vor Christus strebt auf ihn hin und die Zeit danach erhält durch ihn ihr Wesen. Die Zeit der Kirche ist also nicht einfach die Zeit nach Christus mit dem Abschluß in der Parusie, sondern sie hat einen dialektischen Charakter. Sie ist die Zeit des 'schon jetzt' und des 'noch nicht' des Heils. Schon jetzt ist Heil, weil Christus schon erschienen ist, aber noch ist es nicht vollendet. Mit dieser Unterscheidung erreicht Cullmann, daß die Zeit der Kirche der Herrschaft Christi unterstellt wird. Die reine horizontal-lineare Erstreckung erhält ihre vertikale Komponente. Auch Cullmann kann in diesem Zusammenhang den Begriff der Entscheidung gebrauchen, verwahrt sich allerdings gegen dessen existential-philosophische Verwendung bei Bultmann[21], obwohl er Berührungspunkte zwischen heilsgeschichtlicher Theologie und Existentialismus sieht[22]. Man beachte dazu auch den Untertitel des Buches. Diese Charakteristik der gegenseitigen Positionen macht doch wohl deutlich, erstens daß es sich um Grenzfragen zwischen historischer und systematischer Theologie handelt, bei denen der eigene Standort der beteiligten Forscher ins Spiel kommt; zweitens daß sich die Gegensätze immerhin anzunähern scheinen; und drittens daß sie jedenfalls ein Gemeinsames an der historischen Basis, d. h. in der exegetischen Erkenntnis von der Verbreitung einer heilsgeschichtlichen Auffassung zumindest in den meisten Schriften des Neuen Testaments haben, was angesichts von deren Abhängigkeit gegenüber dem Alten Testament

---

[20] O. Cullmann, Christus u. die Zeit, 1962³, S. 12ff. 84ff. u. passim.

[21] O. Cullmann, Heil als Geschichte, 1965, S. 103.

[22] ebd. S. 304. Siehe auch U. Wilckens, Interpreting Luke-Acts in a period of existentialist Theologie = Schubert-Festschrift (u. A. 38).

auch nicht gut anders sein kann[23]. Hätten sich von hier aus Brücken zwischen den Standpunkten bauen lassen, von denen auch das Lukasverständnis profitieren konnte, so ist doch die Entwicklung anders gelaufen. In Bultmanns Schule verstärkte sich die Tendenz, den Pluralismus der neutestamentlichen Theologien herauszuarbeiten. Seit Ph. Vielhauers[24] mit Recht stark beachtetem Aufsatz über den Paulinismus der Apostelgeschichte gilt Lukas als eigenständiger Theologe und wird von Paulus weit abgerückt. Das soll auch für die Chronologie zutreffen, denn Versuche, ihn erst im Lauf der ersten Hälfte des zweiten Jahrhunderts unterzubringen, sind gemacht worden: von G. Klein[25] und von J. C. O'Neill[26]. Klein will die Acta in den antignostischen Kampf einordnen und läßt den Paulus von Lukas, um ihn kirchlich erträglich zu machen, stark verfremdet und als Handlanger der Apostel dargestellt werden. O'Neill ist mit seiner leider erst im letzten Kapitel zur Geltung kommenden Auffassung der Acta als einer 'Apologie' im Sinne der Gewinnung des gebildeten Heidentums recht eindrucksvoll: aber warum soll eine solche Propaganda erst im zweiten Jahrhundert möglich sein? Die Datierung zwischen 115 und 130 bei O'Neill (S. 173) beruht auf seinem mißglückten Versuch, aus dem angeblich mangelhaften Verhältnis Justins zur Apostelgeschichte Kapital zu schlagen (S. 28—53)[27].

Während Vielhauer das Mißverhältnis zur Theologie des Paulus bei Lukas herausgestellt hat, widmete H. Conzelmann sein Buch 'Die Mitte der Zeit, Studien zur Theologie des Lukas' dem Ganzen der heilsgeschichtlichen Auffassung in Evangelium und Apostelgeschichte. Dieses Buch erschien 1954—1964 in 5 Auflagen, obwohl es mit seinem wissenschaftlich introvertierten Stil hohe Ansprüche stellt. Der Titel

---

[23] Zur Bedeutung des AT für Lukas s. H. v. Campenhausen, Die Entstehung der christlichen Bibel, Tübingen 1968 S. 152 mit Anm. 97 und die hier zitierten Arbeiten von Paul Schubert, The structure and significance of Luke 24 = Ntl. Studien f. R. Bultmann, 1957², S. 165—186, hier S. 176ff., und von Eduard Lohse, Lukas als Theologe der Heilsgeschichte = Ev.Theol. 14, 1954, S. 256—275, hier S. 261.

[24] Philipp Vielhauer, Zum »Paulinismus« der Apostelgeschichte = Ev.Theol. 1950, S. 1—15, Neudruck in seinen Aufsätzen zum Neuen Testament, München 1965, S. 9—27.

[25] Günter Klein, Die zwölf Apostel, Göttingen 1961.

[26] J. C. O'Neill, The Theology of Acts, London 1961.

[27] Zur Kritik vgl. H. Conzelmann in ThLZ 87, 1962, Sp. 753—755; N. Hyldahl, Philosophie und Chiistentum, Kopenhagen 1966, S. 261ff. Unbegreiflich, daß so gescheite Forscher wie Klein und O'Neill sich solche Fehlurteile leisten. Die Zeit der Acta kann angesichts der Festigkeit der Vorstellung von der konkurrierenden Führungsrolle des Petrus und Paulus in der Übeilieferung, an deren Entstehen unser Buch einen wesentlichen Anteil hat, nicht erst nach 100 angesetzt werden. Nach Clemens v. Rom bezeugt sie Ignatius, dann II. Ptr. usw.

dieses erfolgreichen Buches erinnert — allerdings wohl ohne Absicht, sondern aus der Analyse des lukanischen Werkes abgeleitet — an den Zentralbegriff der 'Mitte' bei Cullmann. Aber sein Verfasser spricht dem lukanischen Zeitbegriff jene dialektische Spannung ab, die das Wesentliche bei Cullmann war. Heilsgeschichte bei Lukas ist das einfache Nacheinander dreier, unter sich deutlich unterschiedener, Heilsperioden, der Zeit des alten Bundes mit Gesetz und Propheten, der Zeit Jesu und der Zeit der Kirche mit der Parusie abschließend. Die Zeit Jesu ist insofern die Mitte der Zeit, als sich in ihr das endgültige Heil im Gottesreich, das als Fernziel nach der Geschichte der Kirche rangiert, vorausdarstellt. In dieser Auffassung der Heilsgeschichte ist die eschatologische Erwartung der Urchristenheit beseitigt zugunsten einer geschichtlichen Sicht, für die das Ende in ungewisser Ferne liegt und die von der Kirche das Sicheinrichten in der Welt verlangt. Daß Conzelmanns Buch eine wesentliche Förderung der Lukasforschung bedeutet, bedarf keiner Bestätigung: die rasche Folge seiner Auflagen, zu denen auch eine Übersetzung ins Englische (1960) getreten ist, beweist es. Auch der Widerspruch, den es erfahren hat, zeigt nur, wie sehr es in die wissenschaftliche Diskussion eingegriffen hat. Sein Dreiperiodenschema steht in einem Brennpunkt der Kritik. Zwar über die Besonderheit der alttestamentlichen Heilszeit herrscht kein Streit. Das Alte Testament als die Bibel des Lukas ist sein wesentliches Beweismittel für Christus. Das Motiv der 'verwirklichten Erfüllung' wird gleich im Prooemium des Evangeliums (1 1) angeschlagen und durchzieht das ganze Werk (Ed. Lohse). So wirkt das alte Geschehen, obwohl als solches abgeschlossen, in die Gegenwart hinein, weil es erst in der Geschichte Jesu seine volle Bedeutung erhält. Dagegen ist die Unterscheidung der zweiten und dritten Heilsperiode (Zeit Jesu und Kirche) bei Lukas weniger deutlich, so daß hier von manchen Kritikern an nur eine einzige von Jesus bis in die lukanische Gegenwart sich erstreckende Epoche gedacht wird[28].

Temperamentvoller und darum mehr die allgemeine Beachtung auf sich ziehend war die Beurteilung, fast möchte man sagen die Verurteilung der lukanischen Theologie durch den schon mehrfach zitierten Ernst Käsemann in verschiedenen Zeitschriftenaufsätzen (s. Anm. 19). Lukas, so heißt es beispielsweise (S. 199), ist der erste christliche Schriftsteller, der die großen Stadien des Heilsplanes nachzuzeichnen und festzuhalten sich bemüht, aber dafür einen hohen Preis

---

[28] Zur Zweiteilung der Heilsgeschichte s. W. G. Kümmel (A. 8) S. 89f.; 112f.; William C. Robinson jr. Der Weg des Herrn, Studien z. Geschichte und Eschatologie im Lukasevgl., Hamburg-Bergedorf 1964, S. 7ff.; Helmut Flender, Heil u. Geschichte i. d. Theologie des Lukas, München 1968, S. 112ff.; S. G. Wilson, Lukan eschatology: NTS 15, 1969/70, S. 330—347; Chr. Burchard (A. 38), S. 182f.

zahlen muß. Jesus wird zum Stifter der christlichen Religion. Das Kreuz ist ein Mißverständnis der Juden, weil sie die alttestamentliche Weissagung nicht begriffen haben. Die Auferstehung ist die danach notwendige Korrektur des menschlichen Versagens durch den Weltenlenker. Die Lehre Jesu entwickelt lediglich eine höhere Moral, und seine Wunder sind in die Welt platzende Mirakel himmlischer Macht und Herrlichkeit. Diese gegenüber einem biblischen Autor provozierende Sprache hat Käsemann die Anklagen der christlichen Laienbewegung 'Kein anderes Evangelium' eingetragen. Aber er spricht sie aus einem echten protestantischen Einsatz für den Paulinismus heraus und er verkennt nicht die große geschichtliche Wirkung des lukanischen Werkes. Kühler und rein historisch, genauer religionsgeschichtlich, geht es bei Helmut Köster mit der Kritik an Lukas zu. Auch er beschäftigt sich in seinem Aufsatz 'Gnōmai diáphoroi'[29] mit 'Ursprung und Wesen der Mannigfaltigkeit in der Geschichte des frühen Christentums'. Auf die umfassende, in den Spuren von Walter Bauers Buch 'Rechtgläubigkeit und Ketzerei' sich mit dem anfänglichen Nebeneinander orthodoxer und häretischer Theologien beschäftigende, gelehrte und konstruktionsfreudige Abhandlung braucht hier nicht weiter eingegangen zu werden. Aber was über Lukas (S. 199) gesagt wird, ruft doch Widerspruch hervor. Der Evangelist wird nicht nur wie üblich von Paulus abgerückt, sondern er wird geradezu auf die Seite seiner Gegner gestellt. Das geschieht, weil er sowohl Jesus selbst wie die Apostel nach dem Schema des 'göttlichen Menschen' schildert: dieses »war noch nie so wirkungsvoll in religiöser Literatur fruchtbar gemacht worden«. Köster nimmt wie Käsemann an den Krafttaten in Worten und Werken, also den Wundern, Anstoß, die Lukas von Jesus und von den Aposteln berichtet, während die Passionsgeschichte dem gegenüber nur noch als Anhang erscheine. Es handle sich wie bei den Korinthern in der Zeit des Paulus um eine Hervorkehrung des pneumatischen Elementes, das auch in der Schriftexegese der Reden der Apostelgeschichte hervortrete. Auch Paulus müsse sich wiederholt vor dem verwunderten damaligen und heutigen Publikum seiner pneumatischen Erlebnisse in der Berufungsvision rühmen. »Es ist kaum daran zu zweifeln, daß Lukas bei all seiner Bewunderung des großen Heidenapostels doch bei den Gegnern des Paulus, und nicht bei Paulus selbst, in die Schule gegangen ist.« Das liest man allerdings mit Verwunderung. Man muß gegenüber diesem Bilde fragen: wäre es nicht billig zu erwägen, daß hellenistische Ein-

---

[29] In ZThK 65, 1968, S. 160—203; englisch schon in Harv.Theol.Rev. 1965, S. 279 bis 318. Vgl. dazu E. Haenchen, Apostelgeschichte 1965[5], S. 80 über das judaistische Paulusbild, das abgeschwächt und unpolemisch im Heidenchristentum nachwirkte.

flüsse dieser Art bei Lukas durch seinen stark betonten Gottesglauben[30] ebenso paralysiert werden, wie nach Köster bei Markus das Bild des göttlichen Wundertäters Jesus durch die Eschatologie, die Geheinnistheorie und durch die Leidensgeschichte?

Oben S. 87f. war von dem heilsgeschichtlichen Zusammenhang mit dem Alten Testament bei den neutestamentlichen Schriftstellern die Rede gewesen. Diese Selbstverständlichkeit scheint aber heute nicht mehr gelten zu sollen. Günter Klein[31] bestreitet Heilsgeschichte als eine mögliche Kategorie sowohl des historischen wie auch des theologischen Denkens. Was seinen von der Existenztheologie her bestimmten Ansatz angeht, so soll dieser hier nicht berührt werden. Wohl aber bleibt gegenüber Klein auf dem historischen Felde die Frage bestehen, ob denn wirklich der Glaube an ein heilsgeschichtliches Handeln Gottes als historisches Phänomen im Alten und im Neuen Testament bestritten werden kann? Soweit ich sehe, wird diese Frage nicht beantwortet, sondern mit einer sehr geistvollen, aber ebenso spitzen Dialektik von der Ebene historischer Forschung auf die der theologischen Bedeutung hinübergespielt. Auf diese Weise glaubt Klein, während er auf alttestamentlichem Felde mit G. v. Rad und H. Gese abrechnet, auch E. Käsemann und seinen neuestens entwickelten Standpunkt[32] »daß man die Bibel im allgemeinen und Paulus im besonderen ohne die heilsgeschichtliche Perspektive nicht begreifen kann«, widerlegen zu können. Demgegenüber dürfte Käsemanns Satz (S. 116) in Kraft bleiben: »Der Streit darüber, ob Paulus eine heilsgeschichtliche Konzeption entfaltet oder nicht, ist für mich kein Problem der paulinischen Theologie, sondern nur ein Muster für die Befangenheit aller Exegese in systematischen Vorurteilen, die wir verringern, aber nie völlig abstreifen können«[33].

E. Käsemann geht in dem zitierten Buch nicht mehr auf das lukanische Geschichtsbild ein, läßt aber auch keine Revision seiner Kritik spüren. Aber er stellt an die heutige Forschung die Forderung, die Antithese 'historisch—eschatologisch' für das Neue Testament auf-

---

[30] Vgl. darüber unten Abschnitt 5. Auf den Anm. 42 zitierten Aufsatz von Siegfr. Schulz sei in diesem Zusammenhang hingewiesen (dort S. 112ff.).

[31] G. Klein, Bibel und Heilsgeschichte, ZNW 62, 1971, S. 1—47, dort S. 29 Anm. 119 seine früheren Äußerungen zum Thema.

[32] Ernst Käsemann, Paulinische Perspektiven, Tübingen 1969, S. 112 u. ö.

[33] Auch Helmut Flender, Heil u. Geschichte i. d. Theologie des Lukas, München 1968 (= Beitr. z. Ev.Theol. 41), behandelt die Frage, ob durch die 'Heilsgeschichte' die Eschatologie bei Lukas abgeschafft werde, und beantwortet sie mit der These, Lukas gehe von einem dialektischen Verständnis der Geschichte aus und lasse die Vergangenheit in die Gegenwart als unmittelbare Anrede hineinsprechen. Zum Thema s. auch E. Earle Ellis, Die Funktion der Eschatologie im Lukasevgl.: ZThK 66, 1969, S. 387—402; Chr. Gestrich, ebd. 68, 1971, S. 90.

zugeben und sie durch ein Verständnis für die Dialektik zu ersetzen, in der neutestamentliche »eschatologische Betrachtung die Historie und das, was sie als solche versteht, übergreift und das Vergangene zu ihrer Tiefe macht« (S. 164f.). Sollte von da aus nicht der Vorwurf gegen Lukas, er historisiere die Eschatologie, eingeschränkt werden müssen? Sollte Käsemann ferner nicht, bei dem starken Gewicht, das er für Paulus auf das Motiv des Kosmokrators Christus und seiner Herrschaft in der Welt legt (S. 178ff.), Verständnis für Gottes universalen Heilsplan bei Lukas und die ständige zielstrebige Führung der Geschichte nach diesem Plan in dem zweiteiligen Werk aufbringen können? Dem Einwand, bei Lukas fehle die Beziehung auf die paulinische Kreuzestheologie und er stehe damit anthropologisch bei einer theologia gloriae, ist mit der Frage zu begegnen: will denn Lukas die 'Großtaten' der Apostel schildern und nicht vielmehr die Gottes (Act 2 11)? Und ist es nicht seine Absicht, den siegreichen Gang des Wortes von Jerusalem nach Rom darzustellen? Ernst Käsemann sollte sich trotz seinem Protest (Exeget. Versuche ... II, 1964, S. 112 Anm. 6) zu einer geschichtlichen Gesamtdarstellung des Urchristentums entschließen. Es würde vieles verständlicher und übersichtlicher, was jetzt an historischen Beobachtungen wie glänzender Firnschnee aus dem systematischen Hochgebirge leuchtet, wenn es im Zusammenhange vorgetragen würde.

Am Ende dieses Überblicks über die durch Lukas ausgelöste Diskussion sei noch der Kirchenhistoriker H. v. Campenhausen angeführt[34]. Ohne sich auf eine grundsätzliche Diskussion über Recht oder Unrecht der Heilsgeschichte einlassen zu wollen, hält der Verfasser eine gewisse heilsgeschichtliche Orientierung aller christlichen Theologie für unbestreitbar. Aber wegen des tiefen Bruchs, der das Christentum vom zeitgeschichtlichen Judentum trennte, ist nach ihm »das Vorhandensein des späteren biblischen Bilds der Heilsgeschichte von Anfang an« in der Kirche keine Selbstverständlichkeit. »Es mußte den alten Texten vielmehr mühsam abgerungen und Schritt vor Schritt neu errichtet werden« (S. 190). Diese Entwicklung schildert die wichtige Studie bis zu ihrem Höhepunkt bei Irenäus.

Auf der Ebene historischer Besinnung versuchen sich auch die folgenden Einwendungen gegen das Lukasbild bei Käsemann als das für die Bultmannschule repräsentative. Sie wollen an das anknüpfen, was schon W. C. van Unnik gegen Käsemann vorgetragen hat[35]. Wenn

---

[34] H. v. Campenhausen, Die Entstehung der Heilsgeschichte: Der Aufbau des christlichen Geschichtsbildes in der Theologie des ersten und zweiten Jahrhunderts = Saeculum 21, 1970, S. 189—212.

[35] The 'Book of Acts' the confirmation of the Gospel = Nov. Test. 4, 1960, S. 26—59. Vgl. zu den obigen Fragen E. Käsemann selbst in Exeg. Versuche ... II, 1964, S. 239—252 (Paulus und der Frühkatholizismus), bes. S. 245 u. 249. Die Tonlage

er sich unter anderm gegen die Entwertung der Eschatologie bei Lukas wendet (S. 45f.), so muß in der Tat jeder Widerspruch hier einsetzen. Man kann einem Schriftsteller etwa im vorletzten Jahrzehnt des ersten Jahrhunderts nicht abverlangen, daß er noch bei der Naherwartung der Urgemeinde oder des Paulus steht. Dieses Zeitalter war durch den tiefen Graben des jüdischen Krieges von der lukanischen Gegenwart geschieden. Der Untergang Jerusalems und die Zerstörung des Tempels bedeuten einen entscheidenden Einschnitt. Denn etwaige Erwartungen, daß mit diesen Ereignissen das Weltende und die Parusie des Herrn verbunden seien, waren enttäuscht worden. Das hatte vor allem eine wesentliche Schwächung des Judenchristentums mit seinem Kern in der Urgemeinde in Jerusalem zur Folge. Das Christentum rekrutierte sich fortan aus der jüdischen Diaspora und vor allem aus dem Heidentum. Zwar besitzen wir aus dieser Zeit nach 70 in der nach Johannes benannten Apokalypse im neutestamentlichen Kanon noch ein Zeugnis für das Fortbestehen oder Wiederaufflammen einer eschatologischen Hochstimmung. Aber die Apokalypse stellt ihrerseits einen Sonderfall dar und kann uns nicht den Maßstab für die geistige Lage des Christentums am Ende des Jahrhunderts liefern.

3. Lukas in seiner Zeit. Lukas hat ein Recht darauf, nach seiner eigenen zeitlichen Situation beurteilt zu werden[36]. Und in dieser Hin-

---

in der Beurteilung des Lukas sticht hier merklich von den früher zitierten Äußerungen ab.

[36] Vgl. hierzu H. J. Cadbury am Schluß seines klassischen Buches The Making of Luke-Acts (1927), London 1958², S. 368: »The main effect of our method of study upon the question of historicity will be, however, nether to verify nor to correct the data recorded in these volumes, but to give reality, interest and attention to the later stage of history which the making of Luke-Acts represents. Instead of trying to conceal our real ignorance with plausible speculation, *obscurum per obscurius*, we shall turn our minds from the hidden underlying facts to the more accessible fact of the creation of this significant literary production. That fact itself — the making of Luke-Acts — by its concreteness, its verifiable fitness to its historical setting, and its irrefutable revelation of its author's mind, times and heart can lend to our study of Scripture an element of historical certainty and human interest, which the more controversial and debatable subjects of date, authorship, inspiration, orthodoxy and accuracy do not permit.« — Natürlich wird die Notwendigkeit, Lukas an seiner Zeit zu messen, auch von seinen Kritikern gesehen. Ich zitiere als letztes Beispiel dafür wieder G. Klein, (A. 31) S. 16: »Wer die vielfältigen Ausprägungen urchristlichen Selbstverständnisses objektivierend nebeneinander aufreiht und dann — mit Betroffenheit oder Entdeckerstolz — feststellt, wie wenig sie sich gleichen, verkennt einfach die Geschichtlichkeit der Verkündigung, d. h. den ihr wie jeder Form von Kommunikation durch ihre unentrinnbare Teilhabe an der objektiven Situation auferlegten Zwang, jener wie dem davon nicht minder bedingten Bewußtseinszustand der jeweiligen Kommunikationspartner angemessen zu entsprechen. *Insofern* besagen noch die markantesten Differenzen z. B. zwischen

sicht entspricht er genau dem, was wir von ihm erwarten müssen. Im Prolog seines Evangeliums (1 1-4) charakterisiert er seinen eigenen Abstand von den von ihm geschilderten Ereignissen. Er unterscheidet hier den schriftlichen Bericht »vieler« vor ihm von der Überlieferung durch die »Augenzeugen und Diener des Wortes«, auf die jene sich stützen und die auch er sorgfältig verwerten will. Er weiß also, außer seinen schriftlichen Quellen, d. h. dem Markusevangelium und der Spruchquelle, noch von der mündlichen Überlieferung. Wenn man will, sind hier drei Generationen genannt (obwohl der Begriff Generation sehr relativ ist und daher über die Zeitabstände nicht viel aussagt): die Augenzeugen, die vielen und Lukas selbst. Aber das zeitliche Verhältnis zu den 'vielen', die geschrieben haben, muß nicht den Abstand von einer Generation zur anderen meinen. Lukas schreibt zwar nach diesen, aber indem er selbst sich auf die Augenzeugen beruft, stellt er sich den vielen gleich. Man kann ihn also ebensogut der zweiten Generation zurechnen. Die Augenzeugen sind für ihn die Apostel, die als Diener des Wortes seine Ausbreitung, die Mission, betrieben haben. Sie sind für Lukas eine feste Gruppe, weil sie von Anfang an, d. h. von der Taufe des Johannes an, Jesus begleitet haben und Zeugen seiner Auferstehung waren[37]. H. Conzelmann hat in sehr beachtlichen Ausführungen auf den fast literarisch gewordenen Topos der »dritten Generation« innerhalb der Traditionskette hingewiesen[38]. Noch Papias

---

Paulus und Lukas [Hinweis i. d. Anm. auf den oben Anm. 24 zitierten Aufsatz von Ph. Vielhauer] nicht das geringste: Beide lebten zu völlig verschiedener Zeit an verschiedenem Ort und sahen sich samt ihren Gemeinden gänzlich verschiedenen Problemlagen konfrontiert«. — Bei dem Streit um die zeitliche Einordnung des Lukas und insbesondere um sein Verhältnis zu Paulus muß man sich vergegenwärtigen, daß der Spielraum hier verhältnismäßig eng ist. Auch diejenigen, die in Lukas nicht den Reisebegleiter des Paulus sehen können, rechnen ihn doch seiner Schule zu; so z. B. H. Conzelmann, Geschichte des Urchristentums, Göttingen 1969 S. 97; Ernst Käsemann, Paulus u. der Frühkatholizismus (1963) = Exeg. Versuche ... II (1964), S. 239—252, hier S. 242. Anders in Neutest. Fragen von heute (1957) = ebd. S. 29.

[37] Lc 1 2 Act 1 3. 22 10 41 13 31.

[38] In seinem Beitrag 'Luke's place in the Development of Early Christianity' zur Festschrift Paul Schuberts Studies in Luke-Acts, ed. L. E. Keck — J. L. Martyn, Nashville (1966), S. 293—316 (hier S. 305f.); The First Christian Century as Christian History, in: The Bible in Modern Scholarship, ed. J. Phil. Hyatt, Nashville (1965), S. 217—226 (hier: S. 225); auch in: Grundriß der Theol. des Neuen Testaments, München 1968, S. 319, und in: Gesch. d. Urchristentums, Göttingen 1969, S. 101. Anders H. v. Campenhausen (A. 23), S. 47: »Lukas ein Heidenchrist der zweiten Generation«. W. G. Kümmel (A. 8) S. 77: »Aus all dem ergibt sich, daß Lukas sich als Mann der zweiten Generation der Überlieferung weiß«. Conzelmann meint, das Selbstverständnis des Lukas als dritte Generation aus dem Umstand ableiten zu können, daß er Paulus als Zwischenglied zwischen den Aposteln und den Späteren ansieht. Ähnlich E. Käsemann, Amt u. Gemeinde im NT. (1949) = Exeg. Versuche

und Irenäus rechnen sich in der Mitte und gegen Ende des zweiten Jahrhunderts dazu. Aber damit ist nicht gesagt, daß bereits bei Lukas diese Vorstellung vorliegt. Er steht den Geschehnissen über den ganzen von ihm behandelten Zeitraum von Jesu Anfängen bis zu Paulus in Rom noch so nahe, daß er von ihnen als von den »unter uns (gemäß der alttestamentlichen Verheißung) in Erfüllung gegangenen Ereignissen« sprechen kann. Besonders gilt diese Nähe für sein Verhältnis zu Paulus; jedenfalls will der Verfasser es in diesem Lichte erscheinen lassen. Ob nun das berühmte »wir« in der Apostelgeschichte[39] auf eine Quelle, auf ein eigenes Itinerar oder das eines anderen oder im Falle des Seefahrtsberichts (27 1—28 16) auf eine literarische Vorlage zurückgeht, der Verfasser wollte jedenfalls damit andeuten, daß er in dem Paulus betreffenden zweiten Teil der Apostelgeschichte als unmittelbarer Zeitgenosse erzählt. »Daß Lukas für die 'unter uns' geschehenen Ereignisse teilweise selbst noch als Zeuge in Betracht kommt, wird nicht gesagt, aber zu gegebener Zeit im Text angedeutet« urteilt mit Recht Hans von Campenhausen[40].

4. *'Frühkatholizismus' als Sicherung der Tradition.* So also reiht sich Lukas selbst zeitlich als Glied in die Berichterstattung ein, und es liegt kein Anlaß vor, ihm seinen Platz im 8. oder 9. Jahrzehnt des ersten Jahrhunderts streitig zu machen. In dieser Zeit aber haben sich die äußeren und inneren Verhältnisse des Christentums bereits erheblich gewandelt. Ernst Käsemann hat den Begriff des Frühkatholizismus

... I (1960), S. 109—134; hier S. 131f. Dagegen jetzt ausführlich Christoph Burchard, Der dreizehnte Zeuge, traditions- und kompositionsgeschichtliche Untersuchungen zu Lukas' Darstellung der Frühzeit des Paulus, Göttingen 1970, der überzeugend die zeitliche und rangmäßige Gleichordnung des Paulus mit den Aposteln bei Lukas nachweist: bes. S. 173—183.

[39] Act 16 10-17 20 5-15 21 1-18 27 1 28 16: Die 'Wir-Stücke' nach W. G. Kümmel (A. 8), S. 116, der mit Recht das »Wir« des »westlichen« Textes in 11 28 S. 115 ablehnt.

[40] Siehe A. 23, S. 148f. Auch Jaques Dupont, Les sources de Livre des Actes (1960), S. 160, denkt so, der S. 99 ältere Vertreter dieser Meinung aufzählt. Ich halte sie weder durch E. Haenchen (zuletzt 'Acta 27' in: Zeit u. Geschichte, Dankesgabe an Rud. Bultmann, Tübingen 1964, S. 235—254), noch durch H. Conzelmann für wirklich widerlegt. Bei ihnen spielt als Gegenzeuge eine wichtige Rolle A. D. Nock und seine Anzeige von M. Dibelius, Aufsätze z. Apostelgeschichte in 'Gnomon', 25, 1953, S. 497—506. Aber dieser kritisiert lediglich die Folgerungen, die Dibelius aus der Widmung des lukanischen Werkes an Theophilus für die Verbreitung auf dem Büchermarkt zieht. Dagegen ist auch für ihn, im Unterschied zu Dibelius, das 'wir' eine Stütze für die Verfasserschaft des Lukas (S. 502f.). — In diesem Zusammenhang ist auch eine Bemerkung interessant, die H. v. Campenhausen, Latein. Kirchenväter, 1960 (Urbanbücher Nr. 50), S. 214 zu Possidius' Vita Augustini macht: »doch wird in dem ganzen Buch nicht eine theologische Frage als solche zur Sprache gebracht. Es ist lehrreich, daß man Augustin aus nächster Nähe so sehen und schildern konnte«.

für sie und speziell für Lukas in der heutigen Debatte virulent gemacht[41]. Man mag an ihm herumkorrigieren, er kennzeichnet doch das neu in die Entwicklung eintretende Element, den Wunsch nach Bewahrung und Festigung der Tradition. Dafür ist Lukas selbst der beste Beweis mit seiner Theorie von den apostolischen Augenzeugen und Dienern des Worts. Sie waren von Anfang an dabei, haben Jesu Taten gesehen und seine Worte gehört, ja, was das Wichtigste ist, sie werden nach seiner Auferstehung von Jesus selbst über den Zusammenhang von alter und neuer Offenbarung unterrichtet. So geschieht es schon am Ende des Evangeliums mit den beiden Jüngern auf dem Gang nach Emmaus (24 25-27) und mit allen Aposteln in ihrem Versammlungsraum in Jerusalem (24 44-48). Aber da in diesem Zusammenhang bei Lukas sich Jesus noch am Tage der Auferstehung, also Ostersonntag, durch die Himmelfahrt von den Jüngern zu trennen scheint, bringt die Apostelgeschichte gleich am Anfang eine wichtige Ergänzung. Über die Annahme, hier liege ein Widerspruch vor und müsse ein Redaktor hineinkorrigiert haben, sind wir hoffentlich heute hinaus. Jesus also, so erklärt Lukas in der Apostelgeschichte, sei den Aposteln nach seinem Leiden unter vielfachen Beweisen seines Lebendigseins durch 40 Tage erschienen und habe über das Reich Gottes gesprochen. Damit genügt der Verfasser dem Wunsche, den Unterricht der Apostel so lange auszudehnen, daß die Tradition ihnen vom Auferstandenen übergeben und gegen Mißverständnisse geschützt werden kann[41a].

Wir kennen noch einen anderen christlichen Autor mit demselben Interesse für die Sicherung der Tradition, den wir glücklicherweise genau datieren können und der uns daher als Zeuge für den geistigen Gehalt der Zeit des Lukas dienen kann. Ich meine den Verfasser des 1. Clemensbriefes. Er schreibt um 96 in Rom:

»Die Apostel erhielten vom Herrn Jesus Christus das Evangelium, Jesus der Christus wurde von Gott gesandt. Der Christus also von Gott und die Apostel von dem Christus. Beides also geschah in voller Ordnung aus dem Willen Gottes. Nachdem sie nun ihre Aufträge in Empfang genommen hatten und durch die Auferstehung unseres Herrn Jesus Christus volle Gewißheit erhalten hatten und mit dem Wort Gottes betraut worden waren, zogen sie voll ausgerüstet mit dem heiligen Geist mit der Botschaft hinaus, das Reich Gottes werde kommen. In Ländern und Städten predigend, setzten sie nach Prüfung durch den Geist ihre Erstbekehrten zu Bischöfen und Diakonen der künftigen Gläubigen ein« (c. 42).

---

[41] In den Anm. 19 erwähnten beiden Aufsatzbänden passim, z. B. I 132. 199; II 139ff. Aber auch andere Bultmannschüler reden bei Lukas von Frühkatholizismus, z.B. Ph. Vielhauer, W. Marxsen, G. Klein. Anders H. Conzelmann, Grundriß (A. 38), S. 169; auch: Mitte d. Zeit (A. 15), S. 204f.

[41a] J. Roloff, Apostolat usw., Gütersloh 1965, 192—196, sieht ansprechend wegen der 40 Tage eine typologische Gegenüberstellung zur Berufung Moses. Auf diese weist auch Clemens im Anschluß an das gleich anzuführende Zitat hin: 43, 1.

Gott, Christus, die Apostel, die kirchlichen Amtsträger, so lautet die Traditionskette in dieser berühmten Stelle, die einst Rudolf Sohm für den Quellort des Kirchenrechts in der vorher ohne Amtsgewalt nur von dem Liebesgebot geleiteten Kirche erklärt hatte. In der Tat geht der Verfasser des Clemensbriefes noch einen Schritt weiter als Lukas. Denn dieser hat den Sukzessionsgedanken, die apostolische Nachfolge der Bischöfe, noch nicht. Aber das Bedürfnis nach Sicherung der Tradition ist hier wie dort unverkennbar dasselbe. Die Gleichrangigkeit zwischen dem Autor des ersten Clemensbriefes und Lukas kommt übrigens auch darin zum Ausdruck, daß beide beim Gebrauch von »Christus« zwischen Apellativum und Eigennamen noch schwanken. Auch zeigt sich im ganzen Clemensbrief, daß der Verfasser zwar paulinische Formeln geläufiger als Lukas aufnimmt — er zitiert sogar aus zwei Briefen des Paulus —, aber wie dieser sie nicht verständnisvoll mit seiner Theologie verbinden kann. An unserer Stelle tritt das daran hervor, daß die apostolische Predigt in der Sprache der synoptischen Evangelien das Kommen des Reiches Gottes zum Inhalt hat, nicht aber paulinisch den gekreuzigten Christus. Trotz der scheinbar eschatologischen Aussage ist aber der Autor im Blick auf Dauer um die Begründung der kirchlichen Organisation (mit einem von ihm zurechtgemachten Zitat aus Jesaja) bemüht und ähnelt auch darin unserem Lukas und seinem Apostelbegriff.

Beginn eines kirchlichen Ordnungsdenkens also schon bei Lukas! Aber man kann bei ihm noch nicht von der Umwandlung der Kirche in eine rechtliche Institution sprechen. Die Sicherung der Überlieferung über Jesus kurz vor der Zeit, wo sie zu zerfließen drohte, war sein Anliegen und zugleich sein Verdienst.

5. *Der Glaube an Gott als Lenker der Geschichte.* Die Übereinstimmung der theologischen Haltung zwischen Lukas und Clemens geht aber noch tiefer. Man kann beide als Theologen des ersten Artikels, des Glaubens an Gott den Schöpfer, bezeichnen. Vom Autor des ersten Clemensbriefes braucht das hier nicht ausgeführt zu werden. Ich erinnere nur an seine Charakteristik durch A. v. Harnack: »Der stärkste Eindruck, den man aus dem Brief erhält, ist der, daß die neue Religion in erster Linie keine kultische, auch keine enthusiastische, noch weniger eine gnostische oder spekulativ-mysteriöse, sondern eine sittliche Bewegung gewesen ist, eine sittliche Bewegung auf dem Grunde des mit höchstem Ernst und höchster Lebendigkeit empfundenen Monotheismus, oder besser: auf dem Grunde der Wirklichkeit Gottes«[42]. Lukas

[42] A. v. Harnack, Einführung i. d. alte Kirchengeschichte, Leipzig 1929, S. 58. Zum folg. Vergleich mit Vergil s. E. Haenchen (A. 5), S. 96 Anm. 1. Die Herrschaft eines Gott in seiner Majestät begreifenden Glaubens bei Lukas betont auch Siegfried Schulz, Gottes Vorsehung bei Lukas, ZNW 54, 1963, S. 104—116. Lukas stehe in der Nähe des antiken Ananke-Fatum-Denkens, nicht bei der alttestamentlichen Erwählungs-

müht sich im ganzen Verlauf seines Doppelwerkes darum, Gott als den Lenker der Geschichte darzustellen. Das Schicksal Jesu steht ganz unter dem Δεῖ, dem im allmächtigen göttlichen Willen begründeten Müssen seines Ganges in die Passion, dem seine Erhöhung in die himmlische Glorie folgt. Diese Notwendigkeit liegt in dem beschlossenen göttlichen Plan begründet, und diesen wieder kennen wir aus den prophetischen Ankündigungen des Alten Testaments. Die »subordinatianische«, andere sagen »adoptianische«, Christologie des Lukas hängt in seinen beiden Büchern mit dieser Betonung des zum Heile der Menschheit handelnden Gottes zusammen. Aber diese — viel späteren Phasen der Dogmengeschichte angehörigen — Begriffe sollten von Lukas ferngehalten werden. Ihm genügt es, Jesus Christus mit dem im Alten Testament Gott vorbehaltenen Kyrios-Titel auszuzeichnen und ihn Sohn Gottes zu nennen. Probleme für den Monotheismus entstehen dadurch für ihn nicht. Der Glaube an den Herrn Jesus Christus und an den Heiligen Geist bringt für ihn keine zusätzlichen Lehrinhalte. Alles ist zusammengeschlossen in der gewissen Überzeugung von der Kundmachung des Heilswillens und der Macht Gottes in Jesu Leben, Tod und Auferstehung.

Auch im zweiten Teil seines Werkes, der Apostelgeschichte, handelt nach Lukas Gott allein, sei es dadurch, daß Jesus oder der Geist den Aposteln und dem Paulus in Traumgesichten Befehle erteilen, oder durch unmittelbare Eingriffe. Als einen solchen muß man das Aufgebot an Engelserscheinungen und ekstatischen Zuständen bei der Bekehrung des römischen Hauptmanns Cornelius durch Petrus empfinden. Lukas braucht anderthalb Kapitel dazu, um die verwickelten Begebnisse mit den dazugehörigen sich wiederholenden Berichten der beteiligten Personen zu erzählen. Dieses Aufgebot unterstreicht die Bedeutung der Vorgänge. Denn nichts Geringeres haben sie zum Inhalt als die Begründung der Heidenmission. Die Scheidung zwischen Juden und Heiden durch das mosaische Reinheitsgesetz wird nunmehr durch göttlichen Befehl aufgehoben, die alte Offenbarung also widerrufen. Auch die Länge des Seefahrtsberichtes (Kap. 27 u. 28) erklärt sich aus dem Wunsch des Lukas, an den Nöten der Seefahrer zu zeigen, daß Paulus unter göttlichem Schutz steht und trotz allen Widerständen auch der Natur nach Rom gelangt. Fast ist man versucht, Vergil

---

vorstellung, die mit der freien Gebotserfüllung auf der Seite des Menschen, also einem Partnerverhältnis, korrespondiere. Auch Schulz (S. 112) kann, wie oben im Text (S. 98f.), vergleichsweise Vergil heranziehen: »Darum konnte Vergil in klassischer Weise das römische Schicksal mit seiner vorsehungsgeschichtlichen Erfüllung im Augusteischen Zeitalter als die damalige weltgeschichtliche Entelechie begreifen.« — Daß Lukas in seinen christologischen Aussagen von theozentrischen Formulierungen ausgeht, zeigt gut Gerhard Lohfink, Christologie u. Geschichtsbild in Apg 3, 19—21: Bibl. Zeitschr. NF. 13, 1969, S. 223—241 (besonders S. 234). Auch K.H.

abzuwandeln und zu sagen: Tantae molis erat, Christianum condere orbem. Diese Erinnerung an den Sänger des zum Weltherrscher emporsteigenden Römertums, das wie das Christentum eine im Dämmer der Vorzeit verschwimmende Urgeschichte hat, mag wie eine Profanierung erscheinen. Aber Lukas läßt uns in der Tat an solche Parallele denken. Mag er sich damit der modernen Kritik aussetzen, er vertrete eine Theologia gloriae: Bei ihm herrscht wie bei dem Römer Siegesstimmung, begründet auf die Zuversicht in die Lenkung der Geschichte durch die überirdische Macht. Das sei an zwei Beispielen verdeutlicht.

Am Schluß der vorausdeutend Jesu Weg symbolisierenden Nazareth-Szene läßt Lukas die Bürger von Jesu Heimatort ihn nach seiner Predigt vor das Dorf auf eine Felsenklippe zerren, um ihn von dort hinabzustürzen. Dann heißt es: »Er aber ging mitten durch sie hindurch seines Weges« (Lc 4 30). Soll hier ein Wunder geschildert werden, die Behütung des Herrn mitten in einer aufgebrachten Volksmenge? Lukas wäre es angesichts seiner Fähigkeit, Berichte in Handlungen umzusetzen[43], ein Leichtes gewesen, den tumultuarischen Vorgang anschaulich zu erzählen. Er verzichtet aber darauf, weil er eine Idee ausdrücken will: Die Vorstellung von dem unaufhaltsamen Weg des göttlichen Wortes. Es kommt nicht auf den einzelnen Vorgang an, den Lukas im übrigen ohne Parallele bei Markus und Matthäus eingeführt, also wohl frei erfunden hat. Es kommt auf das Typische an, das mit ihm ausgedrückt werden soll.

Ebenso endet die Apostelgeschichte nicht mit dem Tode des Paulus. Und doch weiß der Leser spätestens seit seiner Abschiedsrede in Milet (20 17-38), daß der große Heidenmissionar sich mit seiner Jerusalemreise in tödliche Gefahr begibt. Vielfältige Hinweise unterstreichen das noch, so z. B. die symbolische Handlung des Propheten Agabus in Cäsarea (21 11). Die weitere Geschichte, die Gefangennahme des Paulus, die Gerichtsszenen mit ihrem mannigfachen Wechsel, das unheildrohende, von Haß überquellende Verhalten der Jerusalemer Bevölkerung, schließlich die Seereise mit Schiffbruch, Errettung und erneuter Lebensgefahr in Malta erhöhen die Spannung. Wie wird der Prozeß in Rom vor dem Gericht des Kaisers ausgehen? Das würde historische Wißbegier in alter und neuer Zeit gern erfahren. Aber Lukas schreibt in der Apostelgeschichte keine Lebensbilder des Petrus und Paulus[44], sondern er schildert den Vormarsch des Evangeliums in

Rengstorf, Die Zuwahl des Matthias, St.Th. 15, 1961, S. 35—61 betont S. 60f., daß die Initiative bei Gott liege. [43] Dies betont E. Haenchen (A. 5), S. 94 mit Recht.

[44] Angesichts der modernen Forschungslage noch biographische Absichten gegenüber den Hauptaposteln bei Lukas zu finden und ihn eine charakterliche Entwicklung des Petrus und eine dogmatische des Paulus schildern zu lassen, halte ich für einen entscheidenden Fehler bei Arnold Ehrhardt, The construction and purpose of the Acts of the Apostles = Studia Theol. 12, 1958, S. 45—79; wiederabgedruckt in

Gottes Auftrag und Vollmacht. So kann denn die Apostelgeschichte alle unsere Wünsche, Näheres über den Ausgang des Paulus zu hören, souverän beiseite schieben und mit dem lapidaren Satz schließen:

»Paulus aber blieb zwei volle Jahre in einer eigenen Mietwohnung und nahm alle auf, die zu ihm kamen. Und predigte das Reich Gottes und lehrte die Lehre über den Herrn Jesus Christus mit allem Freimut ungehindert.«

Auf dieses μετὰ πάσης παρρησίας ἀκωλύτως kommt es an. Das Reich Gottes und die Lehre über Christus wird frei heraus »bis ans Ende der Erde« verkündet. So hatte es der Auferstandene nach 1 8 den Aposteln verheißen:

»Aber ihr werdet die Kraft des über euch kommenden heiligen Geistes empfangen und ihr werdet meine Zeugen sein in Jerusalem und in ganz Judäa und Samarien und bis ans Ende der Erde (ἕως ἐσχάτου τῆς γῆς)«.

Mit diesem tröstenden und anfeuernden Wort verabschiedet sich der Herr von der Versammlung auf dem Ölberg und wird in einer

---

seinem Sammelband: The Framework of the New Testament Stories, Manchester (1964), S. 64—102. Schon Ed. Meyer, auf den sich Ehrhardt sonst laufend beruft, urteilte in 'Ursprung und Anfänge des Christentums' III, Stuttgart 1923, S. 6 (vgl. S. 149) so: »Nicht um Taten des Paulus oder eines andern Apostels handelt es sich, sondern um Taten, die Gott oder vielmehr Christus mittels der Wirkung des Geistes durch sie als seine Werkzeuge vollbringt: soweit sie nicht dafür in Betracht kommen, sind ihre persönlichen Schicksale vollkommen gleichgültig«. Freilich war E. Meyer selbst nicht ganz konsequent. In Band I, 1921, S. 69, hatte er noch anläßlich der Legende vom zwölfjährigen Jesus im Tempel gesagt, Lukas als Historiker habe die Verpflichtung gefühlt, eine Entwicklungsgeschichte der von ihm dargestellten Persönlichkeiten zu geben — ein Gedanke, der den ursprünglichen Berichten ganz fern gelegen habe. Es fragt sich aber, ob wirkliche biographische Interessen bei Lukas vorhanden sind und nicht einfach in der Aufnahme legendarischer Züge aus der Jugend Jesu dieselbe erbauliche Absicht wirkt, der diese Stoffe selbst ihre Entstehung verdanken. Phil. Menoud, Le plan des Actes des Apôtres, NTS 1, 1954, 44—51 stellt S. 44f. richtig fest, daß die Einteilung in Acta Petri et Pauli falsch sei. Der Verf. interessiere sich nicht für Personen, sondern für die Ausbreitung der Kirche. Wenn C. K. Barrett (A. 76), S. 61, A. Ehrhardts biographisches Verständnis des Lukas positiv aufnimmt, so scheint er mir etwas anderes darunter zu verstehen als jener. Barrett denkt bei biographischer Methode an die Orientierung der Darstellung an Individuen und nicht an sozialen Zuständen. Das trifft für die Apostelgeschichte sicher weithin zu, wenn auch Zustandsschilderungen der Urgemeinde nicht fehlen.

Neuerdings will auch H. Conzelmann eine innergeschichtliche Entwicklung Jesu im Verständnis seiner Sendung bei Lukas angedeutet finden. Dazu s. die Einwände von William C. Robinson jr., Der Weg des Herrn, Studien zur Geschichte und Eschatologie des Lukasevangeliums, Hamburg-Bergedorf 1964, S. 24—27.

H. Chadwick, The Circle and the Ellipse, Oxford 1959, S. 16, hebt richtig das Providentielle in der Schiffsbruchgeschichte hervor, ebenso C. F. D. Moule, The birth of the New Testament, London (1962), S. 93.

Wolke verhüllt in den Himmel erhoben. Zwei plötzlich erscheinende Engel erklären dazu den Zurückgebliebenen, daß er in derselben Weise wiederkehren werde, wie sie ihn hätten scheiden sehen. Es ist ein apokalyptischer Ausblick, der zwar die vorher 1 6f. gestellte und abgewiesene Frage nach dem Zeitpunkt der Wiederaufrichtung des Reiches für Israel auch nicht beantwortet, aber doch andeutungsweise mit der Anspielung auf das Kommen des Menschensohns in der Wolke (Ev. 21 27) die Erwartung der Hörer neu anspannt, ja, nimmt man den Schriftsteller beim Wort, ihnen verheißt, daß sie selbst dieses Kommen erleben werden, ebenso wie sie Zeugen des Abschieds waren. Aber vorher sollen sie das Evangelium von Jerusalem und Palästina nach Rom tragen. Mit der Wendung 'bis ans Ende der Erde' bleibt Lukas seiner apokalyptisch-biblischen Ausdrucksweise treu[45]. In der Rede vor der heidnischen Bevölkerung im pisidischen Antiochien zitiert der lukanische Paulus 13 47 die prophetische Verheißung, die er auf sich (und Barnabas) bezieht:

»So hat uns der Herr geboten: 'Ich habe dich zum Licht der Heiden gesetzt, auf daß du zum Heil bis an das Ende der Erde bist'« (Jes 49 6).

Gewiß kann das den allgemeinen Sinn haben und hat ihn im ursprünglichen Zusammenhang des Zitats gehabt: 'in aller Welt'. Aber im Rahmen der Apostelgeschichte hat der Ausdruck eine besondere Pointe. Sie schließt ja mit der Predigt des Paulus in Rom. Und so will Lukas in seinem Programm für sein zweites Buch in 1 8 damit auf dessen Ende in Rom anspielen. Das Recht zu dieser von der Masse der Kommentatoren vertretenen Auffassung gibt uns dieselbe konkrete Beziehung auf Rom in den Psalmen Salomos 8 15. Diese pseudepigraphische Psalmensammlung aus pharisäischem Geist ist um die Mitte des ersten vorchristlichen Jahrhunderts entstanden. Sie entfacht die messianische Hoffnung gegen das hasmonäische Zerrbild des jüdischen Staates und kann sich unter diesem Gesichtspunkt sogar mit Pompeius und seiner Entweihung des Tempels abfinden.

»Er (Gott) führte heran vom Ende der Erde (ἀπ᾽ ἐσχάτου τῆς γῆς) den gewaltigen Stößer, verhängte den Krieg über Jerusalem und sein Land.«

Auch hier ist die Sprache verschlüsselt und gehört der Sphäre prophetischer Rede an. Pompeius wird, wie einst Cyrus, einem Raub-

---

[45] So auch J. Dupont (A. 61), S. 403f. — Die LXX-Konkordanz gibt Nachweise über die Wendung s. ἄκρον, ἔσχατον, πέρας, πτέρυξ. Sie gehört in aller Regel zu Aussagen über Gottes weltumspannende Macht. Ὅριον (= Grenze im geographischen oder politischen Sinne) gehört nicht in diese Reihe, während τέρμα überhaupt ausscheidet. Leider behandelt der Artikel τὰ ἔσχατα in ThWB das Stichwort nur nach seinem zeitlichen Sinn.

vogel verglichen, den Jahwe zur Strafe herbeiruft[46]. Man hat die Wendung, die uns beschäftigt, ἀπ' ἐσχάτου τῆς γῆς, auf Spanien bezogen und an den Krieg gegen Sertorius gedacht. Aber dieser lag weit zurück, und wenn man den Psalmisten so auf die Biographie des Pompeius eingehen lassen will, so wäre eher an dessen Kriegführung im Osten zu denken. Diese führte ihn in die Landschaften südlich des Kaukasus und ganz nahe an das Kaspische Meer, das nach antiker Geographie vom erdumgebenden Ozean abzweigte und wo man in der Tat sich am Ende der Erde fühlen konnte. Auch war das Unternehmen des Pompeius gegen Jerusalem ein Teil seiner weitgreifenden Maßnahmen zur Ordnung der östlichen Verhältnisse im römischen Sinne. In einer Weihinschrift am Tempel der Minerva oder der Venus Victrix in Rom spricht Pompeius nach dem bei Dionysius Sic. 40,4 erhaltenen Text davon, er habe die Grenzen des Reiches bis an die Grenzen der Erde vorgeschoben (καὶ τὰ ὅρια τῆς ἡγεμονίας τοῖς ὅροις τῆς γῆς προσβιβάσας), und schon seit dem 2. Jahrh. v. Ch., d. h. seit Polybius, trifft man die Vorstellung an, daß das römische Reich »beinahe die ganze Ökumene« beherrsche (1, 1, 5). Cicero gebraucht in seinen die Erfolge des Pompeius feiernden Äußerungen wiederholt die Wendung, er habe die Herrschaft (*imperium* = ἡγεμονία in der eben zitierten Inschrift) des römischen Volkes mit den Grenzen des Erdkreises umschrieben. Livius läßt den Konsul Acilius Glabrio (191 v. Ch.) ausrufen: »Was fehlt denn daran, daß wir von Gades bis zum Roten Meer unsere Grenzen am Ozean finden, der den Erdkreis umfängt!« Bei dem Dichter Lucan, einem Opfer Neros, sagt Pompeius: »Mir fehlt kein Teil der Welt, sondern die ganze Erde, soweit sie sich unter der Sonne erstreckt, ist voll von meinen Siegeszeichen«[47]. Das ist durchgängig eine imperiale Sprache, die sehr absticht von der des oben zitierten Psalmisten. Wenn auch in pathetischer Übertreibung, bleibt sie doch innerhalb durchaus realistischer geographischer Vorstellungen. Es ist die Sprache der Macht zum Lobe des gefeierten Siegers und des römischen Volkes. Anders der jüdische Dichter. Für ihn, der die Niederlage seines Volkes beschreibt, ist der Sieger nicht Pompeius, sondern Gott selbst. Der läßt ihn, wie an anderer Stelle (2 27) angedeutet wird, an der Küste Ägyptens elend zugrunde gehen. Pompeius war nur sein Werkzeug, und er wirft es weg, nachdem er es zur Strafe eines verkommenen Königsgeschlechts gebraucht hat. In diesen theokratisch betrachteten Geschichtszusammenhang gehören keine historischen Rekurse auf die Laufbahn des Pompeius. Seine Herkunft 'vom Ende der Erde' wird ausgesagt, um Gottes Macht in biblischer Terminologie

[46] Jes 46 11: καλῶν ἀπ' ἀνατολῶν πετεινὸν καὶ ἀπὸ γῆς πόρρωθεν.

[47] Ich entnehme die Zitate, wie den ganzen Zusammenhang, aus der schönen Darstellung von Matthias Gelzer, Pompeius, München (1949), (1959²) Kap. 6 u. 7 (bes. S. 107f. 110—115. 132—136 der 1. Aufl.).

zu verherrlichen, und gemeint ist damit der *Römer* Pompeius. Eine solche Umsetzung der Terminologie war also möglich. So konnte Lukas mit bestem Gewissen die von ihm 13 47 angeführte Weissagung aus Jes 49 6 mit der Ankunft des Paulus in Rom in Erfüllung gegangen sehen. Hier in der Hauptstadt der Welt wurde er zum Licht der Heiden, und mit seiner zweijährigen Predigt konnte die Apostelgeschichte wirkungsvoll abschließen. Das göttliche Wort wird nunmehr unaufhaltsam seinen Weg gehen. Man ist versucht festzustellen, daß, wenn je ein Buchschluß recht behalten hat, es bei dem Ende der Apostelgeschichte der Fall gewesen ist. Aber ist Act 28 31 denn wirklich der vom Verfasser beabsichtigte Schluß des Buches gewesen? Hans Lietzmann, der von mir unvergessene verehrte Lehrer, erklärt in einem seiner schönsten Bücher (u. A. 64, S. 241): »Ich sehe keine Möglichkeit, das Fehlen des Martyriums (sc. des Paulus) in der Apostelgeschichte aus einer Absicht des Verfassers herzuleiten«, und er behilft sich mit der Annahme, daß er vor dem Abschluß gestorben sein müsse. Muß ich Lietzmann mit dem ihm (S. 239) bekannten Argument Ad. Jülichers[48], daß mit 28 31 das in 1 8 aufgestellte Programm erfüllt sei, widersprechen, so bin ich doch in der erfreulichen Lage, einen anderen ihm unbequemen Text zu seinen Gunsten interpretieren zu können. Es handelt sich um die vielbehandelte und auch in unser Problem hineingehörige Stelle I Clem. 5 7 über die spanische Reise des Paulus. Clemens erklärt hier, etwa ein Menschenalter nach dem Tod des Apostels, Paulus habe die ganze Welt über Gerechtigkeit belehrt, sei bis an das τέρμα des Westens gelangt, sei nach seinem Zeugnis (μαρτυρήσας) vor den Machthabern aus der Welt geschieden und zu dem heiligen Ort erhoben worden. Der Satz ist der Schluß einer schon in § 5 1 einsetzenden Aretalogie, deren rhetorischer, d. h. mit Pathos vorgetragener Stil unverkennbar ist. Was heißt im ganzen Zusammenhang τὸ τέρμα τῆς δύσεως? »Daß damit nur Spanien gemeint sein kann, sollte nicht mehr bestritten werden«, erklärt Lietzmann S. 243, obwohl er damit in Gefahr gerät, Paulus in Spanien, statt in Rom sterben zu lassen. Auch Karl Holl hält die Deutung auf Spanien für sicher[49]. Aber auch er empfindet die Stelle bei dieser Auffassung als schwierig. Die Übersetzer und Kommentatoren des I Clem., soweit von mir hierzu eingesehen, denken einhellig an Spanien[50]. Selbst Martin Dibelius, der die popular-philosophische Rhetorik der Kapitel 5 und 6 des Clemensbriefes voll erkannt hat, bleibt doch dabei: »Ge-

---

[48] Einl. i. d. NT 1931[7], S. 432.

[49] Der Kirchenbegriff des Paulus (1920) = Ges. Aufs. II, Tübingen 1928, S. 65 Anm. 2.

[50] Rud. Knopf (1920), Ad. v. Harnack (1929), Jos. A. Fischer (1956), W. Bauer (W.B. z. NT 1958). Auch O. Cullmann, Petrus, Zürich 1960[2], S. 103 übersetzt in diesem Sinne.

wiß ist hier Spanien gemeint«[51]. — Die spanische Reise des Paulus hat einen Anhalt nur an seinem Rm 15 24. 28 geäußerten Plan. Wir wissen über die Ausführung aus dem Neuen Testament nichts, nicht einmal aus den von einem Paulusschüler geschriebenen Pastoralbriefen, die in der Erfindung konkreter Angaben über die äußere Situation des Apostels nicht schüchtern sind[52]. Aber die Vermutung liegt nahe, daß die Äußerung im Römerbrief die Grundlage für Clemens bildet und daß er die Ausführung des Plans bestätigt. Doch tut er das wirklich? Ich denke: nein! Denn nun treten die stilistischen Beobachtungen von Dibelius in ihr Recht[53] und fordern ihre Ausdehnung auch auf den strittigen Ausdruck τέρμα: Clemens bedient sich des in der Philosophie beliebten Vergleichs zwischen Athleten (= Wettkämpfer) und Philosophen. Die Anstrengungen und Mühen (πόνοι), die jener nicht scheut, um zu körperlicher Tüchtigkeit und zum Sieg zu gelangen, gelten auch für die Anstrengungen des Philosophen, in moralisch-theoretischer Hinsicht, um Fortschritt und Aufstieg zur Tugend. In den Bereich dieser agonalen Bildsprache gehören in unseren Kapiteln die Wörter ἀθλητής (5,1), ἀθλεῖν (5,2), οἱ ἀγαθοὶ ἀπόστολοι = die tapferen Apostel[54] (5,2), ὑπομονῆς βραβεῖον (5,5), κῆρυξ und τὸ γενναῖον κλέος (5,6), ὁ τῆς πίστεως βέβαιος δρόμος (6,2), γέρας γενναῖος (ib.), σκάμμα = Arena, und ἀγών (7,1). Auch τὸ γενναῖον ὑπόδειγμα (5,1) und ὑπομονῆς (hier wie 5,5 = Ausdauer) μέγιστος ὑπογραμμός (5,7) gehören hierher und vor allem πόνος[55]. Das sind auf 26 Zeilen der Funk-Bihlmeyerschen Ausgabe

---

[51] Rom und die Christen im ersten Jahrhundert (1942) = Botschaft und Geschichte II, Tübingen 1956, S. 177—228 (hier S. 200). Auf Seite 195ff. gibt Dibelius wichtige Beispiele des Stils aus Dion v. Prusa und Literatur an.

[52] Über den Canon Muratori und seine Erwähnung der Reise s. Lietzmann (A. 64), S. 243 Anm. 1. Vgl. überhaupt auch seine Replik gegen K. Heussi, J. Haller und H. Dannenbauer in dem Aufsatz 'Petrus römischer Märtyrer' (1936) = Kl. Schriften I (TU 67), Berlin 1958, S. 100—123: Hier S. 115 »Nun ist mir gar kein Zweifel darüber, daß die spanische Reise ein sehr unsicheres Ding ist, und daß man auf diesem Gebiet nicht über ein non liquet hinauskommen kann; das habe ich P. u. P.² 244 klar zum Ausdruck gebracht«.

[53] Dibelius l. c. S. 195ff.

[54] Zu dieser Übersetzung s. Ed. Norden bei M. Dibelius l. c. S. 194 Anm. 35; Werner Jaeger, Paideia I, Berlin 1934, S. 28. Die aus der alten Adelsethik stammende Bedeutung 'tapfer' hält sich in entsprechenden Zusammenhängen durch bis in späte Zeit. Man findet in D. Wyttenbachs Index Graecitatis, Oxford 1829, zu Plutarch s. ἀγαθός mehrfach Beispiele. Auch auf Berthold Altaner, Neues zum Verständnis von I Clem. 5,1—6,2 (1949) = Kleine Patrist. Schriften (TU 83), Berlin 1967, S. 533, ist hinzuweisen, der auf Wiedergabe von ἀγαθοὶ ἄνδρες durch *viri fortes* noch nach dem Jahre 415 aufmerksam macht.

[55] Zu πόνος im Sinne philosophischen Tugendstrebens s. auch Walther Völker, Fortschritt und Vollendung bei Philo v. Alexandrien, Leipzig 1938, S. 229—233. — Zu

13 bildliche Wendungen aus der Sphäre der Arena. Zu ihnen gehört nun auch τὸ τέρμα (5,7). Das Wort stammt nicht aus der Bibel (A. 45) und hat dieselbe Bedeutungsbreite wie das lateinische *meta*. Es bezeichnet räumlich die Grenze, das Ziel und speziell die Zielsäule der Rennbahn. In der Bildsprache des Verf. wird also ausgesagt, daß Paulus nach unsäglichen Mühen als Herold in Ost und West den edlen Glaubensruhm erlangte, daß er, die ganze Welt Gerechtigkeit lehrend, an der Zielsäule des Westens und nach seinem Zeugnis vor den Machthabern aus der Welt schied und seinen Platz im Himmel fand. Dieser Überblick über den apostolischen Lebens-»Lauf« wird eingefaßt durch die wiederholte Bemerkung über die Ausdauer des Paulus, für die er den Siegeskranz erhielt und durch die er beispielhaft wurde[56]. Die Metapher 'Zielsäule des Westens' für Rom ist nicht kühner als der Vergleich des Apostels mit einem Athleten (Harnack versteht darunter sogar einen Gladiator, gewiß ein angesichts der Nähe des Abschnitts zur Märtyrerideologie nicht fernliegender Gedanke)[57]. Faßt man die

dem ὀφειλόμενος τόπος τῆς δόξης für Petrus (5,4) und dem ἅγιος τόπος für Paulus (5,7) hat E. Stauffer, Jüdisches Erbe im urchristlichen Kirchenrecht, ThLZ 77, 1952, Sp. 201—206 bemerkt, daß es sich um ein Lieblingsthema der jüdischen Rechtspraxis und Rechtsmetaphysik handle (Sp. 203). Aber an Juristisches braucht hier nicht gedacht zu werden; es handelt sich um eine allgemein menschliche, man könnte sagen patriotische Vorstellung: vgl. Cicero, De re publ. VI 13,13 (Somn. Scipionis) *omnibus qui patriam conservaverint, adiuverint, auxerint, certum esse in caelo ac definitum locum, ubi beati aevo sempiterno fruantur.*

[56] Über den Zusammenhang der Ausführungen I Clem. 5. 6 zu Petrus und Paulus im größeren Rahmen des Themas, welches Unglück Eifersucht und Neid innerhalb von Gemeinschaften anrichten, s. das gute Buch von O. Cullmann (Anm. 50 auf S. 103), S. 101—123. Seine historische Interpretation mit Hilfe von Phil 1 15-17 verdient die stärkste Beachtung. Leider hat die unglückliche Verlegung der Abfassung des Philipperbriefes durch die neuere Literaturgeschichte in eine rein hypothetische Gefangenschaft des Paulus in Ephesus statt in Rom der Wirkung von Cullmanns Beobachtungen entgegengestanden.

[57] A. v. Harnack, Einführung i. d. alte Kirchengeschichte, Leipzig 1929, S. 81. Das Martyrologische steckt nicht in der Wendung ἕως θανάτου ἤθλησαν (5,2). Die meint nur den höchsten Grad der Mühsal, ohne daß der tatsächliche Eintritt des Todes ausgesagt wird. Dafür gibt aus der LXX und aus dem NT zahlreiche Beispiele Lennard Rydén, LXX Sirach 37,2 = Eranos 59, 1961, 40—44. Aber daß μαρτυρεῖν 5,4. 7 hier der späteren Bedeutung mindestens sehr nahe kommt, dürfte durch die Umgebung sicher sein: s. H. v. Campenhausen, Die Idee des Martyriums in der alten Kirche, Göttingen 1964², S. 54. Plutarch, Vitae II 253,12 Sintenis (= Philopoimen 18) erzählt, daß der 70jährige Philopoimen sich einen ruhigen Lebensabend gewünscht habe, wozu infolge des Nachlassens der Streitsucht der griechischen Städte angesichts ihrer zunehmenden politischen Schwäche alle Voraussetzung bestand. Aber es kam anders. Ein Akt der Nemesis habe ihn niedergeworfen ὥσπερ ἀθλητὴν εὐδραμοῦντα πρὸς τέρμασι τοῦ βίου. Diese Parallele zum Vergleich des Lebens mit einem Wettlauf zeigt im Zentrum eine Abweichung: τέρμα im Plural =

Wendung so auf, ergibt sich ein glatter Zusammenhang. Paulus kommt im Lauf seiner Predigt in Ost und West nach Rom, hier finden Prozeß und Hinrichtung statt; von Spanien ist gar nicht die Rede, und alle Spekulationen darüber, daß Paulus zunächst freigekommen sei und daß sich dann das Ganze — Gefangennahme, erneuter Prozeß mit Verurteilung — wiederholt habe, sind unnötig. Es braucht umgekehrt nicht weiter ausgeführt zu werden, welche Bedeutung die hier vertretene Auffassung[58] der Clemensstelle für das Verständnis von Act 28 und für die Biographie des Paulus überhaupt hat. Sollte man gegen sie den Muratorischen Fragmentisten anführen wollen, der seine Kenntnis von der Reise nach Spanien von Clemens bezogen habe[59] und also sein ältester und noch dazu stadtrömischer Interpret sei, so wiegt dies Argument nicht allzuviel. Der Bildungsunterschied zwischen ihm und seiner Quelle ist zu groß: er hat ihre Rhetorik nicht mehr verstanden, so wie es uns noch schwer genug fällt, in ihre Stileinheit einzudringen[60].

In Apostelgeschichte 28 liegt, so fassen wir zusammen, wirklich der geplante Abschluß des Doppelwerks vor. Kein so wesentlicher Teil des paulinischen Missionswirkens, wie es die Spanienreise gewesen wäre, wird uns verschwiegen. Diese hätte unter dem hier vertretenen Gesichtspunkt, Lukas schreibe keine biographischen Skizzen, sondern schildere das unaufhaltsame Vordringen des Wortes, als krönendes Beispiel nicht fortfallen dürfen. Der Kulminationspunkt ist aber für den Verfasser in Rom erreicht. Das Zentrum des Christentums ist nicht mehr in Jerusalem, sondern in der Welthauptstadt. Karl Holl hat einst die These aufgestellt, Paulus habe, indem er den Primat Jerusalems brach, die Bahn freigemacht für einen anderen Primat, für den Primat Roms[61]. Lukas hätte demzufolge die Geschichte ganz richtig verstanden und die Wirkung des großen Heidenmissionars zur Grundlage für den Aufbau seiner Apostelgeschichte gemacht. Sie faßt ja in strenger Einseitigkeit den Gang des Christentums von Jerusalem

---

Ende! Und so könnte man wohl auch den Finger darauf legen, daß in τέρμα τῆς δύσεως der Singular steht. Doch lassen die bei Liddell-Scott gesammelten Beispiele den Unterschied im Gebrauch des Numerus als fließend erscheinen.

58 Wie ich aus J. C. O'Neill (A. 26) entnehme, ist bereits P. N. Harrison, The problem of the Pastoral Epistles, Oxford 1921, S. 107f. für sie eingetreten, allerdings ohne Erfolg, wenigstens in Deutschland.

59 So Lietzmann, P.u.P. S. 243, Anm. 1.

60 Eine hübsche Analogie dazu liefert Ulrich Wickert, Eine Fehlübersetzung zu I Clem 19 2, ZNW 49, 1958, S. 270—275, wo es sich gleichfalls um den agonalen Stil handelt und der Unterschied zwischen σκοπός (Zielscheibe) und τέρμα beachtet werden muß.

61 S. o. A. 49 S. 63. Die Ausdehnung des Christentums von Jerusalem nach Rom ist kein bloß geographischer Vorgang, meint auch Jaques Dupont, er symbolisiert den Übergang von den Juden zu den Heiden: Etudes sur les Actes des Apôtres, Paris 1967, S. 397.

nur in Richtung nach Westen auf und läßt uns nichts oder kaum andeutungsweise etwas von der Missionierung in Syrien, im Zweistromland oder in dem so wichtigen Alexandrien hören. Aber ob wir mit solchem Lob nicht den historischen Scharfblick des Verfassers überfordern? Er würde damit weit über das zu seiner Zeit Mögliche an Voraussicht hinausgegangen sein. Im Grunde wußte er wohl nur wirklich etwas über die Tätigkeit des Paulus und hat das in den Dienst seiner Theologie gestellt. Der Untergang Jerusalems als bekanntes Faktum der Weltgeschichte auf der einen Seite, das Ausgreifen des neuen Glaubens innerhalb eines Menschenalters von Jerusalem nach Rom auf der anderen wurden ihm zu Zeichen, an denen er den Gang der Heilsgeschichte ablas und damit Gottes Willen deutete. Was sich in Act 10f. durch das Gesicht des Petrus angebahnt und was der Herrenbruder Jakobus 15 14 ausgesprochen hatte, das ist nun wahr geworden. »Gott hat darauf gesehen, aus den Heiden ein Volk zu gewinnen.«

Im lukanischen Werk herrscht also Gottvertrauen und auf diesem Grunde Siegeszuversicht. Ein Ton der Freude durchzieht es, wie gleich in der Vorgeschichte hervortritt. Die Lobgesänge der Maria, des Zacharias und des 'gerechten und gottesfürchtigen Simeon, der auf den Trost Israels wartete, und auf dem der heilige Geist ruhte' (2 25), sprechen den freudigsten Dank an Gott aus. Es ist nicht, wie so oft in der alttestamentlichen und nachbiblischen Literatur, der Dank für gnädige Bewahrung und Errettung des Volkes und des einzelnen aus Fällen äußerer und innerer Not. In den lukanischen Psalmen erklingt etwas Neues, so noch nicht Dagewesenes, Freude und Dank für die *Erfüllung* der alten Verheißungen, für den Eintritt des endlichen Heils in die Wirklichkeit. Die Erlösung braucht nicht länger erwartet zu werden, sie ist da! So durchdringt Freude alles, selbst die Worte des dicht vor seinem Abscheiden stehenden alten Simeon:

> »Herr, nun lässest du deinen Diener in Frieden fahren, wie du gesagt hast; denn meine Augen haben deinen Heiland gesehen, welchen du bereitet hast vor allen Völkern, dein Licht zur Erleuchtung der Heiden und zur Verherrlichung deines Volkes Israel« (2 29-32)[62].

Ich kann darauf verzichten, weiteres Material hier vorzuführen, da es längst in einer wohlbekannten Arbeit A. v. Harnacks vorliegt[63]. Daß Lukas diese freudige Stimmung über das eingetretene Heil an der Spitze seines Werkes programmatisch darstellt, daß er den Gemeindemahlen seiner Zeit das Bild der Urgemeinde vorhält, die mit Jauchzen und Lauterkeit des Herzens das Brot bricht, ist gewiß nichts

---

[62] S. den Anm. 6 genannten Aufsatz von Douglas R. Jones, S. 47.

[63] A. v. Harnack, Die Apostelgeschichte, Leipzig 1908 = (Beitr. zur Einleitung in das NT III) S. 207—210, Exkurs II »Lukas und die Freude«.

Geringes. Inzwischen hatten sich ja drohend genug die Zeichen von Unterdrückung und Verfolgung für das Christentum gemehrt. Stephanus in Kap. 6 u. 7 stehe als Beispiel dafür, wie nach Lukas das Martyrium zu bewerten ist. Man hat vermutet, Lukas habe am Schluß der Apostelgeschichte nicht den Tod des Paulus erzählen wollen und darum lieber vorher abgebrochen, um seine Leser nicht durch den Gegensatz zwischen Staatsgewalt und Christentum, den zu verwischen er in seinem ganzen Werk bemüht ist, zu deprimieren[64]. Ein solches Urteil beruht auf einem falschen Verschieben des literarischen Gewichts zugunsten der politischen Apologetik auf Kosten der altchristlichen Bewertung des Martyriums. Die Martyrien, und Lukas ist der erste Darsteller eines solchen, stehen wie Tropaia an der Siegesstraße des Christentums. Stephanus vor seinen Richtern mit einem Angesicht wie das eines verklärten Engels (6 15); Stephanus voll heiligen Geistes im Augenblick seines Todes die Herrlichkeit Gottes und neben ihm Jesus im geöffneten Himmel schauend (7 55). Das sind nicht die Kennzeichen einer ecclesia pressa, die sich um einen Kirchenbegriff bemühen muß, um das Durchhalten zu ermöglichen[65]. Das ist vielmehr der uranfängliche Gedanke der Gemeinde an den Siegeskranz des Martyriums als Beweis für die himmlische Berufung. Gewiß, das Christentum fordert viel von seinen Bekennern. Verfolgung und Leiden werden nicht verschwiegen; aber im ganzen herrscht eine zuversichtliche Stimmung in der Apostelgeschichte. Man beachte z. B., wie kurz die Verfolgung durch Herodes mit dem Märtyrertod des Zebedaiden Jakobus abgemacht wird (12 1-3), während die Verhaftung und wunderbare Befreiung des Petrus in breiter anekdotenhafter Erzählung dahinfließt und sich zum Bericht über das böse Ende des Herodes steigert (12 4-23). Dazu bemerkt zutreffend E. Haenchen im Kommentar (S. 332): Lukas »möchte den totalen Sieg, den Triumph der guten Sache sichtbar machen. So hat er das Kreuz, das sich im Martyrium des Zebedaiden ankündigte, zwar nicht ganz verschwiegen. Aber das Licht fällt nicht darauf, sondern auf den greifbaren Erweis der Gottesmacht und

---

[64] Ed. Schwartz, Zur Chronologie des Paulus, Gött. Nachr. Phil. Hist. Cl., 1907, S. 299 = Ges. Schriften 5, Berlin 1963, S. 168f.; Ed. Meyer, (A. 44) III, S. 58. Dagegen H. Lietzmann, Petrus und Paulus in Rom, Bonn 1927², S. 240f.

[65] H. Conzelmann, (A. 15), S. 195. Selbstverständlich leugne ich nicht, daß Lukas von Verfolgungen durch die jüdische und heidnische Behörde und Bevölkerung berichtet, aber mir scheint auf ihnen keineswegs der Akzent zu liegen. Das berücksichtigt auch der Aufsatz von Georg Braumann, Das Mittel der Zeit, ZNW 54, S. 117—145 nicht. Ebensowenig kann ich mich von der Rehabilitierung der Kreuzestheologie bei Lukas durch Fr. Schütz, Der leidende Christus: die angefochtene Gemeinde u. das Christuskerygma der lukan. Schriften, Stuttgart 1969 (BWANT 89), überzeugen lassen. Hier dürfte der Verf. im Bestreben, Lukas gegen seine Kritiker zu verteidigen, über das Ziel hinausschießen.

Gotteshilfe«. Das steht nicht im Widerspruch zur Wertung des Martyriums, sondern sieht dieselbe Sache nur von einem andern Gesichtspunkt aus. Die urchristliche Freude hat ihren tiefen Grund im Evangelium, d. h. bei Jesus selbst. Seine Predigt von der Nähe des Gottesreichs als ein Ruf zur Buße wird wunderbarerweise ein Ruf zur Freude. Er will damit nicht Schrecken einjagen, sondern Mut machen zur Nähe Gottes, an den der Glaube sich als an den Vater wendet[66]. Lukas hält also seinen Lesern ein überzeugend richtiges Bild der Zuversicht in der christlichen Urzeit vor und will zweifellos dieselbe Glaubensfreude in ihnen hervorrufen.

So ist denn das Zutrauen in die allmächtige Führung der Geschichte durch Gott der hervorstechende Zug in dem lukanischen Werk. Und man darf wohl auch in diesen Zusammenhang die merkwürdig positive Beurteilung des Verhältnisses der römischen Obrigkeit zum Christentum einstellen. Pilatus wird von der Schuld an der Kreuzigung Jesu entlastet (Lc 23 14-16), Paulus muß nur deshalb nach Rom vor das Kaisergericht, weil er an dieses appelliert hat. Festus hätte ihn als unschuldig freigelassen (Act 25 10. 12. 18-21 26 32). Gallio in Korinth weigert sich, gegen ihn ein Verfahren anhängig zu machen (18 12-16). In Rom genießt Paulus Hafterleichterung (28 16. 30). Will Lukas damit apologetisch auf die Behörden seiner Zeit einwirken, indem er ihnen glaubhaft zu machen sucht, daß im Grunde keine einwandfreien und daher nicht bindenden juristischen Exempla vorliegen? Ist der Theophilus, dem er sein Buch widmet, ein so hochgestellter Beamter, daß er auf die staatliche Rechtsprechung Einfluß nehmen könnte[67]? Wir

---

[66] G. Ebeling, Das Wesen des christlichen Glaubens, Stuttgart (1959), S. 61.

[67] Über seinen Titel 'krátistos' s. Ed. Meyer, Urspr. u. Anfänge I, Stuttgart 1921, S. 6f. Er wird erst seit Mark Aurel offizielles Attribut der ritterlichen Prokuratoren. Vorher war sein Anwendungsbreich sehr viel umfassender und damit nichtssagender. Aber schon Lukas tituliert die judäischen Prokuratoren Felix und Festus so. — Zur Frage, ob Lukas durch den Nachweis engen Zusammenhangs des Christentums mit der jüdischen Religion ihm den rechtlichen Status einer *religio licita* habe erhalten oder verschaffen wollen, äußert sich m. W. am ausführlichsten Burton Scott Easton in dem noch sehr lesenswerten Aufsatz von 1936 The purpose of Acts, in seiner Aufsatzsammlung 'Early Christianity', ed. Frederick C. Grant, Greenwich/Conn. 1954, S. 33—117, (hier S. 41—57). H. Conzelmann bestreitet mit Grund, daß es diesen rechtlichen Begriff gegeben habe (A. 5), S. 10; auch ThLZ 85, 1960, Sp. 244. Wenn auch der Begriff der *religio licita* eine Analogiebildung Tertullians Apol. 21,1 nach den *collegia licita* sein dürfte, so ist doch die Sache mit ihm in Anwendung auf das Verhalten der Römer gegen die Juden richtig getroffen. Neuester Überblick bei W. H. Frend, Martyrdom and persecution in the early Church, Oxford 1965, S. 136ff. (beachte auch S. 106). In die nicht nur politischen, sondern sich immer mehr steigernden religiösen Motive beim Volk und in der Reichsführung für den Kult der *di publici populi Romani* gewährt einen tiefen Einblick Joseph Vogt, Zur Religio-

haben auf diese Fragen keine sichere Antwort. Aber eine rein pragmatische Haltung im Sinne einer Gewinnung der Behörden dürfte bei Lukas doch nicht vorliegen. Er sieht auch ihre Entscheidungen im Bereich der göttlichen Oberherrschaft. Auch sie sind letzten Endes Vollstrecker des göttlichen Δεῖ in der Heilsgeschichte. Lukas läßt z.B. die Gemeinde im Rückblick auf Jesu Tod ein Dankgebet an Gott ausdrücklich als den Herrn der Schöpfung sprechen. Gegen ihn können weder die Heiden, noch die Völker Israels, noch beider Herrscher, Herodes und Pontius Pilatus, etwas ausrichten, wie schon David im zweiten Psalm gewußt hat. Denn Jesus, der von Gott gesalbte Messias hat das ausgeführt, was Gottes tathafter Wille vorausbestimmt hat[68].

Doch mag in dieser speziellen Frage manches offenbleiben. Auf festem Boden stehen wir aber bei dem schon erwähnten (o. S. 82) Universalismus des Lukas. Zu dem Glauben an Gott den Schöpfer gehört die Vorstellung des Weltenherrn. Spätestens seit Paulus hat die christliche Mission die ganze Menschheit ins Auge gefaßt, und Lukas tut es ihm nach[69]. Der Universalismus im Gottesglauben war schon im Alten Testament angelegt, besonders Deutero-Jesaja bezeugt das; viele Psalmen und die Weisheit folgen ihm. Erst mit der Makkabäerzeit setzt eine Reaktion ein. Das Diasporajudentum aber konnte am Jerusalemer Kultus nur sehr ausnahmsweise teilnehmen und entwickelte darum jenen Zug zu einem vergeistigten Monotheismus ohne partikulare Enge energisch weiter. Wilh. Bousset hat am Beispiel des Clemensbriefes das Christentum als zum vollen Universalismus entschränktes Diasporajudentum charakterisiert und konnte sich dabei auf Harnack berufen[70]. In dieser Linie des Diasporajudentums steht auch Lukas. Er und der Verfasser des Clemensbriefes sind keine gebürtigen Juden[71], aber das griechische Alte Testament als ihre heilige

sität der Christenverfolger im Römischen Reich, Heidelberg 1962 (Sb. Heidelberg phil.hist.Kl. 1962, 1).

[68] Act 4 23-28. — A. v. Harnack, Mission und Ausbreitung, I, Leipzig 1924[4], S. 275, erwägt, ob hinter der Erwähnung des Kaisers Augustus (Lc 2 1) die Absicht stände, den äußeren Frieden des Röm. Reichs providentiell mit dem seit Jesu Geburt der Welt geschenkten inneren Frieden zu parallelisieren.

[69] Vgl. das oben S. 100ff. zu Act 1 8 Gesagte. N. G. King, The 'Universalism' of the Third Gospel = Studia Evang. 1959 (TU 73), S. 190—205, meint, daß der Universalismus des Lukas im Ev. zurückhaltender auftritt.

[70] W. Bousset, Kyrios Christos, Göttingen 1921[2], S. 289; A. v. Harnack, Mission[4], S. 259ff.; über die älteren Verhältnisse vgl. seinen Überblick, ebenda S. 21; ferner M. Haller in RGG[2] 5, 1931, Sp. 1381ff.; Rudolf Meyer in ThWB IV, (1942), S. 48f.; Carl Andresen, Artikel Erlösung Abs. II RAC VI, 1966, Sp. 106—111, ebenda Sp. 111—113 wird der I Clemensbrief charakterisiert.

[71] Werner Jaeger, Das frühe Christentum und die griechische Bildung, Berlin 1963, S. 14f., läßt die römische Gemeinde bis zum Ende des ersten Jahrhunderts und noch darüber hinaus aus hellenisierten Juden bestehen.Damit ist offenbar auch Clemens

Offenbarungsurkunde stellt sie neben das Judentum der Zerstreuung. Umgekehrt konnte dieses leichter als das gesetzestreue palästinische Judentum zum Christentum finden.

6. Der Sinn der Berichte über die Missionserfolge. Gott steht also hinter der Ausbreitung des Christentums. Schon im Evangelium wird der Zulauf im Volk — von den Aposteln, den 70 Jüngern 10 1ff. und den galiläischen Frauen 8 2f. 23 49. 55 kann hier abgesehen werden —, den Jesus findet, hervorgehoben, etwa 4 14f. 4 43f. 5 15 (17) 6 17 7 16f. 9 37. 43 11 20. 27. 29 12 54 13 22 14 25 18 26 19 3 20 45 21 38. Häufig begegnet an solchen Stellen ὄχλος zur Bezeichnung der Volksmenge um Jesus. Wahrscheinlich will Lukas mit alledem andeuten, daß ein Großteil der Juden Jesus gehört hat. Daher fällt 12 1 sogar der Ausdruck »Myriaden der Volksmenge«. Das scheint die Hervorhebung der Schuld des Volkes (es hat gehört, aber nicht gehorcht) in den Reden der Apostelgeschichte vorbereiten zu wollen. Aber ganz ohne positiven Nebenklang ist die Betonung des großen Publikums, das Jesu Worte und Wunder haben, auch wieder nicht: 4 14 7 16f 9 43 (11 27). Und besonders 19 48 20 19 22 6 wird Jesu Verhaftung mit Rücksicht auf seine Beliebtheit in der Menge als Geheimsache betrieben und 22 47ff. in diesem Sinne an seinem Zufluchtsort auf dem Ölberg ausgeführt. 23 35. 48 empfinden »alle bei der Kreuzigung zuschauenden Volkshaufen« Reue über das Geschehene. So hinterläßt die Schilderung der Wirkung Jesu im Volk durch Lukas einen zwiespältigen Eindruck. — Jesus also während seiner Erdentage hat das Heilswerk mit Tod und Auferstehung zu verrichten und seine Predigt weist voraus auf die Mission, zu der seine Jünger von ihm Vollmacht und Kraft durch den Geist empfangen. Darum scheint nach Lukas die Zeit der Mission die eigentliche Entscheidungszeit zu sein. Denn während die Lästerung Jesu als des Menschensohnes vergebbar war, wird die Lästerung des heiligen Geistes nicht vergeben werden (Lc 12 10). Das heißt doch wohl, daß man jetzt während der Predigt der Apostel die letzte Chance wahrzunehmen hat[72].

---

gemeint, für den man seinen virtuosen Gebrauch der Septuaginta zugunsten dieser Hypothese anführen könnte. Aber sie trifft nicht zu. Schon zur Zeit des Paulus überwog das heidenchristliche Element.

[72] Heinr. v. Baer, Der hl. Geist in den Lukasschriften, Stuttgart 1926, S. 75. 136—138 (147), vertritt die Auffassung, daß mit der Sünde wider den hl. Geist die Verleugnung Jesu durch Jünger nach dem Geistempfang zu Pfingsten gemeint sei. C. K. Barrett, The holy Spirit and the Gospel Tradition, London (1947), S. 103—107 untersucht die Überlieferung des Logions. G. Bornkamm, Enderwartung und Kirche im Mt-Ev., in The Background of the NT (Festschr. f. C. H. Dodd) 1956, S. 222—260 (auch in: G. Bornkamm—G. Barth—H. J. Held, Überlieferung und Auslegung im MtEv. 1960, S. 19ff.) versteht das Wort wie oben im Text im Sinne einer Differenzierung der heilsgeschichtlichen 'Epochen': die Sünde wider den hl. Geist betrifft

So wird denn in der Apostelgeschichte im Gegensatz zum Evangelium von den Erfolgen der Missionstätigkeit der Apostel reichlich berichtet. Die Jünger nach der Himmelfahrt Christi zählen etwa 120 Personen (1 15); nach dem Pfingstereignis stoßen etwa 3000 Juden zu ihnen (2 41); sie genießen Gunst bei dem ganzen Volk und nehmen dank der Einwirkung des Herrn täglich zu (2 46f.); die Zahl steigt auf ungefähr 5000 (4 4); das jüdische Volk preist sie hoch, und Scharen von Männern und Frauen finden sich zu ihnen (5 13f.); Gamaliel, ein Pharisäer und Gesetzeslehrer, tritt im Hohen Rat für sie ein (5 34ff.); trotz der Geißelung der Apostel auf Befehl des Synedriums (5 40) mehrt sich die Zahl der Jünger (6 1); nach der Wahl des Siebener-Ausschusses zur Betreuung der hellenistischen Judenchristen wächst das Wort Gottes, und die Zahl der Jünger mehrt sich in Jerusalem sehr, sogar eine große Menge der Priester wird dem Glauben gehorsam (6 7). Ohne bedeutsame Markierung wird erzählt, daß mit der Person des Philippus die Mission in das halbheidnische Samarien erfolgreich übergreift (8 5-8). Er bekehrt unter Weisung eines Engels den äthiopischen Kämmerer, einen Proselyten oder Gottesfürchtigen (8 26-40). War schon mit Philippus, der sich in Cäsarea niederläßt (8 40), die Küste erreicht, so erfolgt jetzt dort in Joppe die grundsätzliche Freigabe der Heidenmission durch Befehl des Herrn an Petrus (10 1—11 18). Zuvor war durch einen zusammenfassenden Überblick festgestellt worden, daß die 'Gemeinde' in ganz Judäa, Galiläa und Samarien Frieden hatte und sich durch den Zuspruch des Heiligen Geistes mehrte (9 31). Kurz vor der Verhaftung des Paulus in Jerusalem erklärt ihm Jakobus, daß er auf die vielen 'Myriaden' gläubig gewordener Juden Rücksicht nehmen müsse (21 20). Lukas gebraucht denselben Ausdruck Myriaden wie Ev. 12 1. Dort war die Menge der Jesus umdrängenden Zuhörer gemeint, schwerlich 'Zehntausende'[73], denn eine solche Zahl ist in der unbestimmt bleibenden Lokalität nicht vorstellbar. Auch hier, wo die Judenchristen Jerusalems im ganzen ins Auge gefaßt sind, dürfte es kaum im Sinne des Lukas liegen, an etwas anderes als eine unbestimmt große Zahl zu denken, die aber wohl eine Steigerung gegenüber der letzten konkreten Angabe (4 4 = 5000) andeuten will.

---

die Stellung zum Erhöhten (und zu seiner Gemeinde) als Entweder—Oder gegenüber der Predigt (S. 243f.). Ähnlich, aber ohne spezielle Beziehung auf Lukas, E. Käsemann, Die Anfänge christl. Theol. (1960), in Exeg. Besinn. II (A. 19), S. 100f.; A. George, Israel dans l'œuvre de Luc, Rev. Bibl. 75, 1968, S. 481—525 (hier: S. 505f.).

[73] So übersetzt die Zürcher Bibel; nach W. Bauer, W.B.[5], s. v. wird das Wort bei Personen von einer nicht genau bestimmbaren großen Zahl gebraucht. Die zahlenmäßige Stärke des Judentums in hellenistisch-römischer Zeit ist eine vielverhandelte Frage. Jean Juster, Les Juifs dans l'Empire Romain I, Paris 1914, S. 209ff. gibt Hinweise auf die antiken Quellen.

Doch wenden wir uns noch einmal zum Lauf der Darstellung zurück. Nach der Taufe des Hauptmanns Cornelius kommt das Evangelium im Zuge der Mission der aus Jerusalem vertriebenen hellenistischen Juden nach dem syrischen Antiochien, einem der Zentren der späteren Kirchengeschichte. Hier hören wir erstmals davon, daß außer Juden auch eine große Zahl von Heiden bekehrt wurde (11 19-21). Mit Kap. 13 beginnt das missionarische Wirken des Paulus. Er und Barnabas predigen auf Zypern in den Synagogen, aber der Statthalter Sergius Paulus erfährt von ihnen, läßt sie vor sich kommen und wird Christ (13 4-12). Im pisidischen Antiochia hält Paulus eine lange Predigt in der Synagoge und schließt mit einer Warnung an die Juden (13 16-42). Diese erfolgt eigentlich ohne äußere Veranlassung nur auf Grund prophetischer Voraussage des Unglaubens (13 40f.). Denn der Erfolg der Worte des Predigers bleibt bei Juden und Gottesfürchtigen nicht aus (13 43). Erst am folgenden Sabbath kommt es zum Konflikt und damit zur Erklärung der Missionare Paulus und Barnabas:

»Euch zuerst mußte das Wort Gottes verkündigt werden; da ihr es von euch stoßt und euch des ewigen Lebens selbst nicht für würdig achtet, siehe, so wenden wir uns zu den Heiden. Denn so hat uns der Herr geboten (Jes 49 6): 'Ich habe dich zum Licht der Heiden gesetzt, damit du zum Heile gereichst bis an das Ende der Erde'« (13 44-47).

Dieser Vorgang wiederholt sich fort und fort. In jeder Stadt, in der Paulus auftritt, predigt er zunächst in der Synagoge, hat Erfolg,

»so daß eine große Menge, sowohl von Juden als auch von Griechen gläubig wurde. Doch die Juden, soweit sie nicht gehorchen wollten, erregten und erbitterten die Gemüter der Heiden gegen die Brüder« (14 1f.).

Regelmäßig also bleibt ein Teil der Juden in den besuchten Städten ablehnend und versteht es, unter den Glaubensgenossen und unter den heidnischen Mitbürgern Zwietracht gegenüber dem Evangelium zu stiften; bisweilen gibt es Tumulte, wodurch die Behörden zum Einschreiten veranlaßt werden: 9 22f. 29 12 3. 11 14 19 17 5. 13 18 6. 12 20 3 21 27ff. Noch in Rom selbst gelingt es dem Paulus, einige aus dem jüdischen Gemeindevorstand zu überzeugen (28 24), aber die anderen wollen nicht mitmachen. Das Ergebnis ist, daß alle miteinander streitend abziehen. Soll das heißen, daß auch die zuerst Gewonnenen wieder rückfällig werden und das Ganze nur auf einen Zank innerhalb der jüdischen Gemeinde hinausläuft? Das läßt sich nicht entscheiden, und so zeigt sich, daß der Verfasser seit etwa Kap. 11 mehr und mehr an dem Schicksal der Mission unter den Heiden interessiert ist. Man kann ihm aber nicht vorwerfen, daß er schematisch alle Fehlschläge den Juden zur Last legt. Es gibt auch Fälle, wo die Reaktion von den Heiden ausgeht, z. B. in Philippi (16 14ff.), in Athen (17 33) und in Ephesus (19 23ff.).

Ein falsches Bild entstünde auch, wenn man daraus, daß die Erfolge sich im ersten Teil des Buches unter den Juden häufen und der Widerstand sich erst auf dem Missionsfeld des Paulus entwickelt, schließen wollte, das Diasporajudentum sei nach Lukas weniger bereit zum Empfang der neuen Botschaft gewesen. Die Christen aus dem Diasporajudentum (in Jerusalem) bilden für ihn vielmehr, wie die Geschichte vom Siebenerausschuß der 'Hellenisten' in 6 1ff. beweist, die Brücke zur Weltmission. Denn an ihre Vertreibung knüpft sich die Ausbreitung nach Judäa und Samarien (8 1), nach Phönicien, Cypern und Antiochia (11 19f.). Und der Mann, der die Weltmission trägt, Paulus, ist nach der Apostelgeschichte geradezu der Idealfall eines christgewordenen hellenistischen Juden: von einem Vater mit römischem Bürgerrecht im kilikischen Tarsus stammend (22 3. 28), studierte er in Jerusalem bei Gamaliel (22 3), lebte nach der strengen Richtung der Pharisäer (26 5) und wurde in Damaskus Christ und getauft (9 18 22 16). Überall geht er zuerst in die Synagoge und wirbt bei Juden und Gottesfürchtigen. Es ist ganz naturgemäß, daß er dabei Widerstand findet. Aber der Eifer, mit dem Lukas die Fälle notiert (s. o.), zeigt, daß wir hier auf einen zentralen Gesichtspunkt seiner Darstellung stoßen. Er will die heilsgeschichtlich bedingte, also übernatürlich durch Gottes Willen zustande gekommene Entwicklung, die Verwandlung des Gottesvolkes aus Juden in ehemalige Heiden, historisch einsichtig machen. Am Anfang der apostolischen Predigt stehen die großen Erfolge. Das jüdische Volk ist gegenüber der christlichen Gemeinde freundlich gesinnt. Fast unmerklich ändert sich das. Lukas bereitet den Umschwung vor, indem er zwischen den jüdischen Oberen und dem einfachen Volk unterscheidet. Jene sind von Anfang an ablehnend, vorbelastet dadurch, daß sie die Schuld an Jesu Kreuzigung tragen (2 36 4 1f. 5ff. 21 u. ö.), und lassen sich kaum einmal durch einen der Ihren, Gamaliel, von dem Äußersten zurückhalten (5 24ff.). Aber freilich auch das Volk ist genau besehen nicht unschuldig (4 27) und nur zu leicht dazu zu bringen, Stephanus zu steinigen (6 12). So überrascht es nicht, daß Herodes (= Agrippa I.) mit seiner Verfolgung der Gemeinde auf Sympathie beim Volk stößt (12 3. 11).

Um so mehr muß die geradezu geflissentlich hervorgehobene und mit Zahlen belegte anfängliche Bekehrung von Juden auffallen (vgl. o. S. 111f.). Hier scheint ein Widerspruch zu dem eben festgestellten Wunsch des Verfassers vorzuliegen, die Verwandlung des Gottesvolkes zum eigentlichen Inhalt der Apostelgeschichte zu machen. Man spricht ja zumeist davon, Lukas schildere den Übergang der Mission von den Juden zu den Heiden. Aber jene erste Aussagenreihe über die Missionserfolge unter dem Volk wird dadurch nicht aufgehoben. Wenn man an die Äußerung denkt, die Lukas den Jakobus gegen Ende des in der Apostelgeschichte überblickten Zeitraums über die judenchristlichen

'Myriaden' machen läßt (21 20), so gewinnt man fast den Eindruck, es sei wenn nicht die Mehrheit, so doch wenigstens eine starke Minderheit des jüdischen Volkes zum Christentum bekehrt worden. Für die herodianische Zeit, d. h. die zweite Hälfte des letzten Jahrhunderts v. C. schätzt man — dies sei zum Vergleich erwähnt — die Zahl der Einwohner Jerusalems auf etwa 25000[74]. Wir erinnern uns nochmals an das Dankgebet des greisen Simeon im Anfang des Evangeliums (2 29-32). Dort hieß es von dem Jesuskind, es sei ein Licht zur Erleuchtung der Heiden und zur Verherrlichung des *Volkes Israel.* Kann der Erzähler solche Worte 'eines gerechten und gottesfürchtigen Mannes, auf dem der heilige Geist lag', aus dem Auge verlieren? Ich denke nein. Für Lukas, den Leser des griechischen Alten Testaments, ist Israel das auserwählte Volk geblieben. Er kann die Verheißungen, die ihm gelten, nur verstehen, wenn sie nicht dahinfallen. Nun aber liest er in seiner Bibel von den Weissagungen auf den Christus, und diese Weissagungen sieht er in der jüngsten Geschichte, die er schildert, als erfüllt an. Ja, sie und ihre Erfüllungen sind ein wesentliches Überzeugungsmittel für seinen Glauben und für seine Verkündigung.

7. Das Problem des Unglaubens. Aber nun die Juden, die nicht glauben? Hier ist ein Dilemma vorhanden, und Lukas muß einen Ausweg aus ihm finden. Er hat ihn auch gefunden, eben dadurch, daß er eine personale Kontinuität zwischen Israel und den Christen behauptet[75]. Die Juden sind ja in Scharen herübergekommen, sie sind

---

[74] F. Maass in RGG³ III, 1959, Sp. 595, 40.

[75] Hierzu s. meinen Beitrag 'Lukas und Paulus' = Eranion, Festschrift f. H. Hommel, Tübingen 1961, S. 1—17 (s. 13f.). Ich möchte, wie dort, wieder betonen, daß Lukas Zahlen nur für den Erfolg der Mission bei den Juden angibt; für die Bekehrung der Heiden fehlen sie durchaus. — Daß die Zahlenangaben bei den bekehrten Juden in der Apostelgeschichte höchst auffällig sind, hat auch Ed. Schwartz, Zur Chronologie des Paulus (1907), Ges. Schriften 5, Berlin 1963, S. 124—169 (hier S. 157 Anm. 1) angemerkt. Er löst diese Besonderheit in seiner Weise durch die Annahme, ein Redaktor habe eingegriffen. »Wie meist in den Apostelakten kann der Text, den der oder die Redaktoren vorfanden, nur erraten, nicht rekonstruiert werden.« Diese Hypothese geht noch von der Voraussetzung aus, der Verfasser habe Geschichte, also nicht theologisch reflektierte Geschichte, bieten wollen.

Es sei hier auch an das sog. Testimonium Flavianum erinnert, jene doch wohl christliche Einfügung in den Text von Josephus, Antiqu. Iud. 18, 3, 3, wo von Jesus gesagt wird, er habe πολλοὺς μὲν 'Ιουδαίους, πολλοὺς δὲ καὶ 'Ελληνικοῦ für sich gewonnen. Nach H. Conzelmann RGG³ 3, 1959, Sp. 622 ist das Testimonium nach dem Schema des lukanischen Kerygmas aufgebaut. Dann könnte auch die Angabe über die Zusammensetzung des Christentums aus Juden und Heiden ein Reflex aus Acta sein und den von Lukas beabsichtigten Eindruck wiedergeben. Ich möchte nicht den Hinweis darauf unterlassen, daß ein Philologe wie Franz Dornseiff die Josephusstelle hält: Lukas der Schriftsteller, ZNW 35, 1936, 129—155 (S. 145—147).

dem Ruf des Evangeliums gefolgt und glauben an Christus. Damit ist erwiesen, daß Israel im Lager des Christentums steht, ja um es noch genauer zu sagen, daß das Christentum Israel ist. Als solches, d. h. als Israel, hat es seine in der Bibel erzählte, auf die künftige Erfüllung vorausweisende heilige Vorgeschichte. Jetzt, mit Christus, ist die Zeit der Erfüllung gekommen. Das Heilsvolk besteht aus denen, die sich zum Glauben an Christus bekennen. Daß es daneben noch Juden gibt, die ungehorsam dem Ruf nicht folgen, ist eine schmerzliche Tatsache. Aber sie ist nicht ungewöhnlich. Die alte Heilsgeschichte ist voll von Beispielen solchen Ungehorsams. In der Stephanusrede wird sie ausführlich entfaltet und gezeigt, wie die Heilsgeschichte Hand in Hand mit der Geschichte von Ungehorsam, Auflehnung und Abfall geht. Im Geist der prophetischen Kritik am Volk[76] schließt die Rede mit der Frage:

Das wäre dann die Entscheidung über das chronologische Verhältnis von Lukas und Iosephus.

[76] Es ist eine wichtige Frage, wie weit die direkte Kenntnis der LXX bei Lukas reicht. Bringt man die Imitation des LXX-Stils, besonders in der Vorgeschichte des Evangeliums, in Anschlag, so möchte man meinen, Lukas sei täglich mit dem griechischen Alten Testament umgegangen, und nicht etwa nur mit einer Exzerptensammlung, dem berühmten Testimonienbuch also, das kürzlich durch einen Fund in Qumran neuen Auftrieb erhalten hat. Gute neuere Übersicht über diese Theorie bei Per Beskow, Rex Gloriae, The Kingship of Christ in the Early Church, Stockholm (1962), S. 74ff. Vgl. auch Henry J. Cadbury (A. 36), S. 326. Die Testimoniensammlung von Qumran bei Ed. Lohse, Die Texte aus Qumran, hebräisch u. deutsch, München 1964, S. 249—253. — Robert Horton Gundry, The use of the OT in St. Matthew's Gospel, Leiden 1967 (= Suppl. to NT 18) findet die Hypothese nicht durch die Zitate bei Matthäus bestätigt. Auch Martin Rese, Alttestam. Motive in der Christologie des Lukas, Gütersloh 1969 (= Studien z. NT, 1), befaßt sich (S. 67f.) S. 217—223 mit dem Testimonienbuch, das durch das Qumranfragment heute eine Realität, wenn auch noch nicht sehr greifbar geworden sei.

Nach C. F. Evans (A. 14) hätte Lukas den Reisebericht mit seinen zahlreichen weder orts- noch zeitgebundenen Einzelsprüchen und -geschichten nach dem Vorbild von Dtn 1—26 geradezu synoptisch vergleichbar aufgebaut, müßte also das Buch Deuteronomium genau kennen. — Man könnte in der Tat fragen, ob Lukas nicht auch von der deuteronomistischen Geschichtsschreibung beeinflußt sei. Der theologisch-kritische Gedankengang, der sich vom Josuabuch bis zum Schluß von II. Könige hinzieht und auf die Frage nach dem Grund für die nationalen Katastrophen von 722 und 587 die Antwort findet, daß es sich um Gottes Strafe für Ungehorsam und Abfall Israels handele, entspräche in etwa seinen Vorstellungen von dem Ende des jüdischen Volkes bei der Eroberung Jerusalems im Jahre 70 (s. darüber weiter unten S. 119). Freilich mußte der theologische Maßstab des Deuteronomisten, die Zentralisation des Kultes in Jerusalem, dem Lukas widerstreben: vgl. den Schluß der Stephanusrede mit der Ablehnung des Tempelkults (7 47-50). Aber trotzdem liegt der Gedanke an die geschichtlichen Bücher des Alten Testaments und ihre religiöse Kritik für Lukas sehr viel näher, als der an die Makkabäerbücher.

»Welchen der Propheten haben eure Väter nicht verfolgt? Und sie haben die getötet, welche von dem Kommen des Gerechten vorher verkündeten, dessen Verräter

---

An diese hatte schon Paul Wendland, Die urchristlichen Literaturformen, Tübingen 1912³, S. 325 (= Handb. z. NT I, 3) gedacht, wenn er der Apostelgeschichte eine ähnliche Mittelstellung zwischen Historie und Heldenbuch bescheinigt. Aber dieser Vergleich ist nicht der beste Teil der sonst so treffenden Charakteristik durch den bekannten Philologen. Neuerdings möchte Bertil Gärtner die Makkabäerbücher als Beispiele für eine zeitlich nähere jüdische Geschichtsschreibung beiziehen, vgl. The Areopagus speech and natural revelation, Uppsala 1955, S. 18—36, besonders S. 27 bis 29. Die Verherrlichung von Aufruhr gegen die (fremde und eigene) Obrigkeit widerspricht aber der in der Apostelgeschichte herrschenden Tendenz gründlich. Auch tritt beim Verfasser des I Macc Gott als Lenker der Geschichte gegenüber den Heldentaten eines Judas Maccabäus u. a. so zurück, daß hier keinerlei Ähnlichkeit mehr mit der Auffassung des Lukas zu entdecken ist. — Chr. Burchard (A. 38), S. 55—59 vergleicht Act 9 u. II Macc 3 mit negativem Ergebnis. — Traugott Holtz, Untersuchungen über die alttestamentlichen Zitate bei Lukas, Berlin 1968 = (TU 104), beschränkt die selbständige Kenntnis des Alten Testaments bei Lukas auf das Zwölf-Prophetenbuch, Jesaja und Psalmen. Der Aufsatz von C. F. Evans ist ihm unbekannt. Martin Rese (vgl. o. in dieser Anm.) beschäftigt sich nur mit den christologisch bedeutsamen Zitaten. Die eben angeführte Hauptthese des Holtzschen Buches hält Rese S. 215 für erwiesen, obwohl er S. 189 über Evans Hypothese ohne Kritik referiert. Trotz zweien neuesten Monographien zum Thema bleibt es wohl bei E. Käsemanns Wunsch (Der Ruf der Freiheit, 1968⁴, S. 156) »Man müßte an dieser Stelle (d. h. beim Thema 'die Heilsgeschichte in ihrem geschehenen Verlauf') einmal ausführlich über die Aufnahme des Alten Testaments im Neuen reflektieren«. C. K. Barrett, Luke the historian in recent study, London (1961), stellt S. 19 nach einem Überblick über die alttestamentliche Geschichtsschreibung fest »That Luke was familiar with the Old Testament, and with its manner of writing history, is beyond question.«

Odil Hannes Steck, Israel und das gewaltsame Geschick der Propheten, Untersuchungen zur Überlieferung des deuteronomistischen Geschichtsbildes im Alten Testament, Spätjudentum und Urchristentum, Neukirchen 1967 (= WMANT 23) bringt Wichtiges zum Thema bei. Es ergibt sich für Steck, daß die Vorstellung von Israel als dem Täter eines generell gewaltsamen Geschickes der Propheten durch das deuteronomistische Geschichtsbild entwickelt worden ist und sich in erstaunlicher Konstanz bis in die urchristliche und rabbinische Tradition behauptet hat, »ohne daß lediglich literarische Vermittlung durch das AT vorläge; die Vorstellung ist vielmehr als solche lebendig geblieben und, wie die urchristlichen Belege erschließen lassen und die rabbinischen zeigen, im palästinensischen Spätjudentum verbreitet und allgemein konzediert gewesen« (S. 317f.). Der Sitz im Leben für die Überlieferung dieses Geschichtsbildes sei die Umkehrpredigt und Gesetzesbelehrung gewesen. Von besonderem Interesse sei die Vorstellung vom kontinuierlichen Ungehorsam Israels und vom dadurch heraufbeschworenen Strafgericht durch ihre Affinität zur Zerstörung Jerusalems und des Tempels (S. 319). Den durch das lukanische Werk sich hinziehenden Anlehnungen an diese Tradition im einzelnen (Ev. 6 22f. 11 47-51. 13 31-33 13 34f. Act 7 51-53) geht der Verf. sorgfältig nach und benutzt sie als heuristische Ansatzpunkte für seine Rückfragen in die Tradition. Aber er

ihr jetzt geworden seid, ihr, die ihr das Gesetz auf Anordnung von Engeln empfangen und es nicht gehalten habt« (7 52f.).

Ähnlich läßt Lukas sich den Paulus in Antiochia mit Worten aus dem Propheten Habakuk äußern (13 41). Und in Rom rückt Paulus den Vornehmsten der jüdischen Gemeinde die Weissagung aus Jes 6 9f. vor:

»Geh zu diesem Volk und sprich: Hören werdet ihr und nicht verstehen. Und sehen werdet ihr und nicht erkennen. Denn das Herz dieses Volkes ist verstockt, und ihre Ohren sind schwerhörig geworden, und ihre Augen haben sich geschlossen, damit sie nicht etwa mit den Augen sehen und mit den Ohren hören und mit dem Herzen verstehen und sich bekehren und ich sie heile« (28 26f.).

Dieser düstere Auftrag an den Propheten, mit dem sogar Buße und Bekehrung seines Volkes in Gottes Absicht ausgeschlossen werden, ist nach Lukas das letzte Wort des Paulus an die römischen Juden.

Ist damit Gottes Heilswille dahingefallen, hat er seinen Willen geändert? Das kann nicht sein. Es ist dasselbe quälende Problem, welches das Neue Testament und die Zeit nach ihm so vielfach beschäftigt und mannigfache Lösungen hervorgerufen hat[77]. Ich erwähne nur eine, die des Paulus, wegen der besonderen, heute noch immer umstrittenen, Beziehung des Lukas zu ihm. Nach Paulus hat Gott mit der Verstockung Israels die Gelegenheit zur Heidenbekehrung schaffen, dadurch Israel zur 'Eifersucht' anreizen und zur endlichen Bekehrung führen wollen (Rm 9—11). Bei Paulus gilt die Verstockung nur für einen Teil des Volkes wie bei Lukas. Aber zum Schluß erweist Gott an allen Barmherzigkeit. Lukas hat, scheint es, für diese Stufen-

fragt nicht, warum Lukas sie aufgenommen hat und wie sie sich zum Ganzen seines Entwurfs verhalten. Wenn er S. 237ff. recht hat mit der Vermutung, daß Ev. 13 34f. ein erst zwischen 66 und 70 gesprochenes jüdisches Gerichtswort ist und kein vaticinium ex eventu von christlicher Seite, so ist die Verfahrensweise des Evangelisten gegenüber einem nicht durch die biblische Herkunft gedeckten Prophetenwort auffallend und um so bezeichnender für seine eigene Tendenz. Darum wirkt das schließende Resümee des Verfassers S. 320 nicht überzeugend: »schon Lukas ist die ganze Vorstellungstradition fremd geworden«.

[77] Siehe den Abschnitt 'Israels Unglaube ein urchristliches Problem' bei Johannes Munck, Christus und Israel, Kopenhagen 1956 (= Acta Jütlandica 28, 3; Teol. Ser. 7), S. 19—24. Joachim Gnilka, Die Verstockung Israels, Isaias 6 9-10 in der Theologie der Synoptiker, München 1961 (= Studien z. A. u. NT 3). Marcel Simon, Verus Israel, Paris 1948. Peter Richardson, Israel in the Apostolic Church, Cambridge 1969. J. Jervell (A. 92: BZNW 36), S. 54ff. — Das Problem gilt schon für das Alte Testament und für das nachbiblische Judentum. S. etwa Franz Hesse, Das Verstockungsproblem im AT, Berlin 1955 = BZAW 74 (bes. S. 64—66, wo Jes 6 9f. im NT behandelt werden). Wolfgang Harnisch, Verhängnis und Verheißung der Geschichte, Untersuchungen zum Zeit- und Geschichtsverständnis im IV. Buch Esra und in der syrischen Baruchapokalypse, Göttingen 1969 (= FRLANT 97).

lösung kein Auge. Nach ihm wird Israel, soweit es den Gehorsam verweigert, zum jüdischen Volk[78]. Über dieses aber hat die göttliche Lenkung der Geschichte den Stab gebrochen. Als religiöse und als politische Größe ist es durch die Zerstörung des Tempels und die Verwüstung Jerusalems im jüdischen Krieg ausgelöscht worden. Mit unmißverständlicher Deutlichkeit läßt Lukas in einer ihm eigenen Szene Jesus dies als Weissagung aussprechen, als er vom Ölberg aus vor dem Einzug auf Jerusalem blickt (Lc 19 41-45):

»Hättest du wenigstens an diesem Tage erkannt, was zum Frieden führt — nun aber ist es vor deinen Augen verborgen! Denn es werden Tage über dich kommen, da werden deine Feinde einen Palisadenwall gegen dich aufwerfen und dich einschließen und dich von allen Seiten bedrängen und werden dich dem Boden gleich machen und deine Kinder in dir, und in dir keinen Stein auf dem anderen lassen, dafür daß du die Zeit deiner Gnadenheimsuchung nicht erkannt hast«[79].

Nach der bei Philo griechisch belegten Etymologie bedeutet der Name Jerusalem 'Vision des Friedens'. Offenbar liegt im Text ein Wortspiel vor: Du heißt Schauung des Friedens — wie wenig entspricht dein Verhalten diesem Namen! 'An diesem Tage', also am Tage des Einzugs Jesu, und damit die prophetischen Verkündungen erfüllend, steht nach Lukas (v. 37ff.) die Bevölkerung schweigend und unbeteiligt am Wege, die Pharisäer protestieren, nur die Jüngerschar lobt im Rückblick auf die großen miterlebten Taten voll Freude Gott mit lauter Stimme, wobei ihr Zuruf »Gesegnet sei der da kommt, der König, im Namen des Herrn! Im Himmel Friede und Ehre in der Höhe«, stark an das Gloria in excelsis der Engel in der Geburtsgeschichte (2 14) erinnert. Trotz der deutlich an politische Empfänge angeschlossenen Zeremonie des Adventus ist dieser König 'ein Friedensfürst', kein politischer Messias.

---

[78] Vgl. Hans Conzelmann (A. 15), S. 135: »Man kann sagen: die Juden sind gerufen, sich nunmehr als 'Israel' zu realisieren. Tun sie das nicht, so werden sie — 'die Juden'. Dem einzelnen steht der Weg zum Heil nach wie vor offen«. Zur Terminologie vgl. die wichtigen Beobachtungen Conzelmanns l. c. S. 152f.

[79] Übersetzung nach E. Klostermann (A. 13), z. St.; auch seinem Kommentar folge ich oben im Text. Vgl. dazu auch H. Conzelmann (A. 15), S. 68f. Er findet mit Recht, daß die ganze Gestaltung des Einzugs bei Lukas auf ihn selbst, in seinen Besonderheiten also nicht auf andere Quellen als Markus zurückgeht. Dagegen jetzt Herm. Patsch, Der Einzug Jesu in Jerusalem = ZThK 68, 1971, S. 1—26 (z. B. S. 7ff. 13). Aber seine Annahme, Lukas folge neben Markus der »Sonderquelle«, ist falsch. Die charakteristische Beschränkung der messianischen Begrüßung Jesu auf »die ganze Jüngerschar« ist sicher redaktionell und nicht übernommen. Für lukanische Arbeit spricht auch, daß sich 19 37 der Lobpreis auf Gott richtet und auf seine Taten durch Jesus insgesamt zurückblickt: die Jünger treten damit schon hier in ihrer von der Apostelgeschichte herausgestellten Zeugenrolle auf.

Noch zweimal läßt Lukas den Herrn sich über das Schicksal Jerusalems äußern. Zunächst in der sog. synoptischen Apokalypse, bei Lc 21 5-36. Auch hier sind die Abweichungen gegenüber Markus (und Matthäus) bedeutend und in ihrer Tendenz wiederum unmißverständlich: An die Stelle des eschatologischen Greuels bei Markus und Matthäus tritt bei Lukas die Zerstörung der Stadt selbst:

»Denn große Not wird über diese Stadt kommen und Zorn über dieses Volk. Und sie werden durch die Schneide des Schwertes fallen und in die Gefangenschaft geschleppt werden unter alle Heiden, und Jerusalem wird zertreten werden von den Heiden, bis die Zeiten der Heiden erfüllt sind« (21 23f.).

Die Zeitbestimmung am Schluß ist apokalyptisch verschlüsselt und meint zufolge der unmittelbaren Fortsetzung (v. 24ff.) den Eintritt des Weltendes und Gerichts, sobald die zur Bekehrung der Heiden bestimmte Zeit abgelaufen ist. Mit andern Worten: Die jüdische Volksgeschichte hat ihr Ende erreicht[80]. Das deutet schließlich Jesus — übrigens wieder nur bei Lukas — auf dem Wege zur Kreuzigung den ihn beklagenden Jerusalemer Frauen an: »Weint nicht über mich, sondern über euch mit eurem furchtbaren Schicksal« (23 27-31)[81].

8. Die Kontinuität von Israel und 'Kirche'. Als Ergebnis dieses Überblicks über das, was in Evangelium und Apostelgeschichte über Erfolg und Mißerfolg bei der Ausbreitung des Christentums berichtet wird, klärt sich für uns die Meinung des Verfassers dahin, daß er in zwei gegenläufigen Entwicklungslinien zeigen will, wie sich zuerst die Predigt Jesu, dann in großem Schwunge die der Apostel und des Paulus im jüdischen Volk ihre gläubigen Zuhörer schafft. Daneben

---

[80] s. H. Conzelmann (A. 15), S. 126f.

[81] Am Kreuz spricht Jesus (nur bei Lukas) 23 34 die Worte »Vater, vergib ihnen, denn sie wissen nicht, was sie tun«. Die Bitte um Vergebung durch Jesus scheint, da ihre Nichterfüllung unvorstellbar ist, dem aus 19 41-45 21 23f. 23 27-31 Angeführten schnurstracks zu widersprechen. Die Textüberlieferung ist schwer gespalten: wichtige Handschriften, jetzt tritt dazu auch der Bodmerpapyrus 𝔓[75] (saec. II/III), haben die Fürbitte nicht. Sie steht auch im Stephanusmartyrium Act 7 60. Entweder ist sie von da hier eingedrungen, oder Act 7 60 ist ältester Zeuge für die vollständige Lesart hier. Man kann dies damit begründen, daß Lukas das Stephanusmartyrium der Passion Jesu nachgebildet hat. Die Fortlassung der Fürbitte ist aber schwer erklärbar, allenfalls aus harmonistischen Gründen: Annäherung an den Text der Parallelüberlieferung. Auch das antijüdische Motiv, das K. H. Schelkle in 'Antijudaismus im NT?', hrsg. von W. P. Eckert u. a., München 1967, S. 155 annimmt, überzeugt nicht. So bleibt es wohl bei der Vermutung, Lc 23 34 sei von Act 7 60 aus aufgefüllt worden: so E. Klostermann (A. 13), S. 226. Ist aber doch der Langtext ursprünglich, so kann man dem eingangs betonten Widerspruch zu 19 41-45 usw. durch die Annahme entgehen, die Bitte um Vergebung beziehe sich auf das Schicksal der Juden im Jüngsten Gericht. Die entschuldigende Hervorhebung ihrer Unwissenheit ist übrigens gut lukanisch.

greift sie auf das Heidentum über und wird hier nun immer erfolgreicher. Im Volk dagegen wächst, unter Führung der oberen Schichten, der Widerstand. Immer deutlicher zeigt sich der Unglaube in dem nicht bekehrten Teil Israels. Man kann von einer Spaltung Israels unter der Predigt des Evangeliums sprechen. Der gläubige Teil ist identisch mit dem Christentum und er behält seine Stellung in der von Gott gelenkten Heilsgeschichte. Dagegen fällt der ungläubige Teil aus ihr heraus und wird nunmehr das Judentum, mit dem es die Christenheit nach lukanischer Auffassung in seiner Umwelt zu tun hat. Kann es für diesen Teil noch eine Hoffnung geben, und wie steht es mit der Anwendung des Ehrentitels Israel? Auf diese Fragen antwortet die Forschung verschieden.

Johannes Munck und Joachim Jeremias[82] vertreten die Auffassung, daß am Anfang, also schon bei Jesus und in der Urgemeinde, die Predigt sich auf die Juden beschränkt hat. Dieser Partikularismus sei aber nur scheinbar, in Wahrheit handle es sich um einen vollen Heilsuniversalismus. Denn in das Heil für Israel eingeschlossen ist die Verheißung, daß durch seine Bekehrung alle Völker gerettet werden sollen. In einem großen Bilde von der eschatologischen Völkerwallfahrt zum Berge Zion vollendet sich diese universale Hoffnung: Israel in der Mitte vor dem Tempel anbetend und dabei umgeben von den für den wahren Gottesglauben gewonnenen Heiden. Da diese eschatologische Situation eine gnadenvolle Gottestat ist, braucht sich die Predigt nur auf die Bekehrung der Juden zu richten. J. Munck betont stark die Vergeblichkeit dieser Predigt, die aber entgegen aller negativen Erfahrung unermüdlich fortgesetzt wird. Erst Paulus habe daraus die Folgerung gezogen, daß die Heidenmission voranstehen müsse. Doch sei er sich mit dem Urchristentum darin einig, daß am Ende Juden und Heiden gerettet würden. Dagegen wisse die spätere Heidenkirche nichts davon, daß das Heil der Heiden mit der Errettung Israels vor Christi Kommen in Herrlichkeit verbunden sei[83]. Man beschäftigte sich mit dem geistigen Israel und dem Recht der Kirche, sich mit diesem zu identifizieren und seine Verheißungen zu erben[84]. J. Jeremias hat an anderer Stelle, wo es um die Frage der Verstockung Israels geht[85], das Jesajazitat 6 9f. behandelt, mit dem Markus (4 12) seine

[82] J. Munck, Paulus und die Heilsgeschichte, Kopenhagen 1954 (= Acta Jutlandica 26,1; Teol. Ser. 6), S. 242—276; J. Jeremias, Jesu Verheißung für die Völker, Stuttgart 1956 (1959²), S. 47—62 — im Auszug und ohne Anmerkungen englisch im Bull. III der SNTS, Oxford 1952, S. 18—28. In beiden Arbeiten handelt es sich um eine Gesamtschau, bei der Lukas und seine Auffassung nicht speziell zur Geltung kommen; dies gilt auch für G. Lindeskog, Christianity as realized Judaism, Horae Soederblomianae VI, Lund (1964), S. 15—36.

[83] l. c. S. 271. [84] l. c. S. 276.

[85] J. Jeremias, Die Gleichnisse Jesu, Göttingen 1962⁶, S. 9—14.

eigene Parabeltheorie durch Jesus begründen läßt. Danach wird den Jüngern das Geheimnis des Gottesreiches enthüllt, aber denen draußen bleibt alles ein Rätsel, damit sie sehen und doch nicht sehen usw. Auch Lukas (und Matthäus) bringen in ihren Parallelstellen 8 10 (13 14f.) das Zitat in demselben Zusammenhang, und Lukas benutzt es am Schluß der Apostelgeschichte (28 26f.) nochmals. Für Jesus bringt J. Jeremias auf dem Weg über die Auslegungstradition im Targum und bei den Rabbinen eine ursprünglichere, die Vergebung verheißende Formulierung heraus. Aber die Evangelisten, an ihrer Spitze Markus, haben das Wort auch nach der Meinung von J. Jeremias zweifelsfrei auf die endgültige Verstockung Israels hin ausgelegt[86].

Jacob Jervell[87] betont, wie oben im Abschnitt 6 geschehen, die Wichtigkeit der wiederholten Angaben über die Bekehrung von Juden in der Apostelgeschichte (S. 71—74), danach die gegenläufige Bewegung, die zur Spaltung führt (S. 74—77). Soweit herrscht erfreuliche Übereinstimmung. Dann aber bestreitet Jervell gegen H. Conzelmann[88] die Anwendung der biblischen Terminologie für das Volk Gottes auf die Christen insgesamt durch Lukas. Er meint, diese gelte nur dem judenchristlichen Teil. »Ein Heidenchristentum, das beansprucht, das wahre Israel im Gegensatz zum 'empirischen', zum jüdischen Volk zu sein, beschreibt Lukas überhaupt nicht« (S. 82). Erst durch dieses 'empirische' Israel, das aber Volk Gottes nur noch in seinem christgläubigen Teil ist, werden die Heiden erreicht (S. 84). Verwirrend ist die Feststellung (S. 95), daß doch auch die unbußfertigen Juden weiterhin Israel bleiben: »Auf diese Weise vermag Lukas zu erklären, warum nun noch ein Israel besteht neben und ohne Verbindung mit der christlichen Kirche, dem die Kirche nicht verpflichtet ist. Denn dieses Israel sind die wegen ihrer Ablehnung des Evangeliums vom Gottesvolk ausgeschlossenen Juden, die kein Recht auf den Namen 'Israel' haben.« Jervells Lösung greift bewußt zurück auf die Harnacks[89]. Dieser fand bei Lukas, dem Paulusschüler, eine sehr archaische Auffassung, zwar nicht die des Paulus, aber doch die der paulinischen Zeit. Das Selbstbewußtsein des Lukas als Heidenchrist sei noch sehr bescheiden, und er schaue voller Ehrfurcht auf das christgläubige und dabei das Gesetz beobachtende Judentum. »Vor seinem Blick steht in der Christenheit — und zwar noch geschieden — erstlich das jüdische Volk, das sind die frommen Israeliten, die Jesum als den Herrn

---

[86] Vgl. dazu auch E. Haenchen, Judentum und Christentum in der Apostelgeschichte ZNW 54, 1963, S. 155—187 (hier S. 184 Anm. 39). Der wichtige Aufsatz erklärt die antijüdische Frontstellung (S. 165. 187) des Lukas aus seiner Zeitlage, wie ich seinen Wunsch, den Kontakt mit Israel zu wahren.

[87] J. Jervell, Das gespaltene Israel u. d. Heidenvölker, Stud. Theol. 19, 1965, S. 68—96.

[88] Vgl. u. S. 125 bei und mit Anm. 100.

[89] A.v. Harnack, Beitr. z. Einl. i. d. NT III: Die Apostelgesch., Leipzig 1908, S. 211—217.

anerkannt haben, zweitens die ἔθνη, die hinzugerufen worden sind«[90]. Aber Voraussetzung für eine solche geistige Lage des Lukas ist die von Harnack immer wieder verfochtene Frühdatierung der Apostelgeschichte noch vor dem Tod des Paulus[91]. In den 80er oder 90er Jahren ist ein so bescheidenes Heidenchristentum nicht mehr denkbar. J. Jervell hat sich über die Stellung der Christen zum alten Heilsvolk noch mehrfach geäußert[92]. Seine Beobachtungen zur fortdauernden Geltung des Gesetzes im Christentum, besonders im letztgenannten Aufsatz sind nicht neu, jedoch von eindrucksvoller Geschlossenheit. Aber der Verfasser verkennt, wenn er im Heidenchristentum wie Harnack ein Christentum zweiter Ordnung bei Lukas sehen will[93], die Gesamttendenz des lukanischen Werkes. Lukas sieht das Christentum nicht als eine zweigeteilte Größe, sondern durchaus als Einheit. Dabei ist ihm, entsprechend seiner Zeitlage, der heidenchristliche Charakter selbstverständlich. Aber er ringt als Historiker und Evangelist von der ersten bis zur letzten Seite mit dem Problem der Freiheit vom Gesetz[94]. Das tut er nicht, weil er noch ein aktuelles Judenchristentum berücksichtigen oder dieses und Paulus gegen Angriffe aus dem Judentum, also von außen, in Schutz nehmen müßte[95]. Er hat dabei allein innerkirchliche Probleme im Auge. Für ihn handelt es sich um die Kontinuität zur alttestamentlichen Heilsgeschichte. Er kann auf diese nicht verzichten und das Christentum etwa als etwas ganz Neues hinstellen. Denn die Durchschlagskraft seiner Beweise für die evangelische Geschichte beruht rational gesehen — darin greift Lukas den Apologeten vor — auf der Erfüllung von längst schon übernatürlich Vorausgesagtem in der eigenen Gegenwart[96]. Die Offenbarungsgrund-

---

[90] l. c. S. 215 (im Original gesperrt).

[91] l. c. S. 217—221; Beiträge IV: Neue Untersuchungen zur Apostelgeschichte, Leipzig 1911, S. 63—81.

[92] J. Jervell, Paulus, der Lehrer Israels, Nov.Test. 10, 1968, S. 164—190 (S. 175ff.); Ein Interpolator interpretiert, in: Studien zu den Testamenten d. XII Patriarchen, Berlin 1969, S. 30—61 (S. 54ff.) = BZNW 36; The Law in Luke-Acts, Harv.Th.Rev. 64, 1971, S. 21—36 (S. 34ff.).

[93] HThR 64, S. 32: »The idea is that of people (= Judenchristen) and a associate people (= Heidenchristen)«.

[94] So richtig E. Haenchen (A. 5), S. 89ff.

[95] Dies meint Jervell l. c. S. 34f.

[96] Vgl. die Herausarbeitung der lukanischen 'proof from prophecy'-Methode durch Paul Schubert (A. 14), S. 173ff. Doch sollte darüber nicht der Verkündigungscharakter solcher Rückgriffe auf die Schrift übersehen werden. »*Verkündigt wird darum nicht der historische Jesus, sondern dieser als der Christus der Schrift* ..... (Man) sollte im Auge behalten, daß mit den Schriftzitaten nicht im eigentlichen Sinne 'argumentiert' wird, sondern daß sie als Verkündigungsaussagen aufgenommen werden. Das geschieht vor allem den Juden gegenüber, welche damit auf die Verkündigungsgeschichte angesprochen werden, in welcher sie selbst schon stehen.« (Beachte auch

lage bleibt auch für das Heidenchristentum die Bibel. Ihr Kern ist das Gesetz, und dem Gehorsam gegen dieses gelten die Verheißungen. Darum ist es dem Heidenchristen Lukas ein zentrales Anliegen, nachzuweisen, daß der engste Zusammenhang zwischen dem Einst und Jetzt besteht. Darum läßt er mit seiner Vorgeschichte uns in die alttestamentlich hergerichtete Brunnenstube des Christentums blicken. Darum zeigt er den Weg des Messias in seiner Fremdartigkeit (Lc 24 21) bis zu Kreuz und Himmelfahrt als einen in allen Einzelheiten durch Gottes Willen notwendig bedingten und aus der Schrift ersichtlichen auf. Darum wird die Heidenmission als eine durch göttlichen Zwang den widerstrebenden Aposteln auferlegte dargestellt. Darum klopft Paulus auf seinen Missionswegen stets bei den Synagogen an. Darum stellt ihn Lukas als Mann der strengen Richtung im Judentum, der Pharisäer, dar und läßt ihn dagegen streiten, je etwas gegen das Gesetz getan zu haben, dem er sich auch mit der Tat durch die Beschneidung des Timotheus und sein Nasiräatsgelübde unterwirft. Lukas löst sein theologisches Dilemma nicht durch eine Spaltung des Christentums in zwei nicht gleichberechtigte Teile, sondern historisch durch ein Nacheinander von zwei Epochen. Gewiß sind es *zwei* Epochen, denn das Erscheinen des Messias steht zwischen ihnen. Aber sie greifen ineinander über, sofern der Glaube an ihn, einst als an den Geweissagten und jetzt als an den Ereignis Gewordenen, beide verbindet. Lukas bemüht sich, an den christgläubigen Juden den Übergang von dem Einst zum Jetzt darzustellen. Es ist eine heils*geschichtliche* Entwicklung. An ihr soll den Heidenchristen deutlich werden, wie es dazu gekommen ist, daß sie die Bibel als ihr heiliges Buch in der Hand haben dürfen[97] und doch von dem Gesetz frei sind, sofern es sich nicht um den Gehorsam gegen Gottes sittliche Gebote handelt.

Man trifft also, wie mir scheint, die Ansicht des Lukas nicht, wenn man dem ungläubigen Teil des Volkes noch Rechte auf den Namen Israel läßt. Oder auf der anderen Seite, wenn man diesen Ehren-

---

die Fortsetzung): Hermann Diem, Dogmatik (Theol. als kirchl. Wiss. Bd. II) München 1960³, S. 134ff.

[97] Siehe meinen A. 75 zitierten Aufsatz S. 15. E. Haenchen (A. 5), S. 672. 683 hat ihn freundlich aufgenommen, aber die Vorstellung von einer durch die Kirche usurpierten Glaubensurkunde abgelehnt. Ich möchte doch an ihr festhalten. So selbstverständlich die noch im Verbande der jüdischen Religion stehende Urgemeinde sich an die Bibel halten konnte, so sehr bedurfte doch das spätere Heidenchristentum einer Rechtfertigung dafür, daß die Bibel sein Besitz sei. Diese Arbeit zu leisten, scheint mir ein wesentliches Motiv für Lukas bei Abfassung seines Werkes zu sein. »Der Tatbestand einer gemeinsamen jüdisch-christlichen Bibel erscheint auf den ersten Blick paradox«: H. v. Campenhausen, Das Alte Testament als Bibel der Kirche, in: Aus der Frühzeit des Christentums, Tübingen 1963, S. 156; ders. (A. 23), S. 47—62 (bes. S. 52. 56).

titel auf das Judenchristentum beschränken will. Er ist vielmehr ganz und gar auf die Christen — aus Juden und Heiden — übergegangen.

In Peter Richardson's gedrängter Darstellung der Aussagen im lukanischen Werk zu Israel[98] sind zwei Dinge festzuhalten: 1. daß das Zitat aus Jes 6 9f. in der Paulusrede Act 28 26-28 für Lukas die Verwerfung des Evangeliums durch die Juden zu besiegeln scheint (S. 160); 2. daß er H. Conzelmann zugibt, der Begriff der Heilsgeschichte bedinge bis zu einem gewissen Grade die Ineinssetzung von Kirche und Israel (S. 161). Freilich möchte er dies Zugeständnis halb und halb wieder zurücknehmen, und in dieser Unsicherheit zeigt sich ein Problem, auf das jetzt eingegangen werden muß. Im Ganzen scheint mir das Fluktuieren in der Wertung Israels durch Lukas von Richardson nicht schlecht getroffen zu sein.

Kann Lukas das Christentum mit Israel geradezu identifizieren? In dieser Frage, von der wir o. S. 121 ausgingen, gab es verschiedene Antworten. Besonders J. Jervell glaubte, sie entschieden verneinen zu müssen. Sie ist zunächst eine terminologische und umfaßt die ganze Gruppe der Bezeichnungen für das Volk Israel. Sie braucht aber hier nicht in aller Breite erörtert zu werden[99], da von H. Conzelmann bereits das Richtige dazu gesagt worden ist[100]. Die Wörter Ἰσραήλ und Ἰσραηλίτης treten in der Vorgeschichte des Evangeliums und im ersten Drittel der Apostelgeschichte gehäuft auf[101]. D. h., sie werden vom Verfasser auf das Heilsvolk im Zusammenhang mit seiner alttestamentlichen Geschichte angewandt. Aber sein Blick kann sich auch in die Zukunft richten und Israel in eschatologischer Hinsicht ins Auge fassen. Das zeigt besonders die Verheißung beim Abendmahl, die zwölf Apostel würden die Regenten Israels im Reich Christi sein (22 30). Ferner: Die Niedergeschlagenheit der Emmausjünger im Blick auf ihre vergebliche Hoffnung, Jesus werde der Erlöser Israels sein (24 21); die Frage an den Auferstandenen nach der Wiederherstellung des Reichs für Israel (Act 1 6); Paulus predigt darüber, daß Gott Jesus, den Erlöser Israels, nach der Verheißung heraufgeführt habe (13 23); Paulus trägt seine Fessel um der Hoffnung Israels willen (28 20). Auch

[98] P. Richardson (A. 77), S. 160—165.

[99] Ältere Liste bei A. v. Harnack (A. 89), S. 54—58 u. (A. 91), S. 77f. Zur Interpretation vgl. Nils Alstrup Dahl, Das Volk Gottes, Eine Untersuchung zum Kirchenbewußtsein des Urchristentums, Oslo 1941 (= Schriften d. Norweg. Ak. d. Wiss., Hist. Phil. Kl. 1941 No. 2) S. 197; Albr. Oepke, Das Neue Gottesvolk, Güterloh 1950, S. 240; Walter Gutbrod in ThWB III, Stuttgart 1938, S. 388f. (Ἰσραήλ); Hermann Strathmann ebd. IV (1942) 49—57 (λαός); O. Procksch ebd. I 1933, 107 bis 110 (ἅγιος).

[100] A. 15, S. 135—139; 152—156.

[101] Deswegen möchte W. Barnes Tatum (A. 6), S. 184—195, den Begriff Israel auf die Vorgeschichte eingeschränkt sehen.

an diesen Stellen ist die biblische Diktion bei Anwendung des Begriffs Israel noch spürbar vorherrschend. Aber gerade damit bringt Lukas zum Ausdruck, daß die christliche Gemeinde, mit der im Zusammenhang dieser Begriff an den angeführten Stellen auftritt, identisch mit dem Heilsvolk ist. Gewiß ist es ein noch schwebender Sprachgebrauch, aber er zeigt den Willen des Lukas, die alte Terminologie unter allen Umständen beizubehalten und durchzuhalten, um die Kontinuität für das Christentum nachzuweisen. Lukas schreibt gleichsam in Chiffren, aber seine Schrift läßt sich doch entschlüsseln, da er uns den Schlüssel mit seinem heilsgeschichtlichen Denken selbst in die Hand gibt. So ist es falsch und richtig zugleich, wenn Marcel Simon, der Verfasser des Buches 'Verus Israel' sagt[102]: »Noch keiner der neutestamentlichen Autoren überträgt den Namen Israel ausdrücklich auf die christliche Kirche, es sei denn Gal 6 16«. Hier muß der Ton auf dem »ausdrücklich« liegen, und das besagt, daß jedenfalls dem Lukas die Identifikation vorschwebt[103].

Von den Wiedergaben für *qahal* in der Septuaginta[104] begegnen in der Apostelgeschichte, abgesehen von dem gesondert zu besprechenden ἐκκλησία, am häufigsten λαός, ferner ὄχλος und πλῆθος. Wie dem Gebrauch von Ἰσραήλ, so haftet auch der Anwendung dieser Wörter auf die Christen eine gewisse Unschärfe an. Man kann nicht immer mit Sicherheit erkennen, ob sie oder das alttestamentliche 'Volk Gottes' gemeint sind. Auf keinen Fall besagt dies aber, daß etwa im exklusiven Sinne nur von dem letztgenannten die Rede wäre. Im Gegenteil, Lukas schreibt im biblischen Stil und will mit der Aufnahme solcher Terminologie gerade *die Kontinuität der christlichen Gemeinde mit dem alten Bundesvolk* unterstreichen[105]. Darum fehlen bei ihm

[102] Im Artikel 'Israel im Neuen Testament' in RGG³ III, 1959, Sp. 946; s. auch A. George (A. 72), S. 523: »Il (Lukas) ne les (die Heidenchristen) rattache jamais explicitement à Israël«!

[103] Auch der Vorwurf von P. Richardson (A. 77), S. 161 Anm. 3, gegen Conzelmann, er gäbe keine befriedigende Begründung für seine Behauptung, daß die Kirche sich eins mit Israel wisse, ist unberechtigt. Denn Conzelmann hat sich in dem u. A. 105 angeführten, freilich nur bei ihm in einer Anmerkung stehenden Satz, deutlich genug darüber ausgesprochen, innerhalb welcher Grenzen sein Urteil Geltung beansprucht. Im Grunde zeigt auch die erneute Durcharbeitung des Materials durch Richardson, daß der Streit heute nur noch um Nuancen des Verständnisses geht.

[104] Vgl. Leonhard Rost, Die Vorstufen von Kirche und Synagoge im Alten Testament, Stuttgart 1938, S. 111ff.

[105] H. Conzelmann (A. 15), S. 135f.; 152f.; 153, A. 1: »λαός steht prägnant für Israel act. 21,28; 28,17; 10,2 usw. Entsprechend für die christliche Gemeinde act 15,14; 18,10. Die Identität der Gemeinde mit Israel ist also vorausgesetzt und praktiziert, wenn auch nicht reflektierend ausgesprochen« (Sperrung von mir). Ich möchte hier auch an die sehr beachtlichen Ausführungen von Hans v. Campenhausen erinnern (o. A. 34), wonach den frühchristlichen Autoren nicht

auch alle Differenzierungen wie 'das wahre Israel', 'das neue Gottesvolk', 'der Rest' u. a.

Das wird nun vollends deutlich bei der Feststellung, daß Lukas gerade das in der Septuaginta am häufigsten begegnende Wort für das Gottesvolk ἐκκλησία als *Allgemeinbegriff* nicht anwendet. Er kennt aber den christlichen Begriff »Kirche« sicherlich. Auch wer sich an die heute herrschende Meinung hält, Lukas sei kein Begleiter des Paulus gewesen und habe seine Vorstellung von der Kirche nicht zu kennen brauchen, muß doch voraussetzen, daß er auf dem paulinischen Missionsgebiet dem Begriff ἐκκλησία als Gesamtkirche begegnet ist. Vor allem: der Begriff war ja auch bei Paulus und in seinen Gemeinden nicht etwas Neues, vielmehr stammt er mit Sicherheit schon aus der Urgemeinde. Das beweist die berühmte Kirchenstelle Mt 16 17-19 mit ihrem hebräisch-aramäischen Sprachkolorit[106]. Es ist angesichts dieser

---

alle Gedanken und Begriffe fix und fertig in den Schoß gefallen sind. Richtig ist vielmehr, daß man ihr Ringen um die theologische Verarbeitung der alten Überlieferung und des neuen christlichen Glaubens auf Schritt und Tritt den Texten abspüren kann und diese Unfertigkeit berücksichtigen muß.

[106] Vgl. dazu und zur Auslegung R. Bultmann (A. 17) S. 147—150; W. G. Kümmel, Kirchenbegriff und Geschichtsbewußtsein in der Urgemeinde und bei Jesus, Zürich—Uppsala 1943 (Symb. Bibl. Ups. 1), S. 19—25; 37—43 (Göttingen 1969²); ders., Jesus und die Anfänge der Kirche, St.Th. 7, 1953, S. 1—27 (bes. S. 19ff.); ders., Die Theologie des NTs, Göttingen 1969, S. 112—115. Das o. A. 104 zitierte Buch von L. Rost macht es so gut wie sicher, daß hinter ἐκκλησία das aramäische qehala steht und damit nicht eine Sondergemeinde, sondern Israel als eschatologisches Gottesvolk gemeint ist. — Gegen diese Auffassung protestiert J. Y. Campbell, The origins and meaning of the Christian use of the word ἐκκλησία JThSt 49, 1948, S. 130—142 (wieder abgedruckt in desselben Three New Test. studies, Leiden 1965). Auch Wolfgang Schrage, 'Ekklesia' und 'Synagoge', zum Ursprung des urchristlichen Kirchenbegriffs, ZThK 60, 1963, S. 178—202 (vgl. seinen Artikel Συναγωγή im ThWB VII, 1964, s. v.) lehnt die Auffassung Rosts ab und ebenso die Herleitung aus der Urgemeinde. Er denkt an einen Ursprung auf oppositioneller Grundlage in den Kreisen der sog. Hellenisten. Aber seine Begründung leuchtet weder nach ihrer exegetischen, noch nach ihrer historischen Seite ein. Der kurze Artikel von B. St. Easton, The Church in the NT, in seinem A. 67 zitierten Buch S. 121—134 geht von der Voraussetzung aus, daß das aramäische Äquivalent für ἐκκλησία *kenischta* gewesen sein müsse, steht also noch bei K. L. Schmidts Auffassung von 1927. Während sich die hier genannten Arbeiten für die Herleitung von Mt 16 17-19 aus der Gemeinde einsetzen, stimmt O. Cullmann (A. 50) der katholischen Auffassung zu, es handle sich um ein Jesuswort. Allerdings will er es überlieferungsmäßig einem anderen Zusammenhang, d. h. der Leidensgeschichte, zuteilen (l. c. S. 183—243). Zur Geschichte der Auslegung s. Franz Obrist, Echtheitsfragen und Deutung der Primatsstelle Mt 16, 18f. in der deutschen protestantischen Theologie, Münster (1960) = Ntl. Abh. 21 Heft 3/4. R. Schnackenburg, Wesenszüge und Geheimnis der Kirche nach dem NT, in: Mysterium Kirche, hrsg. von F. Holböck u. Th. Sartory, Salzburg (1962), S. 89—199, weist S. 92—94 auf

Verbreitung des Kirchenbegriffs in Jerusalem und in der Diaspora schwer begreiflich, daß er bei Lukas fehlt. Er verwendet ἐκκλησία in der Apostelgeschichte häufig, aber nur im Sinne von Einzelgemeinde. Es scheint, als ob ihm ein- oder zweimal der Allgemeinbegriff Kirche sozusagen unabsichtlich in die Feder kommt: einmal Act 9 31, wo die Gemeinden in Judäa, Galiläa und Samarien unter ihm zusammengefaßt werden (ἐκκλησία im Singular; der Plural steht allerdings in den späteren Handschriften). Ferner begegnet ἐκκλησία in der Abschiedsrede des Paulus in Milet (Act 20 28). Hier wendet sich Paulus zwar an die Vertreter der Gemeinde von Ephesus, aber seine Ansprache hat bei Lukas den Sinn eines Testamentes an die ganze Kirche (ποιμαίνειν τὴν ἐ. τοῦ θεοῦ!). Bei allem übrigen Vorkommen von ἐκκλησία bezieht sich das Wort stets auf die einzelne Ortsgemeinde. Was muß man diesem Tatbestand, der zwar bekannt, aber nicht ausgewertet ist, entnehmen? Mir scheint die einzig mögliche Antwort die zu sein: Lukas vermeidet das Wort »Kirche« mit Absicht, weil es ihm zu sehr durch seine christliche Verwendung vorbelastet erscheint. 'Εκκλησία ist zur Zeit des Lukas nicht mehr dasselbe, was es einst gewesen war, wo seine alttestamentliche Wurzel noch deutlich empfunden wurde. Lukas will aber seinerseits gerade den Zusammenhang zur alten Heilsgemeinde Israel herausstellen. Da kann er den durch den christlichen Gebrauch abgeschliffenen oder exklusiv gewordenen Begriff »Kirche« nicht gebrauchen. Er ersetzt ihn, wie schon bemerkt, durch Wörter wie λαός usw. aus der Septuaginta oder durch terminologisch nicht belastete Ausdrücke wie μαθηταί, ὁδός, ἅγιοι, χριστιανοί und ἀδελφοί[107]. So erhalten seine Äußerungen über die »Kirche«

---

die Erörterung der Qumran-Parallelen hin. — Auffallend dürfte wohl der übereinstimmende absolute Gebrauch von ἡ ὁδός als Selbstbezeichnung der Gemeinschaft in der Apostelgeschichte und in der 'Gemeinderegel' sein: I Q IX 17; X 21 s. Text m. Übers. hrsg. von Ed. Lohse, Die Texte von Qumran, München 1964, S. 34f. 38f. Zu ὁδός s. auch J. Chr. Lebram, Zwei Bemerkungen zu katechetischen Traditionen in der Apostelgeschichte, ZNW 56, 1965, 202—213 (hier S. 212f.). Nach J. de Waard, A comparative study of the OT text in the Dead Sea Scrolls and in the NT, Leiden 1965 (Studies on the texts of the Desert of Judah 4), sollen gerade die Acta hinsichtlich des atl. Textes Berührungen mit den 'Scrolls' haben. Doch liegt ein Vergleich des Lukas und dei Qumran-Gemeinde außerhalb des Plans dieser Arbeit.

107 Siehe die Liste mit Stellenangabe bei P. Richardson (A. 77), S. 162. Während H. Conzelmann ausführlich (A. 15, S. 193—210) über den Kirchenbegriff des Lukas handelt, stellt E. Haenchen (A. 5, S. 83) schlicht und richtig fest: »Lukas entwickelt keine Lehre von der Kirche — das Wort ἐκκλησία hat nur einmal (9,31) einen Sinn, der über 'Einzelgemeinde' hinausgeht«. Am besten wird C. K. Barrett (A. 76, S. 74f.) mit dem Faktum fertig, daß Lukas nur weltweite Ausbreitung schildert. Er sieht darin den Beweis dafür, daß die Kirche bei Lukas noch keineswegs den Charakter der Heilsanstalt besitzt. — Es liegt nicht in der Absicht meiner Ausführungen, auf Lukas' Kirchenbegriff einzugehen. Nur darauf muß hingewiesen wer-

einen gewissermaßen archaischen Charakter, und auch das dürfte Absicht sein und sich bis in die Darstellung der Organisationsform der Gemeinde auswirken. Bekanntlich kennt Lukas nur die Presbyter als Gemeindeleiter, läßt also die Gemeinden noch bis in seine Zeit nach dem Vorbild der Synagogengemeinden organisiert sein. Nur an der eben zitierten Stelle 20 28 spielt er mit dem Wort ἐπίσκοποι als prädikativer Bezeichnung für die ephesinischen Presbyter, gebraucht es also sicher nicht titulär.

Also auch an dem Fehlen des Begriffs »Kirche« kann man dieselbe Tendenz bei Lukas feststellen, den nachchristlichen Zustand des Gottesvolkes nicht von seinem vorchristlichen abzurücken. Christus trat in dieses Volk ein, um die alten Weissagungen zu erfüllen, das Reich Gottes und sich selbst als den Messias zu verkünden. Seine Predigt hatte Wirkung im Volk, aber die Oberen brachten ihn ans Kreuz. Durch Auferstehung und Himmelfahrt wurde offenbar, daß Gott mit ihm war, und diese Fakten sind durch Zeugen bewiesen. Danach kam die Stunde der Apostel und des heiligen Geistes, in dessen Kraft sie handelten und predigten. Diese Stunde dauert nach Lukas noch an und sie stellt die entscheidende Zeit dar. Das Reich wird für 'Israel' wiederhergestellt sein, wenn Gott sich aus den ἔθνη einen λαός gewonnen hat (Act 15 14). Einstweilen schreitet das Evangelium auf seinem Wege fort. Die Heiden strömen ihm zu, wie schon die Juden. Das Heilsangebot ist universal geworden, wie schon die Bibel die »Hütte Davids« und alle Völker, über die Gottes Name ausgerufen ist, als Einheit der Zukunft zusammenfaßt (Act 15 15-17). Wer jetzt, *nach* dem Zeugnis der Apostel und des Paulus über Christi Erhöhung und seine Rolle als in der Endzeit kommender Richter nicht hört, der will nicht hören und schließt sich aus dem Gottesvolk aus.

Damit ist eine unserer Fragen, die nach der Übernahme der Ehrentitel Israels, beantwortet. Die andere, ob für den unbußfertigen Teil der Juden eine Hoffnung auf Rettung besteht, dürfte von Lukas mit einer an Sicherheit grenzenden Wahrscheinlichkeit verneinend entschieden sein. Es war oben schon einmal die Möglichkeit erwogen worden, unser Autor habe sich durch Gedanken inspirieren lassen, die innerhalb des von der heutigen Forschung so benannten deuteronomistischen Geschichtswerkes eine beherrschende Rolle spielen. Es will nicht bloß die theologische Erklärung für die geschichtlichen Kata-

---

den, daß er im Unterschied zur paulinischen Auffassung keine Ansätze zu einem transzendenten Verständnis hat. Das lukanische 'Volk Gottes' ist im Zuge seiner gesamten heilsgeschichtlichen Auffassung zwar in Gottes Heilsplan da, aber doch eine immanente Größe. Von Präexistenz und kosmologischer Spekulation im Sinne der paulinischen Gleichsetzung von Kirche und Leib Christi ist keine Spur bei Lukas vorhanden. Auch die Zukunft endet für das Volk Gottes immanent, d. h. beim Anbruch des Gottesreiches.

strophen des Gottesvolkes aufzeigen. Daran, daß Gott sein Volk zur Strafe für seinen fortgesetzten Abfall mit dem Ereignis von 587 endgültig habe verstoßen wollen, denkt auch der Deuteronomist nicht. Er will zwar sein Gerichtswort ausrichten, aber er tut es in der Absicht, Israel dadurch zur Umkehr aufzurufen. »Erst die Verweigerung der Umkehr wäre das unwiderrufliche Ende«[108]. Hat Lukas diese Voraussetzung als erfüllt angesehen? Man muß dies doch wohl angesichts der wiederholten Aufrufe an das Volk bei Lukas bejahen. »Euch zuerst hat Gott seinen Sohn erstehen lassen und ihn gesandt, euch zu segnen, wenn jeder sich von euern bösen Taten abkehrt« (Act 3 26). »Euch zuerst mußte das Wort Gottes ausgerichtet werden. Da ihr es ablehnt und euch für des ewigen Lebens unwert erachtet, so wenden wir uns zu den Heiden« (13 46). Wie bei Paulus wird das Vorrecht der Juden unterstrichen; aber ist es das bei Lukas noch? Es schlägt doch geradezu zum Nachteil aus, da es nur die Unbußfertigkeit der Hörer hervorhebt. Daß Paulus sich immer wieder zunächst an die Synagogen wendet, aber vergebens, wirkt im gleichen Sinne und muß den Leser in der Überzeugung befestigen: es ist hoffnungslos mit diesen Juden. Dieser Eindruck ändert sich auch nicht dadurch, daß der Evangelist 13 35 Jesus, an Jerusalem gewandt, im Anschluß an ein Drohwort sprechen läßt: »Euer Haus wird euch verlassen werden. Ich sage euch, ihr werdet mich nicht mehr sehen, bis der Tag kommt, wo ihr sprecht: 'Gelobt sei, der da kommt im Namen des Herrn'«. Dieses Wort ist keine prophetische Voraussage der Szene beim Einzug Jesu in Jerusalem (19 38)[109], sondern meint die Begrüßung des zum Gericht kommenden Christus. Sie kann von Lukas nach der von ihm geschaffenen Umgebung des dunklen Wortes aus der Spruchquelle schwerlich anders gemeint sein als im Sinne des οὐκ οἶδα ὑμᾶς πόθεν ἐστέ v. 25 (vgl. auch 6 46): bei meiner Parusie ist es zu spät für euch.

Das Zitat von Jes 6 9f. am Schluß des Gesamtwerkes ist nach alledem ausschlaggebend (o. S. 118). Der Verfasser hat es im ganzen Verlauf seiner Darstellung immer wieder vorbereitet, indem er die Ablehnung der Botschaft seitens der Juden gegenüber Jesus selbst, dann den Aposteln und schließlich Paulus in sich wiederholenden Szenen dem Leser einprägt. Dieser muß also die jesajanischen Worte am Schluß — sie waren schon Ev. 8 10 zum Beweis der Verstockungstheorie einmal angeführt worden — als endgültig empfinden. In dieser Meinung stimmt heute ein Großteil der Ausleger in den verschiedensten Lagern überein. Ich nenne die in der deutschen Lukasforschung

---

[108] Gerhard v. Rad, Theologie des Alten Testaments I, München 1962, S. 358.

[109] So versteht es H. Conzelmann (A. 15), S. 68f. Anm. 5. Aber das geht nicht, denn beim Einzug sprechen nur die Jünger diesen Segenszuruf, während 13 35 die Jerusalemer gemeint sind.

heute besonders kompetenten E. Haenchen und H. Conzelmann. Ich nenne ferner den der deutschen Auffassung der Geschichte des Urchristentums recht kritisch gegenüberstehenden Dänen Johannes Munck[110], das vorzügliche Buch von Joachim Gnilka[111] und den großen Aufsatz von Augustin George über 'Israel dans l'œuvre de Luc' in der Revue Biblique 1968[112]. In minutiöser Untersuchung prüft der Verfasser das Urteil des neutestamentlichen Autors über Israel, von Abschnitt zu Abschnitt der Heilsgeschichte fortschreitend. Sein Ergebnis ist in vorsichtiger Formulierung doch negativ: die ungläubigen Juden haben ihre Qualität als Volk Gottes verloren. Ob ihnen eine Umkehr gewährt wird, bleibt ungewiß (S. 524f.). Auch P. Richardson müht sich erfolglos, aus den Äußerungen unseres Autors die Möglichkeit einer Buße für den ungläubigen Teil des Volkes herauszulesen: »The Lukan writings exhibit no explicit theory of a necessary rejection of the gospel by the Jewish people, and no attempt to portray things Jewish as illegitimate or outmoded on principle. His attitude to the Jews is not theologically conceived (though his view of the 'times' is partly schematic); it is empirically conditioned by his knowledge of the history subsequent to events portrayed in the gospel. In the light of his knowledge of later widespread Gentile acceptance and general Jewish rejection, he indicates by editorial manipulation a shift from a Jewish focus to a future Gentile (or universal) focus«[113].

9. *Jesu Antrittspredigt in Nazareth.* Bei Würdigung aller nur zu begreiflichen Bemühungen, unseren Autor für eine am Ende doch versöhnliche Haltung gegenüber dem unbußfertigen Teil des Judentums eintreten zu lassen[114], muß hier nun ein letztes ablehnendes Argument angeführt werden. Wir wenden uns damit zu seiner Darstellung von Jesu Auftreten und Predigt in Nazareth Ev. 4 16-30. Zunächst ist hier eine allgemeine Vorbemerkung vorauszuschicken. In der Acta-Forschung hat sich seit Martin Dibelius die Auffassung mehr und mehr durchgesetzt, daß die vom Verfasser hier den Hauptpersonen — Petrus, Stephanus und Paulus — beigelegten Reden von ihm komponiert sind. Das muß nicht bedeuten, daß er sie frei erfunden hätte.

---

110 o. A. 82.

111 o. A. 77 besonders S. 130—154: »Das Wort von der Verstockung in Apg. 28 26f. in seiner Bedeutung für die lukanische Darstellung«.

112 o. A. 72.

113 o. A. 77, S. 165. Vgl. o. S. 125. S. Brown, Apostasy and perseverance in the theology of Luke, Roma 1969 (= Analecta biblica 36), konnte von mir leider nur flüchtig eingesehen werden.

114 Zum Problem s. L. Gaston, No stone on another, studies in the significance of the fall of Jerusalem in the synoptic Gospels, Leiden 1970 (= Nov. Test. Suppl. 23).

Es ist sehr wahrscheinlich, daß er sich dabei älterer Materialien bedient, also Stoffe aus der Tradition aufgenommen hat. Aber er versteht es, auch diese ihm überkommenen Gedanken in seiner Sprache und nach seinem Gesamtplan darzubieten. Es ist daher wohl kaum möglich, je seine »Vorlagen« zu rekonstruieren, wenn man überhaupt diesen Ausdruck anwenden darf, da er die Vorstellung erweckt, es handle sich schon um formal geschlossene Reden, als Lukas sie übernahm. Das ist vielleicht bei der Stephanusrede so gewesen, wo das Vorbild eine Übersicht über die atl. Heilsgeschichte gewesen sein kann, die sich Lukas zurechtgemacht hat[115]. Wenn E. Haenchen betont, daß das Verfahren des Lukas bei der Komposition der Reden in Acta anders sein mußte als im Evangelium, wo ihm die Logienüberlieferung, also Einzelsprüche, den Stoff boten, so bleiben doch Ähnlichkeiten.

Das zeige ein kurzer Blick auf die Rede Jesu beim Abendmahl Lc 22 14-38. Der Aufbau der Rede — nur auf diesen kommt es hier an — ist demnach folgender. Anders als die Vorlage bei Mc 14 17-26 wo die Verratsansage am Anfang steht, beginnt Lukas, nach der Situationsschilderung v. 14, mit einem ihm eigenen Jesuswort v. 15, das einzig in sämtlichen Mahlberichten ausdrücklich sagt, daß es sich um ein Passamahl handle, während das sonst nur aus den Rahmenberichten hervorgeht. Daran schließt sich, gleichfalls ohne Parallele bei den beiden Synoptikern v. 16, die Erklärung Jesu an, dies sei sein letztes Passa-Essen vor dem Essen der »Erfüllung« im Gottesreiche. Hier handelt es sich um eine Analogiebildung zu der in v. 17f. ausgedrückten Erklärung Jesu, er werde von jetzt an bis zum Kommen des Gottesreiches nicht mehr (aus dem Kelch) Wein trinken. Die Erklärung über das Weintrinken erst im Reich Gottes stammt ihrerseits aus Mc 14 25. Dann erst rückt Lukas mit v. 19f. wieder an die Seitenzeugen heran, deren Bericht er aber erweitert, wobei die auch bei Paulus I Cor 11 23-25 vorauszusetzende Überlieferung eingewirkt hat. Heute hat sich gegenüber dem von der Forschung bis vor kurzem ziemlich allgemein vertretenen Standpunkt, die Kurzfassung der Einsetzungsworte bei Lukas sei das Ursprüngliche, siegreich das Eintreten von J. Jeremias für den sog. Langtext durchgesetzt[116]. Bekanntlich

---

115 E. Haenchen (A. 5), S. 73 sowie bei den einzelnen Reden, und RGG³ I, 1956, Sp. 504, 53—70; H. Conzelmann (A. 5), S. 8. Nicht ohne Widerspruch geblieben, aber wichtig ist Ulr. Wilckens, Die Missionsreden der Apostelgeschichte, Neukirchen 1961 (1963²) = WMANT 5. Dazu: Jaques Dupont, Études sur les Actes des Apôtres, Paris 1967 (aus: R. Bibl. 69, 1962), S. 133—155; E. Haenchen l. c. S. 682—689.

116 J. Jeremias, Die Abendmahlsworte Jesu, Gött. 1960³ (1967⁴), S. 133—153. Auf dieses bedeutende Buch sei nachdrücklich hingewiesen, wenn ich auch im Folgenden bei der Analyse der lukanischen Komposition meine eigenen Wege gehe. Siehe auch H. Schürmann, Der Paschamahlbericht, Münster 1953 (Ntl. Abh. 19,5); ders., Der Einsetzungsbericht, 1955 (ebd. 20,4); ders., Jesu Abschiedsrede, 1957 (ebd. 20,5).

entsteht aber dadurch die Schwierigkeit, daß Lukas zweimal vom Kelchtrinken spricht (in v. 17 u. 20). Dies scheint mir die Vermutung zu rechtfertigen, daß die Verse 15-18 eine freie Bildung des Evangelisten sind. Mit dem feierlichen »Mich hat herzlich verlangt, dieses Passa zu essen« hat er im LXX-Stil[117] eine Einleitung zu der folgenden längeren *Abschiedsrede* geschaffen, die bei ihm viel umfassender als bei den Seitenzeugen mit ihrem auf die Einsetzungsworte beschränkten Bericht ist. In v. 16 wird nur vom *Essen* des Passa(-Lammes) gesprochen. Das hat zur Folge, daß in v. 17 nun auch das Wein*trinken* beschrieben wird, um damit die übliche Abfolge von Essen und Trinken zu wahren. Lukas gewinnt mit vv. 19-20, wie schon gesagt, Anschluß an die traditionellen Einsetzungsworte. Nochmals wird v. 19 vom Brotbrechen (= Essen) und v. 20 vom Becher (= Trinken) gesprochen. Dazwischen hat das eigentliche Mahl (mit dem Lammbraten) stattgefunden, wie aus dem μετὰ τὸ δειπνῆσαι v. 20 geschlossen werden muß. Der lukanische Bericht stellt sich auf diese Weise als eine Verdoppelung des ganzen Vorgangs dar: voraus geht mit vv. 15-17 eine allgemeine Schilderung des Passamahles, und daran schließt sich die Zitation des liturgischen Formulars aus der Eucharistie. Diese Verdoppelung durch allgemeine Darstellung des Mahles und Wahrnehmung des Formulars erklärt zwanglos das zweifache Auftreten des Bechers, das bekanntlich von jeher den Interpreten Schwierigkeiten geschaffen hat. Dafür, daß Lukas bei seinem vorangestellten allgemeinen Überblick selbst zu Worte kommt, spricht außer dem schon erwähnten, bei feierlichen Gelegenheiten auftretenden LXX-Stil auch das ἕως ὅτου πληρωθῇ in v. 16, mit dem die von Lukas von Anfang an betonte Theologie von Gottes Plan und seiner Erfüllung ins Spiel kommt. — Die übrige Analyse der Abschiedsrede bei Lukas ist einfach. Nachdem die vv. 21-23 die Verratsansage, die vorher übergangen worden war, nachgeholt haben, folgen ab v. 24 aneinandergereihte Stücke aus der synoptischen Tradition, teils aus Markus, teils aus der Spruchquelle. Sie stehen dort in ganz anderen

---

Auch R. Schnackenburg, Die Kirche im NT, Freiburg (1961), behandelt bei seiner Darstellung der lukanischen Konzeption der Kirche (S. 58—64) die Abendmahlsgespräche Jesu (S. 62f.). — Arthur Vööbus, Kritische Beobachtungen über die lukanische Darstellung des Herrenmahls, ZNW 61, 1970, S. 102—110, tritt S. 107f. energisch wieder für den Kurztext ein.

[117] Ἐπιθυμίᾳ ἐπεθύμησα ist sowohl Hebraismus, wie es an die griechische figura etym. erinnert. A. Debrunner, Gramm. d. ntl. Gr., Gött. 1943[7] § 198,6 m. Anhang S. 35. Es ist sehr naheliegend, aber nicht sicher, bei dem folgenden πάσχα und παθεῖν (= sterben ?) an die zuerst bei Melito von Sardes bezeugte und nur im Griechischen mögliche Etymologie πάσχα von πάσχειν zu denken: s. Wolfgang Huber, Passa und Ostern, Berlin 1969, S. 112f.; E. Haenchen (A. 5) S. 109 m. Anm. 2. Nach Melito wäre als nächste Stelle auf Irenäus IV 10,1; II 173 Harv. hinzuweisen.

Zusammenhängen[118] und sind ersichtlich hierher übertragen, um ein gewisses Volumen der Rede zu erreichen. Die vv. 31-33 sind Sondergut des Lukas[119]. Sie enthalten ein Wort an die Jünger, das ihnen den Beistand des Herrn in den folgenden Versuchungen verheißt. Speziell Petrus wird eine Art Führungsauftrag nach seinem Fall erteilt: v. 32. Bei seiner zuversichtlichen Antwort hat man fast den Eindruck, daß dem Verfasser bereits die spätere Petruslegende bekannt ist. Wahrscheinlich sind die vv. 31-33 hier eingefügt, um die in v. 34 nun folgende synoptische Verleugnungsansage zu entschärfen[120]. Die Rede wird abgeschlossen mit dem ebenfalls nur bei Lukas berichteten Wort von den zwei Schwertern 22 35-38, das, wie auch immer im einzelnen zu verstehen, auf die nun beginnende Passion überleitet. — Dieser flüchtige Überblick über den Aufbau der von Lukas im Anschluß an die Szene vom letzten Abendmahl geschaffenen Abschiedsrede Jesu[121] macht im einzelnen sein Verfahren bei der Komposition von Reden deutlich. Er benutzt den von seiner Vorlage Markus gebotenen Anlaß dazu, um aus ihr selbst durch Beiziehung von Einzelsprüchen aus der synoptischen Überlieferung und aus seinem Sondergut, wobei eigene Zutaten nicht auszuschließen sind, ein größeres Ganzes zu bilden. Nicht immer wird der Leser finden, daß er dabei glücklich verfährt. Zum Beispiel setzt der 'Rangstreit' der Apostel v. 24-27 bei solcher Gelegenheit, d. h. im Schatten des kommenden Todes Jesu, ein ungewöhnlich niedriges Maß an Einfühlungsvermögen bei ihnen voraus. Um so überraschender ist dann die v. 28f., wohl aus der Logienquelle, hier als Lohn für tapferes Ausharren bei Jesu Anfechtungen den Aposteln vermachte Aussicht auf das himmlische Mahl und die Regentschaft über Israel[122]. Doch muß trotzdem oder gerade deswegen betont werden, daß sich Lukas um engen Anschluß an Traditionsstoffe

---

[118] Dazu siehe den Kommentar von E. Klostermann (A. 13) z. St.; auch Conzelmann (A. 15) S. 72—76.

[119] Der v. 33 hat eine entfernte Parallele bei Mc 14 29.

[120] Jack Finegan, Die Überlieferung der Leidens- und Auferstehungsgeschichte, Gießen 1934 (= BZNW 15), S. 14f. ist bei der Beurteilung von vv. 31-34 im Recht gegen R. Bultmann (A. 17), S. 297f. und Erg.Heft, 1962, S. 42. Gegen H. Conzelmanns Auffassung von der satansfreien Zeit im Leben Jesu (markiert durch Lc 4 13 und 22 3) wendet sich Sch. Brown, Apostasy and perseverance in the Theology of Luke, Rom 1969 (Analecta Bibl. 36). Er will zeigen, daß der Glaube der Jünger und speziell des Petrus zwar schwankt, aber ungebrochen blieb.

[121] Eth. Stauffer, Theol. d. NTs, Stuttgart 1948, S. 327ff., gibt eine Zusammenstellung über Abschiedsreden und -szenen in der Bibel. Johannes Munck, Discours d'adieu dans le NT et dans la littérature biblique = Au source de la trad. bibl. (Mélanges offerts à M. Maurice Goguel), Neuchâtel 1950, S. 155—170, gibt einen Kommentar zu Stauffers Übersicht, erwähnt aber Lc 22 14-38 nicht.

[122] Daß aus dem Gottesreich eine βασιλεία τοῦ 'Ιησοῦ (v. 29) wird, könnte wieder die Hand des Lukas verraten. S. dazu H. Conzelmann (A. 15), S. 108—111.

bemüht. Auch ihm unbequeme Stücke aus ihnen fallen nicht unter den Tisch, sondern werden, so gut es geht, verwertet.

Von allen drei Synoptikern erfahren wir, daß Jesus bei einem Besuch in der Synagoge seiner Vaterstadt Nazareth gepredigt habe. Den längsten Bericht darüber verdanken wir Lukas: 4 16-30. Markus (6 1-6) und Matthäus (13 53-58) erwähnen gerade nur die Tatsache, daß Jesus zu Nazareth erfolglos in der Synagoge gelehrt habe. Lukas weiß von Text und Inhalt der Predigt zu berichten, von der Aufnahme bei den Hörern und dem tumultuarischen Abschluß des Vorgangs. Der auffallendste Unterschied zwischen ihm und den beiden andern besteht in der Stellung des Abschnittes. Bei Markus erscheint er erst lange nach dem Beginn von Jesu Auftreten[123]. Matthäus, der dem Erzählungsfaden des Markus folgt, hat vorher noch zwei Redekompositionen — die Bergpredigt c. 5—7 und die Jüngerrede c. 10 — eingeschoben. Man hat diese auffallende Abweichung in der Anordnung bei Lukas mit Recht dahin gedeutet, daß er aus einer Episode bei den anderen Evangelisten einen programmatischen Auftritt Jesu habe machen wollen. Daß er den Markusbericht vor sich hat und nicht etwa noch eine zweite Quelle, der er in ihrer Anordnung folgt, um dann an der Parallelstelle zu Markus (nach der Erweckung der Tochter des Jairus Mc 5 21-43 = Lc 8 40-56) zwischen c. 8 und 9 die Nazarethgeschichte auszulassen, muß als völlig gesichert gelten[124]. Aus einem doppelten Grunde: erstens ist gerade die Tatsache dieser Auslassung am einfachsten dadurch zu erklären, daß der Evangelist die Geschichte von dieser Stelle in seinem Markusleitfaden nach vorn vorgezogen hat. Es ist eine zusätzliche Hypothese, diesen Vorgang durch das Vorhandensein noch eines zweiten Erzählungsfadens — der Sonderquelle — zu erklären, dem sich der Evangelist gelegentlich anschlösse. Wozu eine solche Hypothese, wenn die Zweiquellentheorie zur Erklärung des Tatbestandes völlig ausreicht! Denn es ist zweitens ganz deutlich, daß es sich bei der jetzigen Form der Geschichte bei Lukas um *seine* Prägung handelt, nicht um eine durch ihn von einer Art gespensterhaften Doppelgängers übernommene. Seine Prägung ist erkennbar an dem Erzählungsstil. Die lebendige Art der Schilderung von Jesu Besuch in Nazareth »wo er aufgewachsen war«, seinem Gang in die Synagoge am Sabbath »nach seiner Gewohnheit«, die anschauliche Ausmalung der Szene, wie er aufsteht, die Schriftrolle empfängt, aufrollt

[123] W. G. Kümmel (A. 8) veranschaulicht das S. 28 mit einer Tabelle.

[124] S. dazu H. Conzelmann (A. 15), S. 26f. mit Literatur, die die 'Sonderquelle' vertritt. Diese wird auch von G. Delling, ZNW 53, 1962, S. 19 Anm. 82, für unsere Stelle angenommen im Anschluß an Fr. Rehkopf, Die lukan. Sonderquelle, Tübingen 1959. Zum Problem s. H. Schürmann, Zur Traditionsgeschichte der Nazareth-Perikope Lc 4 16-30: Mélanges Bibliques en hommage au ... Béda Rigaux, Gembleux (Belgien) 1970. R. Tannehills Analyse (o. S. 51ff.) stimme ich zu.

und aus ihr vorliest, um sie wieder zu schließen und dem Synagogendiener zurückzugeben, das ist der unverkennbare lukanische Stil, uns vertraut aus vielen Umrahmungen von Szenen im Evangelium und den Reden in der Apostelgeschichte. Seine Prägung ist sodann erkennbar an der Angleichung an den jetzigen Zusammenhang. Die Schriftlesung aus Jes 61 1f. beginnt mit den Worten: »Der Geist des Herrn liegt auf mir, weil er mich gesalbt hat«. Der 'Geist', das ist das Stichwort, welches unsere Nazaretgeschichte mit dem Voranstehenden verbindet. Bei der Taufe hat Jesus nach 3 22 den heiligen Geist in der leiblichen, d. h. sichtbaren Gestalt, einer Taube empfangen. 'Voll hl. Geistes' kehrt er 4 1 vom Jordan zurück und wird von ihm für vierzig Tage in die Wüste geführt, um von da 4 14 nach siegreich abgeschlagener Versuchung durch den Teufel nach Galiläa zurückzukehren. Wenn die Nazarethgeschichte von dem Doppelgänger des Lukas stammen soll, dann muß auch dieser ganze Zusammenhang von jenem stammen, und für unseren Autor bliebe nur eine elende Kopistenrolle übrig. Seine Prägung ist drittens erkennbar an dem theologischen Gewicht der Geschichte im Ganzen des lukanischen Werkes. Es handelt sich nicht bloß um den rhetorischen Stil des Geschichtsschreibers und die Vorstellung seines Helden durch einen ihn herausstreichenden Auftritt bei Beginn seiner Laufbahn. Es geht ja um viel mehr. Lukas hat hier eine Szene geschaffen, die programmatisch — siehe oben — Stellung, Sendung und Schicksal Jesu vorwegnimmt und einen Vorausblick auf den Lauf des Evangeliums eröffnet. Mit einem Wort, es wird hier nicht nur die evangelische Geschichte, sondern bereits auch die Apostelgeschichte ins Auge gefaßt[125]. Das kann niemand anders als Lukas selbst und unabhängig von jeder anderen Darstellung neben der des Markus als Ausgangspunkt für seinen Höhenflug getan haben.

Geht man nun ins einzelne, so ist zunächst zu erwähnen, daß wir in der lukanischen Schilderung einen zutreffenden Eindruck vom Rahmen eines antiken Synagogengottesdienstes erhalten. Möglicherweise liegt hier eigene Anschauung des Verfassers aus seiner Zeit zugrunde. Paul Billerbeck, der vorzügliche Kenner des nachbiblischen Judentums, ist noch bei seiner Darstellung eines Synagogengottesdienstes in Jesu Tagen von unserer Szene ausgegangen[126]. Das Zitat aus Jes 61 1f., 58 6 hat zu Verhandlungen darüber geführt, ob hier bereits an eine Perikopenordnung für die Lesung der Haphtharen gedacht werden könne. Abgesehen davon, daß wir von einer solchen aus so früher Zeit nichts wissen, scheint mir die Frage abwegig zu

---

[125] Diese Beziehung ist schon oben S. 99 f. an der Parallele zu dem ungehinderten Gang des Evangeliums Act 28 31 angedeutet worden. Vgl. Tannehill o. S. 62. 68—73.

[126] ZNW 55, 1964, S. 143—161.

sein[127]. Es handelt sich ja ganz augenscheinlich — s. das oben über den Zusammenhang mit dem Vorangegangenen Bemerkte — um ein von Lukas unter dem Stichwort 'Geist' selbst ausgewähltes Zitat. Es gibt ihm überhaupt die Möglichkeit, Jesus als Gottes Gesalbten, also als 'Christus' vorzustellen. Und noch mehr, die Worte des Propheten von der Heilsbotschaft an die Armen, von der Befreiung der Gefangenen, Heilung der Blinden, Befreiung der Mißhandelten, einem Gnadenjahr des Herrn[128] eröffnen den Ausblick auf Jesu Heilandstätigkeit. Sie sind gleichsam in großer Dichte ein Summarium und sollen im Leser eine Fülle von Assoziationen zu späteren Worten und Taten Jesu erwecken. Denn um es gleich vorweg zu nehmen: die Schriftlesung bildet den erheblichsten Teil der Worte Jesu. Die eigentliche Predigt (4 21) besteht nur aus einem einzigen Satz: »Heute ist diese Schrift in Erfüllung gegangen in euren Ohren«. Der Satz ist allerdings in aller seiner Kürze schicksalsschwer — nicht für Jesus, sondern entscheidend für das Schicksal seiner Hörer. Er ist die Selbstproklamation Jesu als Messias mit einem Wort aus der inspirierten Schrift, also mit dem Nachdruck unbedingter, göttlicher Autorität. »*Heute*, ihr habt das Prophetenwort noch in den Ohren, stehe ich als euer Heiland vor euch!« Lukas kann sich berechtigt fühlen, Jesus so sprechen zu lassen, während wir doch von Markus und Matthäus wissen, daß Jesus nicht mit einem christologischen Selbstzeugnis, sondern mit der Verkündigung von der Nähe des Gottesreiches und einem Bußruf begann. Die messianische Proklamation hat Lukas aus der Antwort Jesu an die fragenden Täuferjünger 7 22f. herübergenommen, wo Jesus unter Hinweis auf Wundertaten und auf die Heilsbotschaft an die Armen, wie an unserer Stelle, von Johannes die Entscheidung

[127] L. Crockett, Lc 4 16-30 and the Jewish Lectionary cycle, a word of caution = Journ. Jewish Stud. 17 (1966) S. 13—45, ist gegenüber der von ihm zitierten A. Guilding recht zu geben. Sehr problematisch erscheint mir auch Ch. Cave, The sermon at Nazareth and the Beatitudes in the light of the Synagoge Lectionary, Studia Ev. III, Berlin 1964, S. 231—235 = TU 88. S. auch K. Hruby, Die jüdische Liturgie zur Zeit Jesu, Judaica 18, (1962), S. 104—126. Auch A. Finkel, Jesus' Sermon at Nazareth = 'Abraham unser Vater', Festschr. f. O. Michel, Leiden 1963, S. 106 bis 115 bietet eine reine Vermutung in seinem auch sonst sehr anfechtbaren Aufsatz, wenn er Jes 61 1f. zur Lektion des Tages machen möchte. Ein heutiger Kenner wie D. Daube erklärt aber wie schon die ältere Forschung, daß wir von der prophetischen Leseordnung nicht einmal für die Festtage etwas wüßten: TU 79, 1961, 67. Zu der Rolle von Jes 61 1 in Qumran (Fragm. 11 Q Melch) vgl. G. Theißen (A. 138) S. 135—143; O. Betz, The Kerygma of Luke, Interpret. 22, 1968, 131—146 (135f.); ders., L'état des études sur Qumran en 1970, Étud. Théol. et Rel. 45, 1970, 367 bis 380 (372); A. Strobel o. S. 48f.

[128] 'Ενιαυτὸν κυρίου δεκτόν: Übersetzung von E. Klostermann (A. 13) z. St. Zur Bedeutung des Jesajazitates s. die vortrefflichen Äußerungen R. Tannehills o. S. 68—73.

für sich als Messias verlangt. Durch diese Parallele ist Lukas gedeckt, er hat Jesus nichts untergeschoben, was er nicht an anderer Stelle gesagt hätte. Die Antwort an die Johannesjünger schließt mit dem Wort: »Und selig ist, wer sich nicht an mir ärgert!« Schicksalhaft für den Hörer ist, wie er das Wort Jesu aufnimmt. Das zeigt sich auch gleich im Fortgang der Nazarethszene. Es folgt jetzt v. 22, dessen Verständnis sehr umkämpft ist[129]. Der Evangelist lenkt von Jesus zu den Hörern hinüber: »Und alle legten Zeugnis für ihn ab und waren voll Bewunderung für die Worte der Gnade, die aus seinem Munde kamen«. Aber so positiv das klingt, es handelt sich doch nur um eine Art negativer Zeugenschaft. Die Wendung v. 21 (σήμερον πεπλήρωται ἡ γραφὴ αὕτη) ἐν τοῖς ὠσὶν ὑμῶν ist wieder Bibelstil[130]. Es wird damit ausgedrückt, daß etwas in jemandes Gegenwart gesagt wird, so daß er es hören kann. An unserer Stelle war vorher v. 20 erzählt worden, daß nach der Schriftlesung aller Augen in der Synagoge fest auf Jesus gerichtet waren. So wird ihre Zeugenschaft in doppelter Weise ausgedrückt: sie haben Jesus gesehen und gehört, ja sie haben sogar seine Worte der Gnade bewundert[131]. Und damit haben sie Zeugnis für den Messias abgelegt. Es wurde schon bemerkt, daß es Lukas darauf angekommen sein könnte, das jüdische Volk dabei festzuhalten, daß es Jesus gehört und gesehen hat[132]. Das bringt er schon hier bei den Bürgern von Nazareth mit dem Wort μαρτυρεῖν zum Ausdruck. In demselben Sinn tut das die Praedicatio Petri, nach der die zwölf Jünger und Apostel von Christus ausgesandt werden, damit alle die hören und glauben gerettet werden, die aber die nicht glauben, obwohl sie hörten, zu Zeugen werden (μαρτυρήσωσιν) und sich nicht damit herausreden können, 'wir haben nichts gehört'[133]. Auch die Bürger von Nazareth haben gehört und sie räumen das sogar ein. Aber nun erfolgt der Umschwung v. 22b: sie sagten »ist das nicht Josephs Sohn?« Im Gegensatz zu den Seitenreferenten spricht Lukas von Jesu

[129] Die Auskunft meines verehrten Freundes J. Jeremias Lc 4 22 ἐμαρτύρουν αὐτῷ solle heißen, sie legten Zeugnis *gegen* ihn ab und αὐτῷ sei dativus incommodi, halte ich nicht für annehmbar, da sie dem sonstigen Gebrauch dieser Vokabel bei Lukas und anderen widerspricht. Die Peripetie der Nazarethszene kann nicht mit dem Fortfall des Wortes vom Tag der Rache in Jes 61 2 erklärt werden, obwohl Jeremias das ausführlich zu begründen sucht: Jesu Verheißung für die Völker, Stuttgart 1956, S. 37—39.

[130] W. Bauer, W.B.⁵ s. οὖς.

[131] Χάρις kann auch 'Anmut', 'Lieblichkeit' bedeuten, und W. Bauer, W.B.⁵ s. v. übersetzt 4 22 »die anmutsvollen Worte«. H. Conzelmann (ThWB IX, 382, 23) denkt an bewußten Doppelsinn. Wenn man mit Bauer übersetzen kann, kommt die im Text vertretene Auffassung noch besser heraus, da sich die Einwohner von Nazareth dann nur an das Äußerliche der Worte Jesu halten.

[132] S. oben S. 111.

[133] Fragment 3 bei Klostermann, Apocrypha I (Kleine Texte 1), S. 15 (aus Clem.Alex., Strom. VI 5, 43 u. 48).

Vater Joseph und nur von ihm, während bei den anderen dieser Name nicht fällt, aber ausführlich von Maria und den Brüdern gesprochen wird. Offenbar will Lukas hier nicht verkürzen, sondern die Aufmerksamkeit auf Joseph konzentrieren. Das dürfte aus keinem andern Grunde geschehen sein, als weil die Nazarethaner mit ihrer Frage Jesu wunderbare Geburt angreifen sollen. Für sie ist der, der sich soeben vor ihnen als Messias ausgerufen hat, nichts weiter als ein gewöhnlicher Mensch, der Sohn Josephs aus ihrem Dorf[134]. Damit ist ihr Unglaube erwiesen. So versteht man, daß von nun an die Situation in der Synagoge von Nazareth hoffnungslos geworden ist. In mehreren, jeweils durch die verräterische Einführung mit »und er sagte zu ihnen«, »er sagte aber: wahrlich ich sage euch«, »wahrhaftig ich sage euch« als Flickwerk gekennzeichneten Sätzen erwidert Jesus, er erwarte die Aufforderung, nach dem Sprichwort: Arzt heile dich selbst, er solle nun, wie in Kapernaum, auch in seiner Vaterstadt Wunder tun (v. 23). Ein Prophet habe kein Ansehen in seiner Vaterstadt (v. 24). Der letzte Absatz der Erwiderung Jesu ist der längste und weist an zwei Geschichten von Elias und Elisa aus den Königsbüchern darauf hin, daß diese Propheten freundschaftlich mit einer heidnischen Witwe und einem ebenfalls heidnischen Aussätzigen verkehrt hätten, während viele Witwen und Aussätzige in Israel sie nicht kümmerten (v. 25-28). Mit diesen beiden Prophetengeschichten wird doch wohl eine Art Heilsuniversalismus angedeutet. Neben Israel, dem nun nicht mehr bevorrechteten Volk, stehen gleichgeliebt von Gott die Heiden. Das empört die Zuhörer und führt zu dem bereits oben (S. 99) behandelten Versuch, Jesus zu steinigen (v. 28-30).

Lukas hat, wie in der Abschiedsrede Jesu beim letzten Abendmahl, für unsern Abschnitt überliefertes Material von verschiedenen Seiten zusammengeholt. Als Wichtigstes steht das Jesaja-Zitat voran als die prophetische Grundlage für den christologischen Anspruch Jesu, den er 'heute' vor den Hörern erhebt. Dieses 'heute' ist wieder biblischer Stil und erinnert erneut an das Deuteronomium. Bekanntlich

---

[134] H. v. Campenhausen, Die Jungfrauengeburt in der Theologie der alten Kirche, Heidelberg 1962 (= Sb. Heidelb. phil.hist. Kl. 1962, 3), S. 7f. Obwohl der Evangelist von der in seiner Vorgeschichte erzählten Geburtslegende keinen sichtbaren Gebrauch im übrigen Evangelium macht, wird man unterstellen dürfen, daß er sie nicht vergessen hat. — Lc 4 22 οὐχὶ υἱός ἐστιν Ἰωσὴφ οὗτος; erinnert an die Situation von Joh 6 42, wo Jesus sich als das Brot vom Himmel bezeichnet, aber darauf zu hören bekommt: »Ist der nicht Jesus, der Sohn Josephs, dessen Vater und Mutter wir kennen. Wie kann er jetzt behaupten, er sei vom Himmel herabgekommen!« Aber bei Johannes handelt es sich um seine »Darstellungsweise der Mißverständnisse«: dazu Luise Schottroff, Joh 4 5-18 und die Konsequenzen des johanneischen Dualismus, ZNW 60, 1969, S. 199—214 (S. 206f.). Bei Lukas liegt Verweigerung des Glaubens an den Christus vor.

trägt sein Verfasser die Wiederholung des Sinaigesetzes durch Mose vor seinem Tode als Paränese an das Israel seiner Zeit, d. h. unter Josia am Ende des 7. Jahrhunderts, vor. Er will damit kurz vor der Katastrophe Israel noch einmal »das Leben« anbieten: »Siehe ich habe dir heute vorgelegt Leben und Glück, Tod und Unglück« (Deut 30 15). »Nirgends kommt das leidenschaftliche Bemühen, die Sinaigebote für diese Zeit zu aktualisieren, so deutlich zum Ausdruck wie in jenem unendlich variierten 'Heute', das der deuteronomische Prediger seinen Hörern einhämmert. Dieses 'Heute' aber meint die Zeit des Mose und die des Deuteronomiums in einem«[135]. In derselben Rolle steht Jesus in der Synagoge, um seinen Hörern *heute* Leben oder Tod anzubieten, je nachdem sie sich für oder gegen ihn entscheiden. Sie verweigern ihm den Glauben an seine Messiaswürde und wählen damit ihren Tod. Das 'heute' von Lc 4 21 wird in der deutschen Forschung als rein historisierend aufgefaßt[136]. Lukas hätte also bei der Nazarethszene eine rein geschichtliche, d. h. Vergangenes berichtende Darstellung im Auge. Ich kann das nicht finden. Erstens ist ja, wie auch H. Conzelmann weiß, die Szene symbolgeladen, denn sie weist auf die Geschichte Jesu und das unaufhaltsame Vordringen des Wortes voraus. Sie ist nichts Einmaliges, wie ein geschichtlicher Vorgang, sondern etwas Typisches, sich stets Wiederholendes. Zweitens fällt auf und spricht für das soeben Festgestellte, daß in v. 22 die Verben im Imperfekt, nicht im Aorist stehen. Das Imperfekt als 'lineare Aktionsart' hebt im neutestamentlichen wie im klassischen Griechisch die Dauer oder das sich Wiederholende eines Vorgangs heraus[137]. Es ist hier also an die immer wiederkehrende Ablehnung der Botschaft Jesu und der Apostel gedacht. Die Inanspruchnahme des Judentums durch das Evangelium in ihrem negativen Ausgang — und dies beides auf Dauer — wird durch die Nazarethszene veranschaulicht. Macht man sich drittens klar, daß der Vorgang sich im Gottesdienst abspielt, so erhält er etwas Überzeitliches. Das 'Heute' wird zum ständigen Anruf, es wird zur Gegenwart. Auch die heutige Gemeinde, die christliche, steht im Gottesdienst vor ihrem Heiland. Das schildert der Verfasser des I. Clemensbriefes, den wir schon verschiedentlich mit Lukas vergleichen konnten. In c. 35 und 36 heißt es:

»Laßt uns darum bemüht sein, in der Schar der ihn Erwartenden gefunden zu werden, damit wir die verheißenen Gaben empfangen. Wie kann das geschehen? ... Wenn wir dem Weg der Wahrheit folgen und alles Unrecht und Laster abwerfen (35,4f.). ... Das ist der Weg, Geliebte, auf dem wir unser Heil (τὸ σωτήριον) finden, Jesus Christus, den Hohenpriester unserer Opfer, den Vorsteher und Helfer unserer Schwachheit.

---

[135] Gerh. v. Rad, Theologie des ATs I⁴, Stuttgart 1962, S. 244.

[136] So H. Conzelmann (A. 15), S. 30 und viele sind ihm darin gefolgt. Mit Recht opponiert S. G. Wilson (A. 28), S. 346f.

[137] A. Debrunner (A. 117), §§ 318. 325.

Durch ihn blicken wir in Himmelshöhe,
Durch ihn erschauen wir sein (Gottes) makelloses und erhabenes Antlitz,
Durch ihn wurden die Augen unseres Herzens geöffnet,
Durch ihn blüht unser unverständiger und verfinsterter Verstand zum Licht empor,
Durch ihn wollte der Herrscher uns die unsterbliche Erkenntnis kosten lassen,
(Durch ihn), der der Abglanz seiner Erhabenheit ist . . .« (36,1f.)[138].

Die Clemensstelle mag veranschaulichen, was eine christliche Gemeinde in einem Gottesdienst aus der Zeit des Lukas empfand. Christus ist im Wort und im Kultus der Gemeinde gegenwärtig, immer wieder; so wie Jesus in der Synagoge von Nazareth das Bekenntnis zu sich als Christus verlangte, so geschieht es noch 'heute' in den christlichen Versammlungen[139]. Ob nicht Lukas im *Blick auf den Gottesdienst* ebenso wie Paulus die eigene Zeit als eschatologische bezeichnen könnte? Muß für ihn die Heilszeit historisch geworden sein? Man wird ja wohl gegen diese Fragen nicht einwenden wollen, daß in Nazareth ein jüdischer Gottesdienst gehalten wurde.

Auch der folgende v. 23 hat seine Schwierigkeiten. Das gilt nicht für die Redensart (παραβολή) 'Arzt, kurier' dich selbst'. Sie ist weitverbreitet und mag von Lukas aufgegriffen worden sein, um der Forderung der Nazarethaner nach Wundern Jesu bei ihnen Nachdruck zu verleihen. Daß Jesus sie als Prophezeiung (ἐρεῖτε) ausgesprochen hätte, verkennt den Diatriben-Stil dieses Wortes, mit dem ein Einwand des Gegners fingiert wird. Das Futur wird dabei kaum noch empfunden[140]. Der Hauptanstoß liegt darin, daß hier auf Wunder in

138 Gerd Theißen prüft das Verhältnis dieser Partie des I. Clem. zum Hbr: Untersuchungen zum Hebräerbrief, Gütersloh 1969 (= StNT 2), S. 34—37. Er hält die fünffache Anapher »durch ihn« für hymnische Tradition. R. Bultmann, Theol. 1958³, S. 508 denkt an die Liturgie; so auch schon W. Bousset, Kyrios Christos, Göttingen 1921² (1967⁶), S. 284f. — Man beachte, daß hier die äußerst seltene Bezeichnung τὸ σωτήριον für Christus auftritt, wie Lc 2 30 3 6 Act 28 28, ein Durchscheinen der Bibelsprache hier wie dort.

139 Origenes, Werke IX Lukashomilien ed. M. Rauer, Berlin 1959², Hom. 32 S. 181 bis 184 (GCS 49) bietet eine Auslegung, die den Leser möglichst mit dem Hörer in der Synagoge v. Nazareth identifizieren möchte: »Wenn das wahr ist, was geschrieben steht, so hat nicht bloß damals in den Gemeindeversammlungen der Juden der Herr geredet, sondern er redet auch heute noch in dieser Versammlung. Und nicht allein hier bei uns, sondern auch in jedem andern Gottesdienst und in der ganzen Welt redet Jesus. Er sucht sich Werkzeuge, durch die er lehren kann. Betet darum, daß er auch mich für die Predigt geschaffen und geeignet finden möchte« (S. 182, 6—10). — Bei Origenes wird das Zitat aus Jes 61 1. 2f. bis zum 'Tag der Rache' gelesen (S. 184, 4). In Hom. 33 wird die Unstimmigkeit mit Kapernaum in v. 23 festgestellt (S. 185, 5—7) und ferner '*Nazareth in typo Iudaeorum, Capharnaum in typo ... gentilium*' allegorisch gedeutet (S. 185, 11f.).

140 Gegen H. Conzelmann (A. 15) S. 28: J. Dupont, Le salut des Gentiles (1959/60), in: Études sur les Actes des Apôtres, Paris 1967, S. 405 Anm. 52. Παραβολή = Redensart: J. Jeremias, Gleichnisse, 1962⁶, S. 16. Diatribenstil: Hartwig Thyen,

Kapernaum angespielt wird, obwohl angesichts der lukanischen Umstellung der Nazarethgeschichte Jesus noch gar nicht in Kapernaum gewesen ist. Dieses Problem wird uns noch einmal beschäftigen.

In v. 24 tritt wieder ein Sprichwort auf, dieses in Parallele zu Mc 6 4 und Mt 13 57. Es handelt sich um das Wort vom daheim verachteten Propheten. Obwohl die Quellenfrage hier also durch die synoptische Tradition beantwortet ist, bleibt doch ein Problem. Beide Sprichwörter sind auch sonst in der Jesusüberlieferung bezeugt und zwar wie hier bei Lukas miteinander verbunden. Diese außerkanonische Tradition wird vertreten durch Pap. Ox. 1, neuerlich auch durch das Thomas-Ev.[141]. Sie dürfte auf Lukas fußen.

Für die Kompositionstechnik des Evangelisten ergibt sich aus v. 23f., daß er teils aus Markus, teils aus freier Überlieferung Material übernimmt. Das Wort vom Arzt, der sich selber kurieren soll, ist nur in übertragenem Sinne (Jesus solle für seine Heimatstadt etwas tun) in den Zusammenhang einfügbar. Es bleibe also offen, ob die Einfügung von Lukas selbst vorgenommen wurde oder ob er von Tradition abhängig ist.

Der Abschnitt v. 25-27 knüpft vielleicht stichwortartig (προφήτης) an v. 24 an. Nach R. Bultmann (S. 122) handelt es sich um »ein selbständiges Traditionsstück zum Thema Juden und Heiden, das Lukas zum Bau seiner Programmpredigt Jesu benutzt«.

Auf die Einführungsformeln der einzelnen Stücke, die das Einsetzen einer jeweils neuen formgeschichtlichen Einheit anzeigen, war schon oben S. 139 hingewiesen worden. Neuerdings liegen zwei Monographien über die Einführungsformeln mit Amen oder ähnlich vor, die auch zum Verständnis unseres Abschnittes beitragen[142].

Der Stil d. jüd. hellenist. Homilie, Gött. 1955 (= FRLANT 65), S. 41. Nicht futurisch: Diognet 2, 1 οὓς ἐρεῖτε καὶ νομίζετε θεούς. Auch daß H. Conzelmann S. 29 die Verwandten Jesu zu Sprechern der Opposition macht und den Vorgang von 8 19-21 mit dem hiesigen in Verbindung bringt, ist ganz abwegig: s. dagegen J. Dupont l. c. (Zu ἐρεῖτε s. R. C. Tannehill o. S. 55).

[141] R. Bultmann (A. 17), S. 30f. Erg.Heft 1962, S. 9; J. Jeremias, Unbekannte Jesusworte, Gött. 1963³, S. 13—15; Wolfgang Schrage, Das Verhältnis des Thomas-Evangeliums zur synoptischen Tradition, Berlin 1964 (BZNW 29), S. 75—77. Schrages These, daß das Logion 31 auf Lc 4 24 zurückgehe, ist von G. Quispel bestritten worden, dem H. Köster sekundiert. Mir scheint Schrages Auffassung gut begründet zu sein. Vgl. schon Heinz Schürmann, Das Thomasevangelium und das lukanische Sondergut, Bibl.Ztschr. NF 7, 1963, S. 236—260, der das Logion 31 ebenfalls auf den Lukastext zurückführt; s. auch seine Aufsatzsammlung Traditionsgeschichtl. Untersuchungen zu den synoptischen Evangelien, Düsseldorf 1968. Literatur auch bei Leander E. Keck, Jesus' Entrance upon his Mission: Review and Expositor 64, 1967, S. 465—483 (hier S. 480 Anm. 71).

[142] Victor Hasler, Amen, Zürich (1969), S. 99f.: »Lc 4 25-27 ist wie 4 17ff. lukanische Auffüllung der Markusvorlage. Die ausführlich gestaltete Perikope ent-

Daß Lukas den Abschluß der Szene, den Steinigungsversuch an Jesus (v. 29-30) frei gestaltet hat, war schon o. S. 99 gesagt worden[143]. Diese meine Behauptung kann sich auf den bereits nachgewiesenen Symbolgehalt der Szene stützen.

Aber sie selbst ist nun das große Fragezeichen, das wir hinter die oben in Abschnitt 6 (S. 114 f.) entwickelte lukanische Auffassung von den großen Missionserfolgen unter den Juden setzen müssen. Lukas hat, so sahen wir, sich große Mühe darum gegeben zu zeigen, daß ein beträchtlicher Teil des Volkes christlich wurde. Wie kann er dann Jesus mit einem solchen Mißerfolg beginnen lassen, ja sogar die ihm bestimmte Todesstrafe symbolisch vorwegnehmen? Hat hier der Wunsch, eine Programmpredigt Jesu aufzubauen, das Konzept für den Plan des ganzen Werkes, den allmählichen Wandel 'Israels' von jüdischen zu heidnischen Christen zu schildern, beeinträchtigt? Ich möchte das dem Schriftsteller Lukas nicht zutrauen. So bleibt nur die Auskunft, daß er durch einen äußeren Umstand, eine Veränderung der allgemeinen Lage, dazu veranlaßt worden ist. In den Jahrzehnten, innerhalb derer das Werk des Lukas entstanden sein dürfte, d. h. in den 80er oder 90er Jahren, ist in bezug auf das Verhältnis zwischen Judentum und Christentum Entscheidendes vor sich gegangen. Nach der Katastrophe des großen Aufstandes gegen Rom (66—70) war der jüdische Kultus aus dem zerstörten Tempel in die Synagoge ausgewandert. Diese gab es gewiß auch schon vorher, aber jetzt übernahm sie die Führung. Aus dem jüdischen Staat wurde die jüdische Kirche. Die Römer gaben den Wiederaufbau eines religiösen Verbandes frei. Er erhielt seinen Mittelpunkt statt im aufgelösten Hohen Rat oder Synhedrium durch einen Ausschuß von Schriftgelehrten mit dem Sitz in Jamnia. Das Religionswesen wurde unter Führung der schriftge-

wirft das Programm der redaktionellen Konzeption... Bereits visiert Lukas den späteren Weg des Evangeliums an, der aus den Synagogen in die Heidenwelt führen wird... Die Beispiele Elias und Elisa enthalten die beiden für Lukas wichtigen Momente des zwangsweisen Ablaufs der göttlichen Auswahl und Heilszuwendung an die Heiden.« Zum Thema Israel bei Lukas s. auch den Aufsatz Haslers, Judenmission und Judenschuld, Th.Ztschr. (Basel) 24, 1968, 173—190. — Ferner Klaus Berger, Die Amen-Worte Jesu, eine Untersuchung zum Problem der Legitimation in apokalyptischer Rede, Berlin 1970 (BZNW 39), S. 88: »In Lc 4 24 liegt ein Amen-Wort aus einer dieser Tradition nahestehenden Überlieferung vor, die sich dann in den johanneischen und außer-ntl. Amen-Worten breit entfaltet: Der Satz von der Ablehnung des Propheten in seiner Vaterstadt ist eine prinzipielle Einsicht in Gottes Geschichtsplan, eine in Regelform gefaßte Abstraktion aus der Geschichte Israels (belegt in den folgenden vv. 25-27)...«

[143] S. auch Tannehill o. S. 61.— Es gibt im Joh.Ev. mehrfach Aussagen über an Jesus versuchte Steinigungen 8 59 10 31. 39 11 8. Wieweit dahinter eine Überlieferung steht, untersucht unter Beiziehung reichen Materials zum Jakobusmartyrium Karlmann Beyschlag in ZNW 56, 1965, S. 149—178.

lehrten Juristen und Theologen straffer organisiert und schärfer überwacht. Die früher noch im Zusammenhang mit der jüdischen Ortsgemeinde stehenden Judenchristen konnten sich immer schwerer in ihr behaupten. Bekanntlich ist ja bei Reformationen nicht der reformierende Teil der auf Scheidung drängende, sondern der konservative. So auch damals. Es bedurfte dazu keiner gewaltsamen Repressalien oder großer Verfolgungen. Dazu hatte das Judentum in Ermangelung eigener Staatlichkeit gar nicht die rechtlichen Mittel. Ausnahmen, also Martyrien, sind natürlich vorgekommen. Aber das viel wirksamere Mittel war der Ausschluß vom Synagogengottesdienst. Dieser erfolgte durch eine höchst einfache, kaum auffallende Maßnahme mit einer sehr drastischen Wirkung. Man fügte in das Achtzehnbittengebet, das tägliche Pflichtgebet des Juden besonders auch im Gottesdienst, eine Fluchformel gegen die Christen ein. Der Text des 'Schemone-Esre' ist in der Zeit zwischen 70 und 100 redigiert worden. Die Einführung der Fluchformel (Birkath ha-Minim) wird Rabban Gamaliel II. gegen 90 zugeschrieben[144]. Mit dieser Veränderung des Gebetes war der Bruch seitens der Synagoge vollzogen. Es bedurfte keines eigentlichen Bannes mehr. Die Unmöglichkeit, dieses Pflichtgebet mitzusprechen, zwang die Christen zum Auszug aus der Synagoge und zur Einrichtung eigener Gottesdienste. Auf die sozialen und wirtschaftlichen Folgen dieser Separation macht Hare (A. 144) mit Recht aufmerksam. Die im Vergleich zu den Synoptikern sehr viel schärfere Sprache des Joh.-Evangeliums gegenüber Juden und Synagoge wird nicht ohne Grund als Reaktion auf die Fluchformel angesehen. Das Joh.-Evangelium ist um 100 geschrieben. Hier paßt die Verkettung von Ursache und Wirkung auch chronologisch vorzüglich[145]. Die lukanischen Bücher liegen zeitlich früher, und deshalb kann die Beziehung auf die Birkath ha-Minim nicht so bequem hergestellt werden oder nur dann, wenn man wie Rengstorf (A. 144) an lokale Verschie-

---

[144] E. Schürer, Gesch. d. jüd. Volkes[4] II Leipzig 1907, S. 543; Wolfg. Schrage, Art. ἀποσυνάγωγος bei Kittel ThWB VII 1963, S. 848; Douglas R. A. Hare, The theme of Jewish persecution of Christians in the gospel acc. to StMatthew, Cambridge 1967, S. 38f. 48f. u. s. Register unter Birkath; K. H. Rengstorf in 'Kirche und Synagoge' hrsg. von ihm u. S. v. Kortzfleisch, I Stuttg. 1968, S. 36: hier der übers. Text der Formel und dazu die Bemerkung: »Es ist zu beachten, daß es Vorschrift war, dieses offizielle Gebet ohne jede Veränderung zu sprechen, und die Gemeinde war gehalten, durch ihr Amen ausdrücklich zuzustimmen... Wahrscheinlich war das, was in Jabne in aller Form zur Ordnung erhoben wurde, längst vielerorts üblich gewesen...«; C.K. Barrett, Umwelt des NT., Tüb. 1959, 178f.

[145] Charles K. Barrett, Das Johannesevangelium u. das Judentum, Stuttgart (1970), S. 23 »Zweifellos ist es wahr, daß der Evangelist von der Existenz eines solchen Bannes wußte. Wahrscheinlich kannte er Christen, die auch Juden waren und die, als Juden, unter diesem Banne litten.«

denheiten bei der Einführung der Fluchformel denkt. Unter dieser Voraussetzung möchte ich annehmen, daß unser Evangelist wie später 'Johannes' sich veranlaßt sah, als ihm die veränderte Politik der Synagoge gegen die Judenchristen plötzlich bekannt wurde, auch seinerseits den Bogen schärfer zu spannen. So ist es zum Umbau der Nazarethszene gekommen. Er entnahm sie ihrem ursprünglichen Zusammenhang zwischen c. 8 und 9, paßte sie in ihre neue Umgebung ein und machte sie zu dem, was sie jetzt ist, einer programmatischen Vorschau auf Jesu Wirken und Sterben, das doch den Lauf des Wortes nicht aufhalten würde. Aus dieser Umstellung in dem schon fertigen Evangelium erklärt sich einmal der Anstoß innerhalb des umgestellten Abschnitts, die Erwähnung von Kapernaum, diese ewige crux interpretum. Damit erklärt sich aber auch ein zweites technisches Ungeschick, das durch die Umstellung verursacht worden ist. Vor dem Nazarethbericht steht Lc 4 14f. ein sog. Summarium, eine vom Evangelisten stammende Zusammenfassung, eine Art Überschrift über das Folgende, nach der Jesus in den Synagogen zu lehren pflegte und von allen *gepriesen* wurde.

»Und Jesus kehrte in der Kraft des Geistes nach Galiläa zurück, und das Gerücht von ihm verbreitete sich über die ganze Umgegend. Und er pflegte in ihren Synagogen zu lehren, von allen *gepriesen.*«

Das erste Beispiel einer Synagogenpredigt, das nun auf diese Überschrift folgt, ist der Zwischenfall in Nazareth. Man kann nicht sagen, daß er gut zu der Überschrift paßt. Schließlich der dritte Grund, der meinen Vorschlag, an eine eilige Umstellung der Nazaretszene innerhalb des schon weithin fertigen Evangeliums zu denken, stützen soll, ist vielleicht der wichtigste: Lukas muß seinen Lieblingsgedanken an die apostolischen Zeugen von Anfang an (o. S. 94. 96) preisgeben — und das bei einer so bedeutsamen Szene. Aber er kann jene (gegen Mc 6 1) nicht auftreten lassen, weil er ihre Berufung noch nicht erzählt hat[146].

[146] Spezialliteratur zur Nazarethgeschichte aus neuerer Zeit: J. Bajard, La structure de la Péricope de Nazareth en Lc 4 16-30: Ephem.Theol.Lov. 45, 1969, S. 164—171. — Lyder Brun, Der Besuch Jesu in N. nach Lukas: Serta Rudbergiana, Oslo 1931, S. 7—17. — Jacques Dupont, Études sur les Actes des Apôtres Paris 1967: S. 406, Anm. 53 (Bibliogr. bis 1959). — Auguste George, La prédication inaugurale dans la Synagogue de N., Lc 4 16-30: Bible et vie chrét. 1964: 59, S. 17—29. — E. Haenchen, Der Weg Jesu, Berlin 1966, S. 215—220. — Leander E. Keck, Jesus' entrance upon his mission: Review and Expositor 64, 1967, S. 465—483. — Charles Masson, Jésus à Nazareth: Vers les sources d'eau vive, Lausanne 1961, S. 48—63. — Patrick Temple, The rejection at N.: The Cathol.Bibl.Quart. 17, 1955, S. 349—362. — Bruno Violet, Zum rechten Verständnis der Nazareth-Perikope: ZNW 37, 1938, S. 251—271.

Eine allgemeine Bibliographie zur Apostelgeschichte erschien von A. J. Mattill, jr., and Mary Badford Mattill, A classified Bibliography of Literature on the Acts of the Apostles (NT Tools and Studies, 7), Leiden 1966.

*

Im Vorstehenden war versucht worden, zunächst mit den methodischen Voraussetzungen des Für und Wider einer lukanischen Theologie vertraut zu werden. Dabei fiel die Entscheidung in Anknüpfung an O. Cullmann für eine Auffassung, die ich zutreffend mit den Worten E. Käsemanns wiedergeben kann: »Denn so gewiß Geschichte durch jeweilige Möglichkeit und Entscheidung bestimmt wird, so wenig läßt sie sich in eine Folge von Situationen auflösen. Unsere Möglichkeiten und Entscheidungen sind in der geschichtlichen Wirklichkeit stets prädestiniert, und zwar durch die Ereignisse der Vergangenheit, die uns bestimmte Möglichkeiten und Entscheidungen verschließen und andere öffnen. Wir befinden uns stets in einem den einzelnen Augenblick übergreifenden Kairos«[147]. Mit dem Wort Kairos will aber der Theologe *mehr* andeuten, als das bloße Zusammentreffen zeitgeschichtlicher Entwicklungslinien. Für ihn eröffnet sich dabei zugleich der Blick auf den dahinterstehenden göttlichen Willen. Daß Lukas sich in einen solchen Kairos gestellt wußte, daß er den Glauben an einen göttlich gelenkten Ablauf der Geschichte besaß, ist unbestreitbar. Für ihn war der zündende Augenblick da, als er innerhalb seiner heidnischen Umwelt von dem Gedanken an die Herrschaft des einen Gottes in Anknüpfung an das Alte Testament und an das Evangelium Jesu ergriffen wurde. Sein Kairos war, als er den biblischen Glauben an Gott und seine Auslegung durch Jesu Wort und Geschichte begriff. Dies beides ließ ihn zu seinem Verständnis der Geschichte als Heilsgeschichte kommen.

Der Vorfall in Nazareth wirkt innerhalb des lukanischen Gesamtwerks wie das Minuszeichen vor einer arithmetischen Klammer. Alles innerhalb der Klammer Stehende erhält damit einen umgekehrten Wert. Die Bemühungen des Verfassers, die Ursprünge des Heilsvolks in Israel und damit die heilsgeschichtliche Kontinuität des Christentums aufzuzeigen, werden scheinbar aufgehoben, zum mindesten werden sie schwer erkennbar. Der Anfang der evangelischen Geschichte, Jesu erstes öffentliches Auftreten, tritt jetzt in unmittelbare Beziehung zum Schluß der Apostelgeschichte. Hier wie dort scheint es nur noch um den radikalen Bruch mit dem Judentum zu gehen. Daß dieser Eindruck irreführend ist, daß vielmehr Lukas bestrebt ist, ein entwicklungsgeschichtliches Bild der Umwandlung des Heilsvolks zu einer Einheit aus Juden und Heiden zu zeichnen und damit die fortdauernde Geltung der biblischen Verheißungen für seine Gegenwart zu sichern,

---

[147] Das Problem des historischen Jesus (1954) = Exeg. Versuche I 1960, S. 202. Der Verf. sagt dies über den Glauben der Synoptiker mit seiner Bindung an die Geschichte Jesu im Vergleich mit dem das Geschichtliche überfliegenden Symbolismus bei Johannes, schränkt es freilich für Lukas gleich im folgenden wieder ein.

wollten die vorstehenden Ausführungen beweisen. Freilich muß auch jenes Minuszeichen vor der Klammer bedacht werden. Es weist auf den Anfang der Unheilsgeschichte zwischen Juden und Christen hin, die sich durch die Jahrhunderte hinzieht und in säkularisierter Form noch die Geschichte unserer Tage verwüstet hat. Insofern hat das, was bei Lukas in Nazareth und in Rom seinen Anfang nahm, noch immer eine unheimliche Beziehung auf uns selbst.

Register

(in Auswahl, die Seitenzahlen beziehen die Anmerkungen ein)

I. Bibelstellen

II. Apokryphen und Nachbiblisches

III. Frühchristliches u. antike Autoren

IV. Griechische Wörter

V. Namen und Sachen

VI. Autoren

// Beihefte zur Zeitschrift
für die neutestamentliche Wissenschaft

Herausgegeben von WALTHER ELTESTER. Groß-Oktav.

Das Verhältnis des Thomas-Evangeliums zur synoptischen Tradition
und zu den koptischen Evangelienübersetzungen, zugleich ein Beitrag zur gnostischen Synoptikerdeutung. Von W. SCHRAGE. VIII, 213 Seiten. 1964. Ganzleinen DM 48,— (29) ISBN 3 11 005595 3

Apophoreta
Festschrift für Ernst Haenchen zu seinem 70. Geburtstag am 10. 12. 1964. VIII, 299 Seiten. 1964. Ganzleinen DM 58,— (30) ISBN 3 11 005596 1

Der ursprüngliche Sinn der Dogmatik des Origines
Von F.-H. KETTLER. X, 56 Seiten. 1966. Ganzleinen DM 18,— (31) ISBN 3 11 005597 X

Dying and Rising with Christ
A Study in Pauline Theology. By R. C. TANNEHILL. VIII, 136 Seiten. 1967. Ganzleinen DM 32,— (32) ISBN 3 11 005598 8

Das Verhältnis zwischen Diatessaron, christlicher Gnosis und „Western Text"
Von W. HENSS. Erläutert an einer unkanonischen Version des Gleichnisses vom gnädigen Gläubiger. Materialien zur Geschichte der Perikope von der namenlosen Sünderin Lk 7, 36—50. XII, 62 Seiten. 1967. Ganzleinen DM 22,— (33) ISBN 3 11 005599 6

Nachfolge und Charisma
Eine exegetisch-religionsgeschichtliche Studie zu Mt. 8, 21f. und Jesu Ruf in die Nachfolge. Von M. HENGEL. VI, 116 Seiten. 1968. Ganzleinen DM 36,— (34) ISBN 3 11 005600 3

Passa und Ostern
Untersuchungen zur Osterfeier der alten Kirche. Von W. HUBER. XII, 255 Seiten. 1969. Ganzleinen DM 48,— (35) ISBN 3 11 002585 X

Studien zu den Testamenten der zwölf Patriarchen
Von CHR. BURCHARD — J. JERVELL — J. THOMAS. VIII, 158 Seiten. 1969. Ganzleinen DM 44, — (36) ISBN 3 11 002587 6

Christentum und Gnosis
Aufsätze, herausgegeben von W. ELTESTER. VIII, 143 Seiten. 1969. Ganzleinen DM 38,— (37) ISBN 3 11 002586 8

Synoptische Quellenanalyse und die Frage nach dem historischen Jesus
Von MARTIN LEHMANN. XII, 218 Seiten. 1970. Ganzleinen DM 42,— (38) ISBN 3 11 002588 4

Die Amen-Worte Jesu
Eine Untersuchung zum Problem der Legitimation in apokalyptischer Rede. Von KLAUS BERGER. XII, 182 Seiten. 1970. Ganzleinen DM 42,— (39) ISBN 3 11 006445 6

Walter de Gruyter · Berlin · New York

Neutestamentliche Zeitgeschichte

Die biblische Welt 500 v.—100 n. Chr. von Bo REICKE. 2., verbesserte Auflage. Oktav. Mit 5 Tafeln. VIII, 257 Seiten. 1968. Gebunden DM 28,—
ISBN 3 11 002651 1 (de Gruyter Lehrbuch)

Studien zur Überlieferung des Neuen Testaments und seines Textes

von KURT ALAND

Groß-Oktav. X, 229 Seiten. 1967. Ganzleinen DM 54,—
ISBN 3 11 000726 6
(Arbeiten zur neutestamentlichen Textforschung, Band 2)

Materialien zur neutestamentlichen Handschriftenkunde I

In Verbindung mit BARBARA EHLERS, PAULO FERREIRA, HERBERT HAHN, HANS LUDWIG HELLER, KLAUS JUNACK, ROLF PEPPERMÜLLER, VIKTOR REICHMANN, HANS UDO ROSENBAUM, JOHANN GEORG SCHOMERUS, KARLHEINZ SCHÜSSLER, PETER WEIGANDT. Herausgegeben von KURT ALAND.

Groß-Oktav. VIII, 292 Seiten. 1969. Ganzleinen DM 88,—
ISBN 3 11 001260 X
(Arbeiten zur neutestamentlichen Textforschung, Band 3)

Religionsphilosophie

von WOLFGANG TRILLHAAS

Oktav. X, 278 Seiten. 1972. Gebunden DM 44,—
ISBN 3 11 003868 4 (de Gruyter Lehrbuch)

Ethik

von WOLFGANG TRILLHAAS

3., neubearbeitete und erweiterte Auflage. Oktav. XX, 578 Seiten. 1970. Gebunden DM 42,—
ISBN 3 11 006415 4 (de Gruyter Lehrbuch)

Dogmatik

von WOLFGANG TRILLHAAS

3., verbesserte Auflage. Oktav. XVI, 543 Seiten. 1972. Gebunden DM 46,—
ISBN 3 11 004012 3 (de Gruyter Lehrbuch)

Walter de Gruyter · Berlin · New York